Die Welt ist ein Fahrrad

DIE WELT IST EIN FAHRRAD

Thomas Fuchs

Thienemann

1.

Den Weg vom Bahnhof zur Schule schob Robert sein Fahrrad. Erst wollte er fahren, aber mit der dick bandagierten Hand und dem schweren Rucksack war ihm das zu gewagt. *Der* Moment seines Lebens stand ihm bevor, die triumphale Rückkehr an seine Schule, und da durfte er nichts riskieren. Noch ein Sturz, womöglich vor allen Mitschülern, den Lehrern, und die Sache wäre vermasselt.

Die Straße den Berg hinauf hatte Robert kürzer in Erinnerung und weniger steil. Heiß brannte die Mittagssonne auf seinen Nacken. Er schob schwitzend das dunkelblaue Rennrad mit der gelben Aufschrift Pegasus – Robert hatte seine selbst konstruierte Rennmaschine nach dem geflügelten Pferd der griechischen Sage benannt – an den alten Häusern vorbei. Dann endlich begann die gelbrote Backsteinmauer mit dem schmiedeeisernen Zaun obendrauf. Zwischen den grünen Wipfeln der Bäume konnte Robert immer wieder kurz das schwarze Dach der Schule sehen. Das große Tor zum Schulgelände war geöffnet. Selbstverständlich. Schon vor drei Wochen hatte das neue Schuljahr begonnen.

Er holte noch einmal tief Luft, dann nahm er die letzten Meter zum Schulgebäude in Angriff. Ob sie etwas vorbereitet haben?, überlegte er. Wie würden sie ihn empfangen? Mit Transparenten? Würde sein alter Klassenlehrer eine Ansprache halten, womöglich sogar die Direktorin selbst? Robert freute sich darauf, seine alte Klasse wieder zu sehen. Ein halbes Jahr war er fort gewesen. Eine lange Zeit, in der sich sicher einiges verändert hat. Oder würde es so sein wie nach einem Urlaub? Man selbst hat viel Neues erlebt, doch für die Daheimgebliebenen waren einfach nur weitere drei Wochen Alltag verstrichen.

Vor dem Gebäude verharrte er einen Moment und fast andächtig las er die Inschrift über dem Haupteingang. *Zum Ruhme des Sportes*, stand in goldenen Lettern auf dem roten Stein geschrieben. Robert nickte in Gedanken, schulterte seine Rennmaschine und nahm die Stufen zum Eingang mit zwei großen Schritten. Oben stieß er die große braune Schultür auf. Niemand zu sehen. Das Schulgebäude war merkwürdig still, das Treppenhaus menschenleer. Robert sah auf die Uhr an der Wand. Es war kurz nach zwölf, eigentlich die Zeit, zu der früher die Schüler immer eine Freistunde hatten, auf dem Weg zum Training waren oder vom Sportplatz zurückkamen. Aber nicht einmal der Hausmeister war zu sehen, normalerweise lauerte der immer in seinem Zimmer neben dem Eingang. Wo waren die alle?, überlegte er.

»Hallo!«, rief er in die Stille des Gebäudes.

Drückendes Schweigen war die Antwort. Robert stieg die Treppe in den ersten Stock zum Sekretariat hoch. Die Tür war verschlossen.

In Roberts Kopf begann es zu pochen. Er hatte doch angerufen, vorsichtshalber auch gefaxt, dass er heute um zwölf ankommen würde. Wo waren sie alle? Dass am Bahnhof niemand auf ihn gewartet hatte, konnte er ja irgendwie verstehen. Obwohl, eigentlich nicht so ganz. Er hatte keinen Triumphzug erwartet, auch keine Parade, aber ein Empfangskomitee wäre doch in seinem Falle das Mindeste gewesen.

Sein Blick fiel auf die Glasvitrine in der Fensternische gegenüber der Tür zum Sekretariat. Alte Fotos, vergilbte Zeitungsausschnitte, etliche silberne Pokale und ein großer goldener Teller standen darin. Robert trat an die Vitrine heran. Obwohl er die Namen kannte, las er sie. *Dieter Gieseler, 19 Jahre, Silbermedaillengewinner der Olympischen Spiele 1960 in Rom,* war in dem goldenen Teller eingraviert. Auch in den Zeitungsartikeln stand immer wieder der Name Dieter Gieseler. Ebenso unter einem der Fotos. Es zeigte einen Jungen, ein paar Jahre älter als Robert, verschwitzt, mit einem dicken grünen Siegerkranz um den Hals. In die Kamera streckte der Junge eine silberne Medaille.

Weiter hinten lagen zwei Bilder, auf dem einen acht lachende Mädchen, die sich umarmen, auf dem anderen Bild zehn junge Männer, die Haare zerzaust, die Fäuste siegreich gen Himmel gestreckt. Rechts davor in der Vitrine standen die Pokale der anderen Sieger. Martin Maltus – Goldmedaille beim Sichtungsrennen der Schüler, 1983, Yvonne Bärmann – Jugend-Crossmeisterin, 1983, Klaus Küster – Grünes Band in den Kategorien Schüler, 1993, und Junioren, 1996, Mehmet Nivel – U13-Kader …

Robert konnte, wo und was sie gewonnen hatten, auswendig herunterbeten. Jetzt würde ein neuer Name dazukommen. Seiner.

Er drehte sich von der Vitrine weg und schob sein Rad den Gang entlang zu seinem alten Klassenzimmer. Der Raum war leer. Robert fluchte leise vor sich hin. Wo waren sie?

Dann plötzlich meldete sich in seinem Kopf eine Erinnerung. Erst klein und kaum wahrnehmbar, doch dann immer deutlicher. Was hatte auf dem Ehemaligentreff Dieter Gieseler, der Schulheld schlechthin, erzählt? Er sei damals von seinem Wettkampf zurückgekehrt und die Schule sei wie ausgestorben gewesen und ...

Robert schwang sich auf sein Fahrrad und raste den langen Gang entlang bis zu der Treppe, die in den Neubau hinüberführte. Er sprang aus dem Sattel, nahm das Rad auf die Schulter und eilte, jeweils zwei Stufen auf einmal nehmend, ins Erdgeschoss hinab. Als er den nächsten Gang entlangging, hörte er sie endlich. Logisch, in der Aula. Dort wurde er erwartet. Es ist wie damals bei Dieter!

Vor der Tür zur Aula fuhr er sich einmal durch die kurzen hellbraunen Haare, richtete sich auf, dann öffnete er die Tür.

Geschrei und Gejohle brach aus. Robert wurde von dem Lärm fast zurück in den Gang gespült. Tatsächlich, sie waren alle da, Stuhlreihe an Stuhlreihe. Sie hatten kleine Fähnchen mit dem Schulwappen in den Händen. Vorne neben der kleinen Bühne stand die Direktorin Frau Lorenz und winkte Robert zu sich. Die anderen Lehrer und Trainer standen gegenüber der Bühne vor der ersten Stuhlreihe. Langsam, während er Pegasus nach vorne schob, ging das Gejohle in ein rhythmisches Robert-Robert-Rufen über. Er bekam eine Gänsehaut. Das war besser, intensiver als erwartet, das war erhebend, wahnsinnig, wie ein Traum! Dafür hatte sich alles gelohnt.

Frau Lorenz kam ihm die letzten Meter entgegen und sagte: »Herzlich willkommen daheim! Wir sind so stolz auf dich!«

Sie griff seine unbandagierte linke Hand und drückte sie. Robert konnte nur schlucken. Die Direktorin ahnte anscheinend, was in dem Jungen vorging, der mit dem Rucksack auf den Schultern sprachlos dastand. Denn sie ließ seine Hand nicht mehr los und zog ihn zu dem freien Stuhl neben dem Rednerpult. Der Platz war flankiert von zwei kleinen Lorbeerbäumen. Coach Walther kam hinzu, nahm Robert die Rennmaschine ab und schob sie an die Wand hinter dem Rednerpult. Frau Lorenz half Robert aus den Rucksackgurten und drückte ihn auf den Stuhl. Er war froh zu sitzen, denn ihm war schwindelig. Er sah ein schier endloses Meer von Gesichtern vor sich. Robert kannte sie fast alle, doch er war außer Stande die einzelnen Gesichter genau zu erkennen. Er nahm alles wie durch ein Fernglas wahr, bei dem die Linse nicht richtig scharf gestellt ist. Eine diffuse Masse blauer Pullover mit weißen Kragen.

Robert wusste nicht, wie lange es dauerte, aber irgendwann wurde das Geschrei leiser, ebbte ab und die Stimme der Direktorin legte sich über die Aula.

»Meine lieben Schüler und Schülerinnen der Gieseler-Schule!«, begann Frau Lorenz mir ruhiger, leiser, doch bestimmter Stimme. »Es gibt Momente, in denen ich meinen Beruf weniger mag – wenn ich zum Beispiel jemandem mitteilen muss, dass er nicht versetzt werden wird. Und es gibt Momente, in denen ich meinen Beruf mehr mag – beispielsweise wenn ich meiner Klasse etwas über Algebra erzähle, oder über Vektorrechnung, und sie das am Schluss tatsächlich verstanden hat.«

Frau Lorenz machte eine kleine Pause und höflichkeitshalber kicherten einige im Publikum.

»Und dann gibt es diese besonderen Momente«, die Direktorin hob ihre Stimme, »in denen ich meinen Beruf über alles liebe und mit keinem anderen tauschen möchte. Heute ist so ein Tag. Und ich bin dankbar, dass er mir geschenkt wurde, genauer gesagt, dass du, Robert, ihn mir, ihn uns geschenkt hast.«

Den einsetzenden Applaus würgte die Direktorin mit einer schnellen Handbewegung ab, sie war noch nicht fertig.

»*Zum Ruhme des Sportes* – das Motto unserer Schule, es hat sich wieder einmal bewiesen. Vielmehr, du hast es bewiesen, Robert! Dafür danke! Und damit auch wirklich jeder weiß, von welchem großartigen sportlichen Ruhm ich rede – obwohl ich dir, Robert, versichern kann, die ganze Schule saß vor den Fernsehern und hat mit dir gefiebert – und weil es so schön war, noch einmal für alle: das Rennen! Herr Winkler, würden Sie bitte.«

Der Hausmeister sprang auf, eilte zum Schaltkasten, öffnete ihn und drückte zwei Knöpfe. Eine Videoleinwand senkte sich langsam von der Decke, gleichzeitig wurden die Oberlichter der Aula verdunkelt.

Robert saß zwischen den beiden Lorbeerbäumen schräg unterhalb der Videoleinwand, und um etwas sehen zu können, musste er seinen Stuhl halb herumrücken. Nach kurzem Geflimmer wurde das Bild scharf. Eine Sportarena war zu sehen, Menschen auf den Tribünen, dann zoomte die Kamera hinunter auf die helle ovale Bahn. Als die erste Steilkurve gezeigt wurde, knackte es laut in der Aula und donnerndes Gebrüll tönte aus den Lautsprechern. Herr Winkler fingerte hektisch an einem Regler, die Lautstärke senkte sich etwas.

»Herzlich willkommen an den Geräten zu Hause!« Eine aufgeregte Männerstimme war zu hören.

Robert kannte sie, der Reporter hatte ihn in Rom nach dem Rennen interviewt. Den Namen hatte er jedoch vergessen. Irgendetwas mit »Hinter-«.

»Die Halle tobt und ich kann die Menschen hier in Rom verstehen. Die Atmosphäre ist einmalig.« Der Reporter machte eine kleine Kunstpause, während die Kamera die Radbahn entlangfuhr. Sie stoppte an der Start- und Ziellinie und schwenkte hinunter auf die kleine Gruppe, die unten auf der Bahn versammelt war.

»In wenigen Minuten ist es so weit, die Entscheidung aller Entscheidungen, das Finale der Sprinter.« Die Stimme hatte sich etwas beruhigt, doch lag in ihr ein Vibrieren, eine Erwartung, die auf die Zuschauer sofort übersprang.

Auch Robert, obwohl er genau wusste, was gleich passieren würde, war nervös. In ihm kämpften zwei gegensätzliche Gefühle. Zum einen fühlte er sich wie damals kurz vor dem Start, zum anderen aber sah er sich da auf der Bahn, war einfach nur Zuschauer. War das nicht er, der da an der Startlinie stand?

»Zur Erinnerung«, sprach der Reporter weiter. »Heute wird sich entscheiden, ob Sergio Balduci oder Robert Berger, ob ein Italiener oder ein Deutscher der neue Bahn-Europameister im Ausscheidungsrennen der Sprinter wird. Dramatische Vorläufe liegen hinter uns, ein verdammt knappes Halbfinale – aus deutscher Sicht. Und jetzt fiebern wir alle, vielleicht nicht hier in der Halle, die Zuschauer hier sind überwiegend Italiener, aber Sie zu Hause an den Bildschirmen sicher, mit Robert Berger, dem neuen Shootingstar dieser Europameisterschaft.«

Auf der Videoleinwand erschien Robert in Übergröße, etwas bleich, ein weißer Radhelm auf dem Kopf, weiße Handschuhe, die fest den klassischen Rennlenker umklammern.

»Seit einem halben Jahr fährt der erst seit wenigen Wochen fünfzehnjährige Sportler in der deutschen Nationalmannschaft, bislang von der Fachwelt völlig unbemerkt, doch bei dieser EM hat er sich bereits einen Namen gemacht. Egal, wie dieses Rennen ausgehen wird. Und für all die, die es noch nicht wissen, Robert ist ein Talent aus einer wirklich traditionsreichen deutschen Radfahrerschmiede. Er besucht das Gieseler-Sportgymnasium in Rechberg.«

Gejohle übertönte die Reporterstimme, diesmal jedoch nicht vom Band, sondern live in der Aula. Nur weil einer der Lautsprecher direkt rechts hinter Robert war, konnte er die nächsten Sätze des Reporters verstehen.

»Schon Dieter Gieseler, der Olympiazweite von 1960 – auch hier in Rom, allerdings auf einer anderen Bahn – war Schüler dieses hervorragenden Trainingsinstituts. Nach ihm wurde die Schule benannt und es gibt wenig vergleichbare Einrichtungen in Deutschland, insbesondere im Radsport. Ich selbst habe auch diese Schule besucht, aber dies nur nebenbei. Vielleicht erinnern Sie sich noch an die glorreichen Mannschaften dieser Schule. Sie bestimmten sicher zwanzig, wenn nicht dreißig Jahre die Radsportszene. Aber kehren wir aus der Vergangenheit zurück, Gieseler ist, salopp gesprochen, Schnee von gestern. Heute steht Robert Berger für Deutschland am Start. Nach den ersten beiden Finalläufen zwischen Sergio und Robert steht es eins zu eins, jeder hat ein Rennen klar gewonnen. Der gleich beginnende dritte Lauf muss die Entscheidung bringen. Ich sehe, die beiden Trainer lassen ihre Schützlinge allein, gleich wird der Startschuss ertönen. Nein, der italienische Coach kehrt noch einmal zurück, gibt es da ein Problem? – Offensichtlich!«

Robert auf seinem Stuhl schloss kurz die Augen und war wieder in Rom. Er roch das frische Holz der Radbahn, er spürte den Sattel von Pegasus, dessen Lenkergriffe und sah den Italiener neben sich. Der Junge fummelte aufgeregt an seiner Schuhbefestigung herum, der italienische Trainer kam, zog einen kleinen Schraubenschlüssel aus der Tasche und begann hektisch an den Pedalen herumzuhantieren.

»Zeit für mich, Ihnen auch noch kurz den Italiener vorzustellen«, setzte der Reporter an. »Sergio Balduci, 16 Jahre alt, seit zwei Jahren Bahnfahrer bei den Junioren und bislang ungeschlagen. Ersparen Sie mir bitte, sämtliche Titel Sergios aufzulisten, er ist ganz klar der Favorit und Robert der Herausforderer.«

Der Herausforderer von Rom öffnete die Augen und endlich konnte er die Menge vor sich in der Aula scharf sehen. Alle Augen waren auf den Robert über ihm, oben auf der Videoleinwand, gerichtet, der Robert live auf dem Stuhl war Nebensache. Sein Blick wanderte von den Lehrern und Lehrerinnen in der ersten Reihe nach hinten zu den Schülern. Name um Name, Geschichten und Erlebnisse, gute wie schlechte, kamen ihm in den Sinn. Prügeleien, eine Wette, lange Abende in der Werkstatt, in denen sie gemeinsam an der Rennmaschine geschraubt hatten, Szenen vom Schulhof, aus dem Training und aus der Freizeit. Robert durchleuchtete im Schnelldurchlauf die vergangenen Jahre. Hinten, bei den letzten Reihen, stockte er. Die Gesichter dort waren ihm neu, es waren die Kleinen, die neuen Sechstklässler. Sie standen auf den schmalen Holzbänken, um etwas sehen zu können.

Roberts Blick sprang zurück in die Stuhlreihen im mittleren Block. Dort saßen seine Leute. Auch ihre Köpfe waren nach oben gerichtet, doch anders als bei den Älteren im ersten Block – die versuchten möglichst cool zu bleiben – las Robert in ihren Gesichtern ehrliche Begeisterung und Stolz.

»Liebe Sportsfreunde, es geht gleich los!« Die Stimme des Reporters lenkte auch Roberts Blick wieder zur Leinwand.

»Wie wird das Rennen laufen, wer wird eröffnen? Wird Sergio – wie es sonst seine Taktik ist – das Rennen von hinten angehen, oder wird er versuchen, dem Deutschen gleich zu demonstrieren, wer hier der Favorit ist, sprich das Rennen von vorne fahren? Und was kann Robert dagegenhalten, seinen Schlussspurt? Hat er einen Plan?«

Der Startschuss ertönte und Robert sah sich selbst aus dem Sattel gehen. Der Lärm in der Halle und in der Aula schwoll an. Der Italiener täuschte einen kurzen Spurt an und ließ Robert an sich vorbeiziehen. Beide verlangsamten anschließend sofort wieder das Tempo. Sie standen fast Rad an Rad auf der Bahn.

»Das ist Bahnsport pur«, kommentierte die Stimme aus dem Lautsprecher das seltsame Bild von den zwei langsamen, sich kaum bewegenden Radfahrern. »Taktik, die ersten Runden beim Ausscheidungsrennen der Sprinter sind fast nur Taktik. Was zählt, sind die letzten 200 Meter, der Schlussspurt – wer ihn zuerst anzieht, aus welcher Position, der Windschatten und, und, und. Das, was Sie momentan sehen, ist alles nur Vorspiel. Eigentlich könnte man sich die ersten Runden auch sparen, aber dann könnten wir Ihnen nicht diese spannenden Bilder zeigen. Dieses Katz-und-Maus-Spiel, wie die Fahrer versuchen sich gegenseitig auszutricksen: plötzliche Tempowechsel, Stehversuche und Finten – alles typische Sprinteraktionen mit dem einen Ziel, den Konkurrenten zu überraschen. Sehen Sie, wie der Italiener an Roberts Hinterrad klebt. Wie der Deutsche zurücksieht, um ja nicht zu verpassen, wann der Italiener seinen Sprint beginnt. Normalerweise geschieht das erst in der Schlussrunde, aber ich habe schon Rennen gesehen, da zog ein Fahrer seinen Sprint aus der zweiten Kurve bis ins Ziel. Da!«

Auf der hinteren hohen Steilkurve, just als beide ganz oben, fast an der Balustrade entlangrollten, ging Sergio Balduci aus dem Sattel und beschleunigte seine Rennmaschine innerhalb von Sekundenbruchteilen auf eine Geschwindigkeit von sicher 50 Stundenkilometer. Doch Robert reagierte umgehend. Noch während der Italiener an ihm vorbeizog, erhob auch er sich aus dem Sattel und donnerte hinter ihm die steile Piste hinab. Vor der nächsten Kurve hatte er ihn eingeholt, beide ließen ihre Räder ausrollen und das Belauern begann von vorne. Nur waren nun die Positionen vertauscht, saß Robert Sergio im Nacken und Sergio war es, der mit Blick nach hinten die Bahn quasi entlangkroch.

»Haben Sie das gesehen? Genau davon hatte ich Ihnen gerade erzählt!« Der Kommentator schwelgte in Eigenlob. »Damit muss man beim Bahnsport immer rechnen, da denkt mancher: ›Was tun die denn da? Das könnte ich auch.‹ Und plötzlich gibt es einen Zwischenspurt, schon bist du aus dem Rennen. Aber ich habe es ja gesagt, das täuscht! Bahnsport gehorcht eigenen Gesetzen. Es zählt nicht die Zeit, im Ausscheidungsrennen der Sprinter wird im K.-o.-System gefahren, Mann gegen Mann: Nur einer kommt weiter und letztlich ist alles Taktik. Da! Was macht denn Robert? Er versucht einen Angriff, er macht Druck, ist der Junge wahnsinnig! Er hat noch anderthalb Runden vor sich!«

Auf der Holzbahn ging Robert aus dem Sattel und zog ganz offen das Tempo an, der Italiener vor ihm ebenfalls. Beide schossen eng nebeneinander auf der äußeren Linie auf die Steilkurve zu. Sergio vor Robert.

»Wahnsinn! Der Junge macht mich fertig. Aber er hat die bessere Außenbahn, wenn er will, kann er gleich in der Kurve von oben herunterstechen, also, könnte er, wenn er es schafft an Sergio vorbeizukommen, aber dann, nein, wahrscheinlich will er ... « Die Stimme des Kommentators überschlug sich. »Was denn, sehen Sie, der Italiener bleibt vor ihm, jetzt müsste Robert kontern, noch hat er freie Bahn. Kann er Sergio versägen, wie man so schön sagt?«

Robert biss die Zähne zusammen. Er wusste, was gleich kommen würde. Seine bandagierte rechte Hand begann zu pochen.

Rad neben Rad rasten die beiden Sportler auf der äußersten Linie in die Steilkurve hinein. Da geschah es. Der Italiener, der vielleicht dreißig Zentimeter vor Robert fuhr, blieb oben auf der Bahn, ging nicht die Kurve hinab, sondern weiter hinauf und machte so die Bahn für Robert dicht. Ein Standardmanöver, nur dass es normalerweise langsam gefahren wird. Diesmal aber hatten die beiden Fahrer fast Maximaltempo. Bremsen oder Ausweichen war für Robert nicht mehr möglich, und wenn er ein Rammen des Italieners, einen Sturz vermeiden wollte, blieb Robert nur die Bande.

Ein hässliches Kratzen und Schaben ertönte, blitzartig schoss der Italiener aus der Kurve hinab zum Innenrand der Bahn, während Robert damit beschäftigt war, sein gefährlich torkelndes Rad wieder unter Kontrolle zu bringen.

Innerhalb weniger Sekunden hatte der Italiener sicher zehn bis 15 Meter Vorsprung.

Das Bild sprang von der Bahntotalen auf Robert. Ein starrer Blick, fest zusammengebissene Zähne, dann kam ein Handschuh ins Bild. Er fuhr über die Augenpartie, als wollte Robert sich den Schweiß abwischen, zurück blieb eine blutrote Spur, quer über das Gesicht. Die Kamera schwenkte auf die nun wieder auf dem Lenker liegende Hand, die äußeren drei Finger des Handschuhs waren blutgetränkt.

»Sehen Sie das!« Der Sportreporter hatte sich wieder gefangen. »Der deutsche Fahrer ist verletzt, den Sturz konnte Robert noch vermeiden, aber das Rennen ist damit gelaufen. Er scheint sich die rechte Hand zwischen Lenker und Bande gequetscht zu haben. Aus und vorbei, gleich wird er unten zu den Sanitätern fahren, der neue Jugend-Europameister auf der Bahn heißt Sergio Balduci. Er hat 20 Meter Vorsprung und sein Gegner ist verletzt ausgeschieden. Sergio weiß, dass er gewonnen hat, er nimmt das Tempo raus und hebt bereits die rechte Hand zur Siegerpose, diesen Sieg kann ihm keiner mehr nehmen. Vielleicht kein besonders faires Manöver, aber erlaubt. Beileid für Robert ... Was denn? Robert fährt an seiner Box vorbei! Sehen Sie doch! Wie will er mit einer offenbar stark verletzten Hand die letzte Runde überstehen, der Junge blutet!«

Das Bild auf der Leinwand wechselte von Sergio auf Robert und dann auf eine Großaufnahme des Lenkers. Nur mit Daumen und Zeigefinger umklammerte Roberts rechte Hand den Lenker. Von den drei restlichen Fingern des Handschuhs tropfte es rot auf die Bahn.

»Jetzt geht er auch noch aus dem Sattel!« Der Reporter war fassungslos. »Ich glaube es nicht, das ist unmöglich. Was will er damit zeigen? Er macht Tempo, der Deutsche macht tatsächlich schwer verletzt Tempo, fährt einen Angriff! Wahnsinn! Unglaublich. Damit hat sicher niemand gerechnet.«

Am allerwenigsten der führende Italiener. Denn bis er die Attacke bemerkte und darauf reagieren konnte, hatte Robert schon zehn Meter aufgeholt. Auch Sergio war nun wieder aus dem Sattel gegangen und beide rasten auf die letzte Kurve zu.

»Was für Bilder! Robert kommt näher, er hat den Italiener eingeholt! Die Glocke läutet die letzten 200 Meter ein, der Schlusssprint! Ich fasse es nicht, das ist, ist ... « Dem Kommentator verschlug es die Sprache und er flüchtete sich in ein Husten.

Unten auf der Bahn kamen die beiden Fahrer in fast identischer Position wie vor dem Unfall in die letzte Kurve, Robert schräg hinter dem Italiener auf der Außenbahn. Und wieder versuchte Sergio, Robert den Weg zu versperren. Doch für einen Moment verlangsamte der seinen Tritt, ließ so den Italiener passieren und stach dann an Sergios Hinterrad vorbei, von oben aus der Kurve hinab. Der Italiener immer noch auf dem Kurs zur Außenbahn, riss seinen Lenker ebenfalls herum. Doch Robert hatte sich durch sein Manöver ein paar Zentimeter vor ihn gesetzt.

»Kann er diesen Vorsprung halten, nur noch wenige Meter, dann, dann ... Ja!!! Sieg für Deutschland!« Der Reporter musste schreien, um die Rufe und Pfiffe im Velodrom zu übertönen. »Unglaublich, obwohl verletzt ... Der neue Bahn-Europameister heißt Robert Berger! Was für ein Teufelskerl!«

Anders als in Rom gab es in der Schulaula nur frenetischen Beifall für Roberts Leistung. Wieder formierte sich ein rhythmisches Robert-Robert-Rufen und alle klatschten. Erst als die Fernsehübertragung die Siegerehrung zeigte, wurde es still.

Robert sah sich selbst bleich, nun schon den inzwischen so vertrauten Verband an der rechten Hand, auf die oberste Stufe des Siegertreppchens steigen. Ein Mann im schwarzen Anzug kam auf ihn zu und streckte Robert zur Gratulation die rechte Hand hoch. Der hob grinsend den Arm mit dem Verband und der Mann reichte ihm mit plötzlich knallrotem Gesicht die linke.

In der Schulaula kicherte jemand und auch Robert musste grinsen. Diesen Gesichtsausdruck würde er wohl nie vergessen. Mann, war das dem Herrn vom Internationalen Radverband peinlich gewesen. Später hatte er sich noch einmal für seinen Fauxpas bei Robert entschuldigt.

Eine blonde Frau in einem sehr kurzen grünen Kleid trat neben das Siegerpodest, in der Hand hielt sie ein Kissen, darauf lag eine goldene Medaille. Robert beugte sich nach vorne, der Mann hängte ihm die Medaille um den Hals und ihm wurde noch einmal die linke Hand geschüttelt.

»Herr Winkler! Was ist mit dem Ton? Warum haben wir keinen Ton mehr?« Frau Lorenz' Stimme zerstörte das feierliche Schweigen in der Aula.

Der Hausmeister war schon längst am Schaltkasten, doch egal welchen Knopf er drückte, es blieb ein Stummfilm.

Währenddessen hatte auch der Italiener seine Silbermedaille verliehen bekommen und nach ihm war der Lette, der das Rennen um die Bronzemedaille gewonnen hatte und den dritten Platz belegte, ausgezeichnet worden.

Robert sah nun wieder sich selbst, wie er sich auf dem Podest zur linken Seite drehte, und dann wurde langsam die deutsche Fahne am Hallenrand emporgezogen.

»Alle aufstehen!«, forderte die Direktorin alle auf und begann zu singen: »Einigkeit und Recht und Freiheit, für das deutsche Vaterland ...«

Erst die Lehrer und Trainer, dann auch sämtliche Schüler erhoben sich von ihren Plätzen – auch Robert – und stimmten ein.

Wie damals in Rom bekam Robert wieder eine Gänsehaut und ihm liefen Tränen über die Wangen. Das Gefühl, wenn wegen einer eigenen Leistung andere Menschen die Nationalhymne singen, war erhebend, überwältigend, einfach mit nichts anderem vergleichbar. Stolz fühlte sich Robert, stolz auf sich, auf sein Land, für das er bei dieser Junioren-Europameisterschaft gewonnen hatte. Und er war glücklich, unsagbar glücklich.

»... Blüh' im Glanze dieses Glückes, blühe deutsches Vaterland.«

Die Hymne endete. Auf der Leinwand war ein letztes Mal Robert zu sehen, er streckte triumphierend die Medaille hoch, das Bild flimmerte und es wurde wieder hell.

Erneut gab es Beifall. Das Auditorium setzte sich und Frau Lorenz trat wieder ans Rednerpult.

»Ja, was für Bilder!«, hob sie an. »Bewegend und, so hoffe ich, auch ein Ansporn. Doch zunächst noch einmal Gratulation. Gratulation zu dieser Leistung. Und damit meine ich nicht nur den Willen, deine Zähigkeit, trotz Verletzung das Rennen doch noch heimzufahren. Auch die Vorläufe, das Halbfinale. Robert, du warst wirklich gut. Du hast dir, deiner Schule, deinem Land alle Ehre erwiesen.«

Zwar fand Robert, dass Frau Lorenz nun etwas dick auftrug, andererseits waren ihre Worte aber auch wunderbar. Wann wurde so etwas schon einmal über einen gesagt?

»Zum Ruhme des Sportes! Wie oft haben Sie, habt ihr diese Worte schon an dieser Schule vernommen. Aber es sind nicht nur leere Worte, sondern es ist unser Lebensmotto. Deswegen steht es über dem Eingang dieser Einrichtung. Und für Robert Berger, euren Mitschüler, ist dieser Leitspruch nun wahr geworden. Es wird dauern, bis dir, Robert, diese Wahrheit in ihrer vollen Schönheit klar werden wird, aber einen ersten Vorgeschmack darauf können wir dir bereits jetzt geben. Du bist für den Rest deiner Schulzeit hier vom Stubendienst befreit, ebenso von der Küchenarbeit und sonstigen anderen Diensten, die für die Mittelstufe obligatorisch sind. Du bekommst das große Zimmer, das seit dem Abgang des letzten Medaillengewinners nicht mehr vergeben wurde. Und da deine rechte Hand noch einige Zeit lädiert sein wird, stellen wir dir für die nächsten Wochen eine Hilfe zur Seite. Einem der jungen Unterstufler wird die Ehre zuteil, dir die Schreibarbeit bei deinen Hausaufgaben, deinen Klausuren und deiner Privatpost abzunehmen. Doch dazu morgen mehr, wenn du um neun zu mir ins Büro zu einem kleinen Empfang kommen wirst. Lieber Robert, würdest du nun noch so freundlich sein und uns deine Goldmedaille auch in natura präsentieren?«

Robert nickte stumm, stand auf und hielt Ausschau nach seinem Rucksack. Er fand ihn hinter seinem Stuhl auf dem Boden und mit zittrigen Fingern öffnete er die Verschlüsse. Alle in der Aula sahen in diesem Moment auf ihn, das spürte er, während er in dem Rucksack nach dem kleinen Lederetui kramte. Er fand es ganz unten, öffnete es mit der linken Hand noch im Rucksack und drehte sich, wobei er die Medaille mit der verletzten Hand hochstreckte, zu der Menge um. Erneut erhob sich donnernder Applaus und erst nach einer ganzen Weile fand die Direktorin wieder Gehör.

»Noch einmal, herzliche Gratulation. Trage sie mit Würde, zum Ruhme des Sportes. Damit komme ich zum Schluss und beende diese Feier. Bis auf Roberts Klasse haben alle anderen normalen Unterricht. Lösen wir diese Feierstunde mit einem abschließenden Applaus für Robert auf.«

Frau Lorenz machte einen Schritt hinter das Pult und mit ihr klatschten alle in der Aula ein letztes Mal, dann begann der Aufbruch zurück in die Klassenzimmer. Doch der Abmarsch dauerte lange. Denn jeder wollte Robert die Hand schütteln, ihm persönlich gratulieren und die Goldmedaille anfassen, wohl auch deswegen, weil man dadurch Zeit schinden konnte, bis der Unterricht beginnen würde.

Nach einer Viertelstunde bekam Robert kaum noch mit, wer ihm alles die Hand drückte. Erst als er die Stimme von Herrn Jansen, seinem Klassenlehrer, vernahm, sah er den, der ihm da die Hand schüttelte, wieder richtig an.

»Gehen wir?« Herr Jansen zog Robert zu sich und umarmte ihn. »Schön, dass du wieder da bist, Junge.«

»Geht mir genauso!«, antwortete Robert, der erste Satz seit seiner Rückkehr. Coach Walther kam mit Rad und Rucksack, Herr Jansen griff nach beidem und schob Robert hinaus in den Gang.

2.

Roberts Mitschüler hatten die Zeit nach der Feierstunde genutzt, um das Klassenzimmer zu dekorieren und ein kleines Büffet aufzubauen. Luftschlangen hingen an den Fenstern und über der Tafel. Die Tische waren zusammengeschoben worden und es gab Limonade, Kekse und Kuchen.

Noch einmal musste Robert allen aus seiner Klasse die Hand schütteln, die Medaille zeigen und sich beglückwünschen lassen: »Klasse Leistung!« – »Geile Sache!« – »Sah heftig aus der Sturz.« – »Hey, endlich wieder da!« – »Wahnsinn, du bist jetzt Europameister. Wie fühlt man sich da?«

»Nur Jugend-Europameister«, verbesserte Robert immer wieder.

Dann bekam er von Herrn Jansen den Platz am Kopfteil der Tafel zugewiesen.

»So, und jetzt erzähl mal endlich, wie war das? Aber mit allen Einzelheiten«, forderte ihn sein Klassenlehrer auf, kaum dass Robert mit Kuchen und Zitronenlimonade versorgt war.

»Also, wir kamen in Rom an ... «, begann Robert, wurde jedoch sofort von Jenny unterbrochen: »Fang mit dem Trainingslager an, du bist hier Mitte März weg und ...?«

»Okay, dann eben die lange Fassung«, seufzte Robert mit gespieltem Bedauern. »Du bist wie meine Mutter!«

»Könnte echt gut hinkommen!«, rief Alexander vom anderen Ende der Tische mit vollem Mund.

»Prima, dann findest du also, dass ich mich gut gehalten habe«, konterte Jenny. »Kann man von dir nicht sagen. Werde du erst mal so alt, wie du heute schon aussiehst.«

»Habe ich einen Ton vom Aussehen gesagt?«, schob der Junge nach, der kurze blonde Haare hatte und auf dessen Hinterkopf mit grüner Farbe ein Stern eingefärbt war. »Ich meinte eher deine altbackene, mütterliche Art!«

Nach etlichen weiteren Sticheleien zwischen den beiden konnte Robert endlich anfangen. In seinem Kopf hatte er die Geschichte schon oft erzählt, sie jedes Mal etwas verbessert. Jetzt war es so weit.

»Also«, setzte Robert an, »ich bin von hieraus nach Frankfurt gefahren. Dort holte mich ein Betreuer vom Bund Deutscher Radfahrer mit dem Auto am Bahnhof ab und brachte mich zum Flughafen. Dann ging es mit dem Flieger nach Mallorca ins Trainingslager. Ich hatte erwartet, dass ... Ach ja, was cool war, da in Mallorca am Flughafen stand ein Mann, um mich abzuholen. Mit so einem Schild, darauf gedruckt mein Name, war irre. Das Camp selbst war ein normales Hotel, ich hatte eine Sportschule oder so erwartet, aber *nada*. Die anderen waren schon da, sowohl die Jugendfahrer als auch die von den Junioren und der U 23. Ich war der Jüngste im Camp, nur wegen meiner Zeiten durfte ich überhaupt mit, eigentlich war ich da ja noch U 15, also Schüler. Mein 15. Geburtstag war ja erst auf Mallorca. Aber das störte da keinen, die waren alle echt nett.«

Robert griff nach seinem Glas. »Ja, wie ging das dann

weiter? Ich hatte ein Doppelzimmer mit einem Ralf aus München, der hat jedoch schon in der ersten Trainingswoche abgekackt und wurde zurückgeschickt. War komplett überfordert der Typ, jedenfalls hatte ich ab da mein Doppelzimmer allein. Na ja, was haben wir auf der Insel gemacht? Trainiert, Rad gefahren ... Ausgleichssport wie Schwimmen, Surfen, einmal habe ich Wakeboarden probiert, geile Sache. Baden, am Strand liegen, Krafttraining natürlich und abends habe ich dann an meiner Kiste geschraubt.«

»Entschuldige, wenn ich hier unterbreche.« Herr Jansen beugte sich interessiert nach vorne. »Aber das habe ich mich schon bei der Live-Übertragung gefragt. Warum hat dieser Reporterheini kein Wort darüber verloren, dass du mit einem Eigenbau gewonnen hast? Der müsste doch Bescheid wissen, ist doch ein Rechberger!«

»Keine Ahnung«, antwortete Robert. »Aber das hat denen allen nicht gepasst, angefangen von den Leuten vom technischen Service bis zu den Sponsoren. Alle wollten, dass ich eine der Standard-Kisten fahre – nur ich nicht. Aber da ich mit meinem Pegasus alle Normen erfüllte und schneller war als mit deren Böcken, haben sie es letzten Endes erlaubt.«

»So was dachte ich mir.« Roberts Klassenlehrer lehnte sich wieder zurück. »Und was lernen wir daraus, Timothy?«

Ein großer Junge mit für sein Alter extrem breiten Schultern zuckte zusammen. »Ja, was wohl ... Mühe lohnt?«

»Schwachkopf!«, kommentierte dies Luise, eine zierliches Mädchen, die Crossspezialistin der Klasse. »Wer spitze ist, kann seine Forderungen durchsetzen.«

»In diesem Sinne«, nickte Herr Jansen. »Oder anders formuliert: Dem Sieger hören alle zu. Aber ich wollte nicht ablenken, Robert!«

»Ja, wo war ich ...« Robert trank erneut einen Schluck Limo. »Na ja, das war im Grunde schon alles auf Mallorca. Was war noch wichtig ... Wir waren natürlich auch regelmäßig in Palma auf der Bahn. Keine schöne Anlage, Holz, ziemlich alt, aber schnell. *For fun* haben wir auch mal an einem Wochenende mit drei Mannschaften an einem Wettkampf teilgenommen. Mannschaftszeitfahren. War witzig, aber wir haben ziemlich abgekackt. Obwohl die Einzelzeiten unserer vier Fahrer erstklassig waren.«

»Das Ganze ist mehr als die Summe seiner Teile!«, sagte die sonst so schweigsame Benita.

»Guter Kommentar«, lobte sie der Lehrer. »Von wem ist der Satz?«

Keiner antwortete, daher wandte sich Herr Jansen wieder Benita zu. »Von wem?«

»Aristoteles.«

»Danke!«

»Ja, die zwei Monate auf Mallorca waren echt schnell rum.« Robert lümmelte inzwischen wegen der Unterbrechungen etwas genervt auf seinem Stuhl. Wie sollte er seine Geschichte erzählen, wenn er ständig dabei gestört wurde? Aber das war typisch Jansen, das war seine Art. Robert hatte das nur vergessen.

»Anschließend sind wir zurück nach Deutschland und dann ging es direkt nach Rostock. Da hatten die Stadt und der Verein dem Verband kostenlos eine Sportschule überlassen. Das war echt der Hammer! Irgend so eine 70er-Jahre-Plattenbau-Schule. Mit welligem altem Linoleum, andauernd beschlagenen Doppelfenstern und einem voll ekeligen Gestank. Ein spezielles Putzmittel, die aus dem Osten kannten den Geruch, für uns Westler war das neu. In Rostock mussten wir alle die Schule besuchen. Auch ein alter, angewanzter Plattenbau, aber für die aus Rostock war das ganz normal. Haben eine gute Bahn da, Freiluft, sehr hart, aus Beton, aber echt erste Sahne. Ähnlich wie unsere, nur härter, wenn du da stürzt, dann sind fette Schürfwunden garantiert. Hier!« Robert zeigte auf seine linke Schulter. »Immer noch voll blau, hat mich in der Innenkurve gerissen. Tat schweineweh. Radmäßig sind die in Rostock heftig drauf, gute Fahrer, etliche fahren auch im Nationalteam. Dort in Rostock waren auch die ersten Qualis, dann ging es ins Velodrom nach Berlin, Endqualifikation. In Berlin gab es dann noch mal Stress wegen Pegasus, die haben wirklich alles vermessen, gewogen und so, aber er war in der Norm.«

Was Robert so kurz und lässig abhandelte, war in Wirklichkeit neben dem Wettkampf in Rom das Aufregendste gewesen, was er je erlebt hatte. Zwei Tage lang wurde Pegasus getestet und wirklich jedes kleinste Teil mit der Fühlerlehre vermessen, ob alles den Regeln der UCI, der Union Cycliste Internationale, entsprach. Dann wurde die Schuhbefestigung bemängelt. Roberts eigene Konstruktion war zwar ungewöhnlich, aber erlaubt. Auch das Gewicht Pegasus' entsprach den Richtlinien und dass Robert den Rahmen selbst gebaut und lackiert, jede einzelne Speiche seiner Felgen von Hand eingezogen und sogar den Sattel selbst genäht hatte, sorgte für Verwunderung, war aber nicht verboten. Am Ende bekam Robert die Erlaubnis, Pegasus fahren zu dürfen.

Robert überlegte. »Das war's eigentlich, dann kam Rom und den Rest kennt ihr ja.«

»Und, wie geht es jetzt weiter?«, fragte Jannis, Roberts alter Sitznachbar.

»Mal sehen«, antwortete Robert ausweichend. »Erst mal die Lorbeeren etwas genießen, dann Training und nächstes Jahr wieder voll dabei sein. Die Franzosen und Polen sind ziemlich am Aufholen, wird Zeit, dass da ein paar gute deutsche Fahrer nachkommen. Ich werde sicher auf der Bahn bleiben, Straße ist mir zu stressig und Gelände, bäh!«

»Hey! Nichts gegen einen guten Crosslauf«, rief Luise. »Ist doch voll geil, wenn der Matsch so über die Brille spritzt und ...«

»Quatsch, Zeitfahren!«, unterbrach sie Kevin. »Das ist die hohe Schule!«

»Alles Mist, Verfolger ist die wahre Herausforderung«, beteiligte sich auch Timothy an der Debatte.

Wie hungrige Hunde auf einen Knochen hatten sich seine Kameradinnen und Kameraden auf diesen Ablenkungshappen gestürzt und stritten nun heftig darüber, welche Radsportvariante die einzig wahre sei. Eine Debatte, die sehr oft, eigentlich andauernd, und mit nie nachlassender Energie an der Schule geführt wurde. Robert war nicht mehr wichtig und es war klar, weitere Fragen nach seiner Radzukunft würden heute nicht mehr gestellt werden.

Trotzdem war Robert froh, als er nach einer weiteren halben Stunde Herumsitzens endlich die Erlaubnis erhielt, sein neues Zimmer zu beziehen. Timothy begleitete ihn.

Robert war müde und fühlte sich ausgelaugt, irgendwie

leer. Er hatte sich seine Rückkehr in etwa schon so vorgestellt, aber mit dem Vorführen der Live-Bilder vom Rennen hatte er nicht gerechnet, das hatte ihn doch überrascht. Andrerseits hatte er gedacht, die Feier und die Hochstimmung würden noch größer sein und länger anhalten. Denn nach knapp zwei Stunden war ja schon alles vorbei. Doch womöglich hatte Frau Lorenz Recht und das wahre Siegesgefühl würde sich erst mit der Zeit einstellen. Auf das große Zimmer freute er sich wirklich. Daran hatte er nun überhaupt nicht gedacht.

Seine Schulkiste stand auf dem Tisch, doch Robert wollte den Moment des Auspackens noch etwas hinauszögern. Nachdem Timothy die Tür hinter sich zugezogen hatte, trat Robert an das große Fenster. Der Ausblick war wunderbar und er musste schlucken, so groß waren die Gefühle, die in ihm hochkamen. Das war seine Welt. Direkt unter ihm begann der Schulpark mit den alten Bäumen. Ein paar der Kleineren waren damit beschäftigt, Laub zusammenzurechen. Robert dachte daran, als er damals, in seinem ersten Jahr an der Schule, dort unten seine Gartenarbeitsstunden ableisten musste. Wie bloße Gängelei, wie eine himmelschreiende Ungerechtigkeit war ihm diese Tätigkeit vorgekommen. Doch schon im zweiten Jahr, nachdem neue Kleine diese Aufgabe übernehmen mussten, hatte er seine Meinung über dieses System geändert. Von nichts kam nichts und es war nun mal so, dass Lorbeeren verdient werden wollten. Je älter jemand wurde, je mehr er geleistet hatte, desto angenehmer wurde das Leben, wuchs die Anzahl der Privilegien. Das war draußen so und daher auch hier in der Schule. Denn das war die

Aufgabe einer guten Schule, auf das wirkliche Leben vorzubereiten. Robert sah sich selbst als die perfekte Verkörperung dieses Grundsatzes und sein neues Zimmer war der Beweis, dass dies keine Einbildung war. Er war, was *er* aus sich gemacht hatte – Jugend-Europameister – und wohnte, so wie *er* es sich verdient hatte – im großen Zimmer mit Ausblick.

Hinter den grünen Wipfeln der Bäume des Parks schimmerte das Oval der schuleigenen Radbahn im warmen Mittagslicht wie ein Sandstrand. Zwar war die Bahn keine Holzbahn wie in den echten Velodromen, doch besser als der Beton in Rostock war der Belag allemal. Ein Spezialkunststoff, glatt wie Holz und wetterbeständig.

Robert wandte sich vom Park ab und seiner Kiste zu. Langsam öffnete er den Deckel. Zwei gerahmte Fotos lagen obenauf, weich gepolstert auf den Pullovern. Robert nahm vorsichtig das mit dem schwarzen Holzrahmen. Das Foto war schwarzweiß, darauf war ein Mädchen, nicht älter als drei Jahre, auf einem Dreirad zu sehen. Es lachte in die Kamera und der Pferdeschwanz seiner hellen Haare stand merkwürdig schief vom Kopf ab: Sophie, Roberts jüngere Schwester. Als er fünf Jahre alt war, überfuhr sie ein LKW mitten in der Spielzone vor dem Haus.

Er stellte das Bild neben seinem neuen Bett auf den Nachttisch. Das zweite Bild zeigte seine Eltern. Beide versuchten zu lächeln, hatten damit jedoch Schwierigkeiten. Besonders sein Vater sah mit seinem schiefen Grinsen merkwürdig aus. Robert fand das Bild passend, genau so hatte er seine Eltern in den Jahren daheim erlebt. Beide um Fröhlichkeit bemüht, jedoch außer Stande es wirklich zu sein. Und sein Vater war einfach sonderbar, wobei Robert nicht einmal genau beschreiben konnte, worin diese Sonderbarkeit eigentlich bestand. Er war froh, dass die beiden weit weg von seinem Leben waren. Ihm reichte es völlig, seine Eltern an den Feiertagen zu besuchen. Durch den Radsport war es ihm nicht einmal möglich, die Schulferien daheim zu verbringen. In diesen Wochen fanden oft Wettkämpfe und Trainingslager statt – für Robert ein positiver Nebeneffekt des Sports. Was nicht heißen sollte, dass Robert seine Eltern nicht gemocht hätte oder sie irgendwie ablehnend, herzlos oder kalt zu ihm gewesen wären. Es war vielmehr so, dass sie einander nichts zu sagen hatten und einfach besser getrennt lebten. Robert hier in Rechberg und seine Eltern in dem kleinen Dorf nahe Bremen.

Er legte das Foto in die oberste Schublade der dunkelbraunen Kommode, hinzu kamen die Socken und Unterhosen. Dazwischen schob er das Etui mit der Medaille aus Rom.

Robert wühlte in der Kiste und zog ein ausgewaschenes blaues Sweatshirt, ein weißes Polohemd und eine dunkle Hose hervor. Sorgsam breitete er die Kleidungsstücke auf dem Bett aus.

Von einer plötzlichen inneren Unruhe ergriffen, warf er den Rucksack in die Kiste und schloss den Deckel. Er zog hektisch Jeans und Hemd aus, sprühte sich eine dicke Ladung Deo unter die Achseln und griff nach den Kleidern auf dem Bett.

Fast andächtig schlüpfte er in das Polohemd und in das Sweatshirt, schloss den Knopf an der Bundfaltenhose und genoss das Gefühl, endlich durch die Schuluniform wieder auch äußerlich ein Rechberger zu sein.

Als Robert wenige Minuten später vor dem Spiegel stand, konnte und wollte er sich nicht dagegen wehren, dass er stolz war auf den, der ihm da entgegensah. Zwar war er etwas zu klein für sein Alter, nur genau 1,60 Meter groß, aber das war auf dem Fahrrad kein Handikap. Sein schmaler, dennoch athletischer Körper, die in Italien gebräunte Haut und der Verband an der rechten Hand standen in einem merkwürdigen Gegensatz zu der dunkelblauen Schuluniform mit dem weißen Kragen. Robert fuhr sich mit der linken Hand durch seine kurzen hellbraunen Haare, ärgerte sich wie immer über den Wirbel am Hinterkopf und sagte laut mit einem Grinsen im Gesicht zu seinem Spiegelbild: »Alter, willkommen daheim!«

Dann stürmte er aus dem Zimmer.

Federnden Schritts lief er durch die leeren dunklen Gänge des Wohntraktes der Schule, vorbei an dem Lesezimmer, dem Fernsehraum und den anderen Gemeinschaftseinrichtungen. Dass alles verwaist war, beunruhigte ihn nicht. Außerhalb der Mußestunden war es den Schülern untersagt, sich in diesem Flügel der Schule aufzuhalten.

Er betrat den großen Hof und ging hinüber zu den Werkstätten. Langsam öffnete er die Tür zum Fahrradkeller.

»Hey, warum hast du die Blutflecken nicht abgewaschen?«, begrüßte ihn Jannis unten im Gewölbe. »Ist doch makaber!«

»Eben drum«, beschied ihn Robert und trat an die Gruppe heran, die sich um seine Rennmaschine versammelt hatte.

»Cool!« Daniel, er ging in die elfte Klasse und war damit

drei Jahrgänge über Robert, nickte beeindruckt. »Würde ich aber jetzt abmachen, ist sonst bald abgewetzt.«

Robert strich fast zärtlich über Pegasus' Lenkervorbau. »Ich wollte den kompletten Lenker, so wie er ist, abbauen.«

»Und als Trophäe an die Wand hängen?«, fragte Rosa.

»Genau.« Robert nickte. »Andere hängen sich Geweihe an die Wand, ich eben Lenker.«

»Totaler Schwachsinn«, bemerkte Kevin. »Aber hat was.«

»Du sagst es.« Robert trat an die Werkbank, über der die Schraubenschlüssel hingen. Er nahm einen Inbusschlüssel und begann die Schraube am Rennlenker zu lockern. Die anderen sahen ihm schweigend dabei zu. Mit einem Ruck zog er den kompletten Lenkervorbau aus dem Rahmen.

»Gibst du mir einen der alten von da drüben?«, forderte er Daniel auf, der diesem Wunsch umgehend nachkam. Robert musste sich ein Feixen verkneifen. Das war unglaublich, jeder tanzte plötzlich nach seiner Pfeife. Ein Jüngerer befahl einem Älteren, ein fast schon revolutionärer Vorgang innerhalb dieser Schule.

Robert montierte den neuen Lenker und fragte dabei in die Runde: »Und was ging hier ab, während ich weg war?«

»Alltag!«, antwortete Kevin, sein Klassenkamerad.

»Na komm, Kevie-Boy. Etwas genauer!« Robert stützte sich auf Pegasus. »Wer mit wem, beziehungsweise wer mit wem nicht mehr ...«

»Wende dich an Rosa, die ist da besser informiert.« Kevin wurde rot im Gesicht. »Und wenn du mich noch einmal so nennst, gibt's was auf die Flosse. Egal ob du Weltmeister bist oder nicht.« Er drehte sich um und stürmte aus dem Keller.

»Nur Europameister!«, rief ihm Robert nach. »Was hat der denn plötzlich?«

»Marie hat einen neuen Coach und Kevin ist nur noch Wasserträger.«

»Und wer ist ihr Neuer?«, hakte Robert nach.

»Der Cross-Joachim aus der Zwölf«, führte Rosa weiter aus. »War noch vor den Ferien. Marie ist jetzt auch zu den Crossfahrern gewechselt.«

»Verstehe.«

»Du, Rob, ich hab mir ein neues Bike zusammengeschraubt«, sagte Jannis plötzlich. »Willst du es mal sehen? Es ist eine Art Tandem.«

»Was bitte ist eine *Art Tandem*?« Robert sah seinen Banknachbarn fragend an.

»Na ja, eben nicht direkt ein Tandem, mehr so ...« Jannis zögerte.

»Lass es, das Teil ist pervers! Voll das Risiko und ...« Daniel schob sich vor Jannis. »Der Mann ist so was von total daneben. Wenn ich dir einen Tipp geben darf ...«

»Sieh es dir doch wenigstens mal an«, bat Jannis.

»Von mir aus.« Robert parkte Pegasus in einem Ständer und folgte Jannis zur Treppe nach oben.

»Kommt keiner mit?«, fragte er, da die anderen unten in der Werkstatt stehen blieben.

»Danke, einmal war mehr als genug«, rief Rosa.

In dem Abstellraum schräg oberhalb der Werkstatt lehnte Jannis' Eigenbau an der Wand.

»Ist das echt ein Fahrrad?«, fragte Robert und musste sich ein Grinsen verkneifen.

»So was Ähnliches zumindest«, entschuldigte sich Jannis. »Sieht komisch aus, aber wenn man es draufhat, voll das coole Ding.«

»Warte mal ...« Robert nahm das merkwürdige Metallgestell etwas genauer unter die Lupe. »Also ... ich nehme an, einer liegt da unten in der Schale ... rückwärts?«

»Genau!« Jannis war ganz aufgeregt. »Das ist echt irre, der eine liegt auf dem Rücken und tritt die hinteren Pedale. Hier!« Er schob das Fahrrad in die Mitte des Raumes und stellte es auf den Ständer. »Einer liegt unten auf der Auflage wie auf einem Sofa, der andere sitzt oben und bedient die Handkurbel für vorne. Allradantrieb. Hinten per Fuß, vorne per Hand.«

Robert kniete sich auf den Boden. Eine wirklich außergewöhnliche Fahrradkonstruktion hatte Jannis da erschaffen. Zwei Räder, beide mit Zahnkranz, waren in einen Rahmen eingepasst, der so gar nicht nach einem herkömmlichen Fahrrad aussah. Das Vorderrad war an einen Lenker mit Handpedalen montiert. Zwei Rohre führten von der Lenkermuffe nach hinten in eine Dreieckskonstruktion, in der das hintere Rad saß. Über eine Kette war die Nabe des Hinterrads mit zwei Fußpedalen schräg hinter dem Sattel verbunden. Vor dem Sattel, auf den beiden Rohren, die die hintere Antriebseinheit mit der vorderen verbanden, befand sich die Liegefläche für den, der die hinteren Pedale treten würde. Sogar an eine Kopfstütze hatte Jannis gedacht.

»Okay, das System habe ich, glaube ich, verstanden. Aber wo ist der Kick dabei?«, fragte Robert. »Dass der, der unten liegt, dem, der oben sitzt, von unten auf die Eier sieht?«

»Nee, das Tolle ist, wenn du unten liegst, gibt das voll das schräge Gefühl.« In seinem Bestreben, Robert von der Einmaligkeit dieser Konstruktion zu überzeugen, kam Jannis' Redefluss richtig in Schwung. »Du rast mit dem Kopf unten ganz nah am Boden entlang. Dabei liegst du wie auf einer Trage und fährst rückwärts durch die Gegend. Weißt du, rückwärts eben. Wenn du unter den Bäumen entlangfährst, im Wald, das ist tierisch, weil du nur die Bäume und den Himmel über dir siehst, voll daneben.«

»Genau, das Ding ist daneben!« Robert lachte.

»Na und? Hey, Rob, eine Runde durch den Park und du denkst anders darüber!« Jannis schob das Gefährt in den Hof.

»Warte mal!« Robert hielt ihn an der Schulter fest. »Was meinte Rosa mit: Einmal ist genug?«

»Ach, das war noch in der Testphase!« Jannis verzog verächtlich den Mund und ging weiter. »Es hat etwas gedauert, bis ich das mit dem gleichzeitig Lenken und Kurbeln raushatte.«

»Und du meinst, ich muss da jetzt drauf?« Robert zögerte. »Hält das denn uns beide aus?«

»Was denn, bist du auf deine alten Tage seriös geworden?«, spottete sein Banknachbar. Jannis wusste, dass Roberts Bedenken nur gespielt waren und der darauf brannte, dieses Tandem auszuprobieren.

Seit ihrem ersten Jahr an der Schule hatten die beiden einen Teil ihrer kargen Freizeit mit dem Entwickeln und Bauen von Fahrrädern verbracht. Vom Holländer bis zum

Sitzrad, sie hatten alle möglichen und unmöglichen Konstruktionen ausprobiert. Auch Pegasus war so entstanden. Richtige Freunde waren sie dabei zu Jannis' Bedauern nicht geworden, es blieb bei einer Schrauberkameradschaft. Doch ein Grundsatz war im Laufe der Jahre entstanden: Was sie auch immer gebaut hatten, wurde auch Probe gefahren.

»Also los, aber setz dir lieber einen Helm auf!«

»Bin ich ein ganzer Kerl, oder nicht? Und wehe du furzt!« Robert kletterte auf das Liegebrett und suchte mit den Füßen die Pedale. »Gelinde ausgedrückt, eine bizarre Position!«

»Warte erst, bis du fährst.« Jannis schwang sich auf den Sattel, beugte sich nach vorne und ergriff die beiden Handkurbeln des Lenkers. »Können wir?«

»Wenn es sein muss.«

»Es muss sein!«

Unter starkem Schwanken ging es los. Doch schon am Rand des Hofs hatte Jannis das Gefährt im Griff und bog in den Schulpark ein.

»Jetzt mach mal Tempo!«, forderte er Robert auf. »Die Schaltung ist an dem linken Handgriff unter dir.«

»Glück gehabt, rechts hätte ich wenig machen können. Okay, wenn du Speed willst, bitte!« Robert trat, wie bei einem Spurt auf der Bahn, mit aller Kraft in die beiden Pedale. Kies spritzte unter dem Hinterrad auf und das Fahrrad beschleunigte, zugleich geriet es ins Schlingern.

»Nicht ganz so heftig!«, warnte Jannis. »So ganz optimal ist das alles noch nicht ausgewuchtet.«

»Tja, nie einen Sprinter um Tempo bitten!« Robert lachte und schaltete einen Gang zurück. »Das ist echt abgefahren, der Druckpunkt ist super zum Treten! Wie ein stehender Spurt, nur weniger anstrengend!«

»Sag ich doch!« Jannis strahlte.

Robert sah an dem Gesicht über ihm vorbei nach oben. »Und du hast auch Recht mit dem Blick, das ist echt ...«

Über ihm rauschten die Bäume vorbei. Es war wie in einem Tunnel aus Farben, viel Grün, immer mal wieder Rot und Gelb, ab und an blitzte der blaue Himmel durch die Wipfel – ein echter Rausch.

»Treten nicht vergessen«, holte ihn Jannis in den Park zurück. »Du, Rob, weißt du, was komisch ist?«

»Nee?«

»Du bist der Erste, den es nicht stört, dass er nicht selber lenken kann!«

In dem Moment, in dem Jannis das gesagt hatte, war es mit Roberts Ruhe vorbei. Er empfand es nicht mehr als ein träumerisches Dahingleiten unter den Bäumen, sondern er fühlte sich hilflos und ausgeliefert.

»Warte mal!« Er richtete sich auf, seine Schultern gerieten zwischen Jannis' Arme und versperrten diesem die Sicht.

»Hinlegen, ich sehe nichts!«, brüllte Jannis, doch da war es schon zu spät. Ihr Gefährt geriet aus dem Gleichgewicht, Jannis musste eine Kurbel loslassen und sie stürzten.

Robert schaffte es, seine rechte Hand zu schützen, dafür kam er hart mit der Schulter auf. Es tat weh, aber mehr auch nicht. Glücklicherweise war es nicht die schon lädierte Seite gewesen, das hätte mehr geschmerzt. Robert wusste aus Erfahrung, der Sturz würde ihm nur ein paar weitere blaue Flecken einbringen. Wenn es sich so anfühlte, dann war nichts Ernstes passiert. Er befreite sich aus dem Tandem und stand auf. Jannis hatte es übler erwischt, seine Backe blutete. Er hatte versucht abzuspringen und dabei war er an die hinteren Pedale gestoßen.

»Shit!«, fluchte Jannis. »Warum kann ich Idiot nicht einfach meine Klappe halten?«

»Tut mir Leid«, entschuldigte sich Robert. »War meine Schuld.«

»Vergiss es, passiert ja nicht zum ersten Mal. Irgendwann beutelt es jeden bei dem Teil. Und immer genau so.«

Jannis wischte sich das Blut von der Backe und richtete das Fahrrad auf. »Einverstanden, dass wir zurückschieben?«

Robert nickte. »Aber Kompliment! Eine echt einmalige Idee dieses Teil, das solltest du dir patentieren lassen!«

»Schon geschehen, als ultimativer Knochenbrecher!«

Der Rest des Nachmittags verstrich ereignislos. Robert beendete seine Runde durch die Schule und so langsam stellte sich das Gefühl ein, wieder zu Hause zu sein. Da er schon beim Abendessen fast eingeschlafen wäre, zog er sich früh in sein neues Zimmer zurück. Er fühlte sich leer und wollte allein sein.

Als er schon mit dem Discman auf dem Bett lag, da ging die Zimmertür auf. Daniel, Corinna und noch ein paar andere aus den oberen Jahrgängen standen auf einmal neben ihm. Bert beugte sich vor, lupfte den Kopfhörer und schrie Robert ins Ohr: »Partytime!«

Roberts Protest, dass er zu müde sei, wurde einfach ignoriert und ehe er so richtig kapiert hatte, was geschah, stand er mit Schuhen und Jacke bekleidet im Erdgeschoss vor einem der Fenster zum Park.

»Wartet mal!«, stammelte er. »Es ist nach 21 Uhr, Zapfenstreich!«

»Mann, Rob! Glaubst du ernsthaft, *dir* macht heute jemand Stress?« Beate grinste. »Selbst wenn du heute ins Lehrerzimmer einbrichst oder nackt in der Mädchendusche auftauchst. Du bist tabu!«

»Wie tabu?«, fragte Robert durcheinander, während Daniel mit einer Zange den verschraubten Fenstergriff öffnete.

»Du kannst machen, was du willst, *dir* kann im Moment nichts passieren«, mischte sich Bert ein. »Selbst wenn die Lorenz dich höchstpersönlich mit Zigarre im Mund hinter ihrem Schreibtisch erwischen sollte – sie würde dir einen Aschenbecher anbieten! Kapiert?«

»Und das heißt: Fun!«, quietschte Corinna. »Wir machen rüber in die Stadt und hauen so richtig auf die Kacke.«

Robert spürte ein Kribbeln, eine Mischung aus Aufregung und Bedenken in sich. »Ihr meint …«

»Genau. Ins Chillo Loco, was einwerfen und dann abhotten bis zum Wecken!« Nils klopfte auf seine Hosentasche. »Alles schon besorgt, wird 'ne geile Nacht.«

Daniel hatte inzwischen das Fenster aufbekommen und zeigte einladend nach draußen ins Halbdunkel. »Rangliste vor Schönheit. Du zuerst.«

Robert zögerte einen Moment, dann sprang er auf die Fensterbank und von dort hinunter in die Rosenbeete. Corinna landete neben ihm und während sie sich bei ihm einhakte, sagte sie: »Mach dir keinen Stress, morgen darfst du wieder der brave, vorbildliche Superradfahrer sein.«

Robert zog es vor, nichts darauf zu antworten. Die Bezeichnung Radfahrer hatte an ihrer Schule noch eine zweite, nicht besonders sportliche Bedeutung.

Ohne sich besonders Mühe zu geben, nicht gesehen zu werden, rannte die Gruppe über die große Wiese hinüber zum Haupteingang. Selbstverständlich war das Tor bereits verschlossen und genauso selbstverständlich war, dass sie darüber kletterten.

Auf dem Weg in die Stadt hörte Robert mit halbem Ohr, dass Bert und Nils sich stritten. Es dauerte etwas, bis er kapierte, worüber. Es ging um Geld und darüber, dass Bert keine Ware mehr bekommen würde, bis er seine Schulden bezahlt hätte. Doch Bert quengelte so lange, bis Nils irgendwann nachgab. Von welcher Art Ware die beiden sprachen, konnte Robert sich zusammenreimen. Auf jeder Schule waren Drogen ein Thema. Er hatte sich zwar nie Gedanken darüber gemacht, aber logisch, auch seine Schule bildete da keine Ausnahme. Nur jetzt sicher zu wissen, dass es das wirklich gab und auch wer damit zu tun hatte, war etwas Neues.

Kurz nach zehn standen sie im Chillo Loco an der Bar. Robert war zum ersten Mal hier und war begeistert.

»Das war mal ein Puff!«, schrie Nils durch das laute Dröhnen, das aus den Lautsprechern kam. »Hat Pleite gemacht und dann haben sie einen Club draus gemacht. Da drüben, das war der Pool, wo die fetten Säcke mit den Weibern abhingen!«

Dass die Tanzfläche vormals ein Schwimmbecken war, hatte er schon gleich beim Herunterkommen bemerkt.

Die blauen Kacheln, teilweise abgesplittert, sowie die zwei Leitern am Rand waren eindeutig.

»Cool, der Laden!«, antwortete Robert und griff nach der Bierflasche, die vor ihm stand. Jeder von seinen Leuten hatte ein Bier bestellt, also auch er.

»Ab elf wird aufgelegt, dann geht's hier ab, so richtig cool wird's aber erst nach zwei.« Bert stand direkt neben Robert und direkt an seinem Ohr. »Also halt dich besser etwas beim Trinken zurück, die Nacht wird lang.«

Robert nickte, drehte sich mit dem Rücken zur Theke, um sich im Keller etwas umzusehen. Er hatte etwas von einem Eisenwarenlager. Oder besser, er sah so aus, als ob ein paar Schweißer mit einem Haufen Altmetall hier eingesperrt worden wären und man sie erst dann wieder herausgelassen hätte, nachdem sie alles Metall irgendwie verarbeitet hätten. Die Bar bestand aus einem großen Stahlträger mit einer Lochblende. Jeder Tisch, Stuhl oder Barhocker war ebenfalls aus wild zusammengeschweißten Stäben und Blechen gefertigt und der ganze Raum roch förmlich nach Metall.

Robert gefiel nicht nur der Laden an sich, viel mehr noch erregte ihn das Gefühl, mittendrin zu sein – zusammen mit den Älteren. Bislang hatte er wenig mit den oberen Jahrgängen zu tun gehabt. Man hatte sich beim Training gesehen, in den Pausen oder in der Werkstatt, aber da war immer eine unsichtbare Grenze gewesen: er bei den Jüngeren und auf der anderen Seite die Älteren. Und jetzt plötzlich stand er als Einziger in seinem Alter mit denen, die drei oder vier Jahrgänge über ihm waren, in einem Club und trank inzwischen sein zweites Bier. Wahnsinn.

»Dann wollen wir unseren Champ mal in Stimmung bringen!« Corinna schlang von hinten ihre Arme um Roberts Hals. »Ich hab Lust auf Hotten-bis-zum-Umfallen, bist du dabei?«

Robert nickte.

Das Mädchen mit den kurzen schwarzen Haaren und dem Stecker in der Unterlippe schob sich um Robert herum auf seinen Schoß. Ohne zu fragen, drückte sie ihren Mund auf seinen und küsste ihn.

Damit hatte Robert nicht gerechnet und er wusste auch überhaupt nicht, wie er sich verhalten sollte. Ein richtiger Kuss, das war etwas völlig Neues für ihn. Er war Sportler, da waren Frauen Kameradinnen, mehr nicht. Um seine Verwirrung noch zu steigern, spürte Robert nun auch noch Corinnas Zunge an seinen Lippen und dann schob sie mit der Zunge irgendetwas salzig Schmeckendes in seinen Mund.

Schockiert griff Robert nach der Flasche vor ihm und spülte den unangenehmen Geschmack mit einem Schluck Bier hinunter.

Ohne ihre Umklammerung zu lockern, beugte sich Corinna anschließend zu Nils hinüber. »Rob ist auch dabei!«

»Cool, man!«, antwortete der. »Geht auf meine Rechnung. And, don't worry! Ist gutes Zeug und mit einem Drogenscreaning ist ja wohl morgen auch nicht zu rechnen.«

Robert wurde klar, was er da gerade geschluckt hatte. Corinnas Kuss war eine Mogelpackung gewesen! Ihn überkam Panik. Das kam alles zu überraschend, so hatte er die Frage von Corinna nicht verstanden. Robert hatte noch nie Drogen angerührt und das auch jetzt nicht gewollt. Sollte er aufs Klo gehen und sich übergeben? Robert schob wütend Corinna von sich weg, die das jedoch gar nicht richtig registrierte. Sie kicherte nur.

Robert stand auf, setzte sich wieder hin und das machte er dreimal hintereinander. Er hatte Angst. Er war Sportler, mit Drogen hatte er nichts am Hut. Was würde jetzt passieren, was würde mit ihm passieren?

Fünf Minuten später dachte er darüber nicht mehr nach, denn da wollte er nur noch tanzen und sein plötzliches Hochgefühl hinausschreien. Er bewegte sich auf der Tanzfläche und entweder hatte sich die Musik oder sein Empfinden für die Musik geändert. Denn Robert war überzeugt, er war diese Musik und die Musik war er. Jede seiner Bewegungen war in vollendetem Einklang mit den Tönen und wenn er sich umdrehte, dann sah er Corinna, Bert und Bea, denen es genauso erging.

»Du solltest was trinken!« Daniel packte ihn an der Schulter, hielt ihm eine Flasche Iso-Mix unter die Nase und schrie durch den Lärm: »Du bist zwar körperlich fit, aber nach zwei Stunden Abhotten braucht dein Körper Flüssigkeit! Glaub mir!«

Robert nickte und trank gierig die Flasche auf ex leer. Er hatte tatsächlich einen tierischen Durst.

»Außerdem, kleiner Tipp!« Daniel grinste schräg. »Corinna sitzt drüben in der Chill-out-Ecke. Ich denke, sie wartet auf dich. Du weißt doch, Siegen macht sexy und Corinna steht auf Gewinner.«

Wie an einer unsichtbaren Schnur zog es Robert von der Tanzfläche hinüber in den Clubbereich mit den Kissen auf dem Fußboden. Corinna erwartete ihn schon.

»Wo warst du denn so lange?«, fragte sie, als er sich neben sie in die Polster sinken ließ.

»Keine Ahnung«, antwortete Robert wahrheitsgemäß und löste damit bei Corinna einen Kicheranfall aus. Er drehte sich zu ihr und gab dem plötzlichen Bedürfnis nach ihr einen Kuss zu geben. Robert fühlte sich gut, so ganz anders als sonst. Er roch Corinna, spürte ihre Hände an seinem Hals, war einer Frau so nahe wie noch nie in seinem Leben.

Doch das alles wirkte wunderbarerweise irgendwie so unschuldig, war Glück und Nähe pur, eine völlig neue Erfahrung.

»Wir müssen!« Daniel zerrte die beiden brutal auseinander. »Bert kackt ab. Der Idiot hat mal wieder zu viel eingeworfen. Los.«

Oben auf der Straße bemerkte selbst Robert mit seiner geänderten Wahrnehmung, dass es Bert wirklich nicht gut ging. Er war so gelb im Gesicht wie sein T-Shirt und musste von Daniel und zwei anderen, die Robert nur vom Sehen kannte, gestützt werden.

Zu seiner Verwunderung zeigte die Uhr am Bahnhof kurz nach vier an. Waren sie so lange unterwegs gewesen?

Auf dem Weg zurück zur Schule versuchte er immer wieder sich bei Corinna einzuhaken, doch seit dem Verlassen des Clubs war deren Interesse an ihm schlagartig erloschen.

Robert war darüber zutiefst gekränkt und wurde dann schließlich sauer auf Corinna. War er so etwas wie ein Spielzeug für sie gewesen, ein kleiner Snack zwischendurch?, fragte er sich.

Bert übergab sich unterwegs zweimal am Straßenrand, was Daniel, Nils und die anderen aber keineswegs davon abhielt, ihn wüst zu beschimpfen. So aufregend der

Abend begonnen hatte und so neu und wunderbar er verlaufen war, so elend und ordinär endete er. Als Robert schließlich in seinem neuen Zimmer im Bett lag, fühlte er sich leer und auf eine merkwürdige Weise traurig. Sein letzter Gedanke vor dem Einschlafen war: Endlich Ruhe.

3.

Der nächste Morgen begann, wie der vorherige Tag geendet hatte: mit Müdigkeit. Robert hätte seine Goldmedaille dafür gegeben, wenn er einfach in seinem Bett hätte bleiben können. Er fühlte sich so müde wie noch nie in seinem Leben. Nur an dem Morgen nach der Beerdigung seiner kleinen Schwester hatte er eine ähnliche Müdigkeit verspürt. Auch damals war Robert außer Stande gewesen sich zu bewegen, diesmal schaffte er es nicht einmal, den Wecker auszustellen. Er lag da und spürte seinen Körper auf der Matratze. Schwer fühlte der sich an, ausgelaugt und unglaublich träge. Regungslos wartete Robert ab, bis das Klingeln aufhörte. Er wünschte sich, jemand würde hereinkommen und ihn ansprechen, ihn aus dieser Starre erlösen. Doch heute wie damals kam niemand.

Nach einer schier endlosen Weile ließ sich sein Kopf immerhin so weit drehen, dass er das Zifferblatt des Weckers erkennen konnte. Es war Viertel vor sieben. Wenn Robert pünktlich zum Frühstück sein wollte, müsste er jetzt schon unter der Dusche stehen. Er musste sich duschen. An der Schule galt ein strenger Kodex, was die Körperpflege anging. Adrettes, gepflegtes Aussehen war neben der Pünktlichkeit einer der wichtigsten Punkte der Schulordnung und ein Verstoß wurde mit Strafpunkten quittiert.

Zwei fürs Nichtduschen oder lieber drei fürs Zu-spät-Kommen?, überlegte Robert und entschied sich fürs Zu-spät-Kommen.

Der Duschraum war leer, warme Feuchtigkeit hing im Raum und der Boden war rutschig. Robert mochte diesen schwülen Geruch, eine Mischung aus den verschiedensten Duschlotionen. Es roch einfach nach Sauberkeit.

Neugierig trat er an den großen, noch beschlagenen Spiegel neben der Eingangstür, um die Tageslosung zu lesen. »Leben ist wie Pizza – man verbrennt sich permanent das Maul!«

Robert grinste. Das war es, was er an seiner Schule so liebte: die kleinen Rituale und die Spielchen untereinander. Ihre Tageslosung war eines davon. Es gab die offizielle Losung jeden Morgen am schwarzen Brett, höchstpersönlich verfasst von ihrer Direktorin, und dann ihre geheime im Duschraum. Nur nach dem Duschen, wenn der Spiegel beschlagen war, konnte man sie lesen. Wer sie jeden Morgen in die Feuchtigkeit schmierte, wusste keiner.

Da alle beim Frühstück waren, erlaubte sich Robert ein besonderes, streng verbotenes Vergnügen. Er drehte alle Duschen auf der einen Seite auf, jede zweite stellte er auf kalt. Dann lief und schlitterte er unter den Wasserstrahlen hindurch, ein irres Gefühl, Wechselbäder im wahrsten Sinne des Wortes. Nach fünf Minuten war der Duschraum ein richtiges Nebelloch, Robert fertig geduscht und komplett wach.

Im Kasino, so hieß der Speiseraum, hatten die meisten Mitschüler ihr Frühstück schon beendet. Robert trat an das halb geleerte Büfett, schaufelte sich eine der weißen Steingutschalen mit Müsli voll, goss Milch darüber und setzte sich an seinen alten Platz.

»Morgen!«, begrüßte er die anderen am Tisch. Keiner antwortete.

»Ist was?«, fragte er mit vollem Mund in die Runde. Wieder schwiegen alle und hielten die Köpfe gesenkt. Robert stupste den neben ihm sitzenden Timothy an: »Hallo?«

Der nahm seinen Teller, stand auf und ging hinüber zu den Geschirrwagen. Robert wandte sich an Luise, die ihm schräg gegenüber saß. »Habt ihr was?«

Die Cross-Fahrerin wurde einer Antwort enthoben, da sich in diesem Moment eine Hand von hinten auf Roberts Schulter legte. Sie gehörte Lothar, einem Jungen aus der 13. Klasse, der in diesem Monat die Hausknecht-Funktion wahrnahm.

»Du bist zu spät! Fünf Strafpunkte«, sagte Lothar.

»Warte mal!« Robert drehte sich entrüstet um. »Dafür gibt es nur drei Punkte!«

»Für dich heute fünf Punkte! – Und wenn du nicht schon einen Termin bei ihr hättest, müsste ich dir jetzt ein Date bei Frau Lorenz verpassen. Sie wird dir das sicher gerne erklären.« Lothar drehte sich um und ging, nachdem er der Direktorin kurz zugenickt hatte, an seinen Platz zurück.

»Versteht ihr das?« Robert sprach seine Tischpartner an. Die schwiegen und standen geschlossen auf.

Pünktlich um neun Uhr klopfte Robert an der Tür zum Vorzimmer der Direktorin.

»Komm rein!«, rief die Sekretärin und sagte kurz: »Du kannst gleich durchgehen. Du wirst schon erwartet.«

Robert, inzwischen ziemlich verunsichert, nickte nur und trat an die schwere Holztür, die zum Büro der Direktorin führte. Er zögerte einen Moment. Ihm gingen viele Gedanken durch den Kopf und er fragte sich, was denn eigentlich heute Morgen los war. Alle verhielten sich so ganz anders als gestern.

Herr Jansen, gestern noch die Freundlichkeit in Person, hatte ihn sogar sofort wieder aus der Klasse geworfen. »Du hast doch gleich einen Termin«, sagte er. »Nachdem du ein Vierteljahr auf meinen Unterricht verzichten musstest, wird die halbe Stunde dir auch nichts bringen. Geh eine Runde durch den Park!«

Robert holte tief Luft und drückte die Türklinke herunter.

»Da bist du ja!«, begrüßte ihn Frau Lorenz aus dem großen Sessel, in dem sie saß.

Noch ein zweiter Gast war im Zimmer, ein Mann, etwa 50 Jahre alt. Robert wusste, er kannte ihn, ihm fiel aber im Moment nicht ein, woher. Der Mann erhob sich aus seinem Sessel und kam Robert mit einem raschen Schritt entgegen. Seine Augen blitzten vor Freude. »Unser Medaillengewinner! Sieh mal einer an, der gute Robert Berger!« Der Mann ergriff Roberts linke Hand und drückte sie. »Endlich wieder in der Heimat, wie fühlt man sich da? Grüße von deinem Vater, du könntest ihn mal anrufen!«

Bei Robert fiel nun der Groschen: Natürlich, das war Herr Thaddäus, ein Freund seines Vaters. Er hatte Roberts Vater damals den Tipp mit dem Sportgymnasium in Rechberg gegeben. Herr Thaddäus selbst war hier zur Schule gegangen und später hatte er dann einmal das Rennen um den Henninger Turm gewonnen.

»Guten Tag, Herr Thaddäus!«, antwortete er. »Schön, Sie mal wieder zu sehen!«

»Setz dich, Junge, setz dich.« Herr Thaddäus hielt Roberts Hand weiter gedrückt und dirigierte ihn so zu dem dritten Sessel in der Ecke des Zimmers.

»Lieber Oskar, bevor du mir meinen Schüler völlig in Beschlag nimmst, kurz der unangenehme Teil dieser kleinen Zusammenkunft.« Frau Lorenz wandte sich Robert zu. »Junge, pass auf, reize mich nicht! Du hast Großes geleistet und daher stehen dir gewisse Freiheiten zu, das habe ich gestern gesagt und dazu stehe ich auch. Aber Erfolg verpflichtet. Du bist jetzt ein Vorbild, alle orientieren sich an dir. Daher gelten für dich die Schulordnung und deren Strafkatalog in besonderem Maße, sagen wir verschärft. Wenn die anderen sehen, dass du dich nicht mehr daran hältst, dann werden sie es auch nicht tun.«

Die Direktorin beugte sich in ihrem Sessel vor und ihre Stimme wurde leiser. »Gestern war gestern, heute bist du wieder ein normaler Schüler! Verstehst du ... «

Robert nickte. Sie weiß von unserem Ausflug, wurde ihm bewusst. »Verstanden! Ich verstehe, wie sie das meinen, und ich verspreche ... «

»Das dazu!« Frau Lorenz lehnte sich zurück und rief plötzlich wieder ganz entspannt in Herrn Thaddäus' Richtung: »So, jetzt bist du dran!«

»Ich soll dir von deinen Eltern ganz herzlich gratulieren!«, begann der und stand auf. »Und ich soll dich in die Arme nehmen und dir sagen, dass sie unheimlich stolz auf dich sind. Ein schöner Auftrag. Komm her, Junge!«

Robert machte einen Schritt auf Herrn Thaddäus zu und ließ sich von dem Mann umarmen. »Gratulation zu deiner Goldmedaille. Dass es dazu einmal kommen würde, damit habe ich wirklich nicht gerechnet, obwohl ich wusste, dass du gut bist! Robert, du hast sie dir verdient!«

Robert hatte wieder diesen Kloß im Hals. Er spürte seine Augen feucht werden, so wie damals in Rom. Herr Thaddäus strich Robert einmal über den Kopf und dirigierte ihn zu seinem Sessel zurück. Anschließend warteten die beiden Erwachsenen einen Moment, bis Robert sich wieder gefangen hatte.

»Kaffee oder Tee?«, fragte die Direktorin in die andächtige Stille hinein.

»Gerne Tee«, sagte Herr Thaddäus und Robert krächzte: »Ich bitte auch. Mit Milch!«

»Frau Hürsemann!«, brüllte Frau Lorenz, wie sonst nur auf dem Sportplatz. »Dreimal Tee! Bitte!«

Umgehend ging die dicke, von innen mit Leder beschlagene Tür auf und die Sekretärin Frau Hürsemann brachte ihnen auf einem silbernen Tablett drei Tassen. Sie stellte noch eine kleine Porzellanschale mit Keksröllchen auf den Tisch und mit der Bemerkung: »Tee und Milch kommt sofort!«, verschwand sie wieder.

Während sie auf Frau Hürsemann warteten, musste Robert den beiden Erwachsenen den gleichen Bericht abgeben wie gestern seinen Mitschülern. Er war gerade bei der Ankunft in Rom angelangt, da kam auch schon die Sekretärin mit dem Tee. Sie goss ihn in die drei geblümten chinesischen Porzellantassen, stellte ein kleines Kännchen mit Milch auf den Tisch und zog sich wieder in das Vorzimmer zurück.

»Kommen wir zu dem anderen Grund für dieses Treffen«, begann die Schulleiterin. »Ich habe dir gestern in der Aula ja versprochen, dass du einen Frischling an deine Seite gestellt bekommst. Das Frischlingssystem ist ein fester Bestandteil dieser Schule. Du, auch Herr Thaddäus und ich selbst waren mal welche und es hat uns nicht geschadet. Aufgrund deines außergewöhnlichen Erfolges und deiner Verletzung, denke ich jedoch, es wäre angebracht, dir auch einen besonderen Frischling zu gewähren. Jemand, der mehr Aufgaben zu übernehmen hat, als es sonst die Pflicht unserer Neuen ist. Beim Militär hätte man früher so was Bursche genannt, bei Hofe einen Diener.«

Robert dachte, er höre nicht richtig. Er sollte einen Diener bekommen? Wahnsinn.

»Aber du kennst ja mein Prinzip: keine Leistung ohne Gegenleistung. Außerdem wäre das ein Job, zu dem ich niemanden einfach so verpflichten kann«, fuhr die Direktorin fort. »Und da kam ich, da kamen Herr Thaddäus und ich auf die Idee ... Übernimmst du?«

Der Angesprochene nahm schnell noch einen Schluck Tee und wandte sich dann mit ernster Miene an Robert. »Du erinnerst dich sicher an meinen Sohn Torsten?«

»Selbstverständlich!« Robert nickte. Es war zwar schon etliche Jahre her, dass er ihn zuletzt getroffen hatte, aber natürlich kannte er ihn. Ein kleiner nervender Junge, der gerade Dreirad fahren gelernt hatte. Torsten hing immer wie eine Klette an ihm. Was war mit Torsten?, fragte sich Robert.

»Früher habt ihr euch ja oft gesehen. Deine Eltern kennen ihn gut, deinen Vater besuche ich ja regelmäßig. Aber wahrscheinlich ist deine Erinnerung an ihn nicht mehr ganz so frisch. Bei eurem letzten Treffen, da war er noch ein kleiner Bub, oder?«, sagte Herr Thaddäus.

Robert nickte.

»Jedenfalls, er ist jetzt seit diesem Jahr hier in Rechberg.«

»Torsten ist hier an der Schule?«, entfuhr es Robert ungläubig.

»Ja, seit diesem Semester«, bestätigte Frau Lorenz. »Er besucht seit dem Sommer die sechste Klasse.«

»Torsten wollte unbedingt auf diese Schule!«, führte Herr Thaddäus aus. »Vielleicht weil ich hier war, sicher jedoch, weil du hier bist. Du bist sein großes Vorbild, sein Held, seit deiner Goldmedaille mehr denn je.«

»Aha.« Robert bekam ein ungutes Gefühl, denn er konnte sich ausmalen, was jetzt kommen würde. Er sollte Babysitter spielen für einen wahrscheinlich immer noch genauso nervenden Zwerg.

»Torsten wird mein Frischling?«, fragte Robert.

Frau Lorenz nickte. »Genau. Aber das ist nur die eine Seite der Medaille ... Ich appelliere jetzt an deine Verschwiegenheit, Robert. Es gibt da ein kleines Problem. Ehrlich gesagt, ich hielt es nicht für die allerbeste Idee, Torsten hier auf diese Schule aufzunehmen.«

»Ich dachte, das hätten wir bereits geklärt«, erwiderte Torstens Vater unwirsch. »Aber bitte, bislang hat Torsten hier noch nicht die erforderlichen radsportlichen Leistungen erbracht. Er ist ein Spätentwickler, aber das kommt. Torsten hat ausgezeichnete Noten aus der fünften Klasse in seiner alten Schule und seine Leistungen im Radsportverein und in der U 11 waren ausgezeichnet. Ich bin selbst viel mit ihm gefahren. Der Junge hat Talent. Das sieht man als Vater.«

Robert musste sich ein Grinsen verkneifen. Von wegen Talent. Seiner Erinnerung nach war Torsten jemand, der selbst beim Dreirad immer von den Pedalen gerutscht war.

»Jedenfalls hat deine Direktorin meiner Bitte um Aufnahme letztlich nachgegeben.« Herr Thaddäus wurde laut. »Was heißt Bitte? Ich habe Druck gemacht, schließlich habe ich das Rennen um den Henninger Turm gewonnen und bin einer der Aktivsten im Verein der Ehemaligen dieser Schule. Unter anderem habe ich den neuen Belag auf der Radbahn finanziert. Und nicht nur das ...«

»Bitte, beruhig dich!«, unterbrach ihn Frau Lorenz. »Das ist mir bekannt und das müssen wir vor einem Schüler nicht ausbreiten. Jedenfalls, Torsten hat Probleme ...«

»Weiß der Henker, warum«, regte sich Herr Thaddäus auf. »Aber der Kerl kommt hier irgendwie nicht so richtig zurecht. Nicht, dass er sich quer stellen würde, er bemüht sich sicher von ganzem Herzen, aber trotzdem ...«

»... hinkt er auch den Anforderungen hinterher, was die Qualis angeht«, ergänzte die Direktorin.

»Und da kommst jetzt du ins Spiel.« Herrn Thaddäus' Stimme wurde leiser und bittend. »Wie gesagt, du bist Torstens großes Vorbild, wenn du ihn nun als Frischling nehmen würdest, das könnte ihm helfen. Vielleicht kann er sich bei dir was abgucken, vielleicht kannst du mit ihm reden ... Ich bitte dich, nimm Torsten als Burschen, er wird dich von vorne bis hinten bedienen und du wirst ihm im Gegenzug helfen, dass er die Kurve kriegt. Diese Schule bedeutet ihm so viel, bitte, schlag einem Freund deines Vaters diesen Gefallen nicht ab.«

Was sollte Robert da sagen. Natürlich sagte er Ja, selbstverständlich versprach er sich um Torsten zu kümmern. Er würde schon dafür sorgen, dass der Junge sich hier in der Schule zurechtfand.

Anschließend erzählte Herr Thaddäus erleichtert noch etwas von den alten Zeiten, damals als er hier zur Schule gegangen war. Dass damals alles viel härter gewesen sei und ihm das aber sehr viel gebracht habe. Dass auch Robert eine große Zukunft vor sich habe, weitere Medaillen, später einmal Trainer oder eine hohe Position im Verband. Und dass er es, wenn er sich anstrenge, sicher bis ins Olympische Komitee schaffen könne. Radfahrer hätten dort gute Chancen.

Dann war irgendwann die Kanne Tee leer und Robert wurde von den beiden Erwachsenen entlassen.

»Ich habe ein besonderes Auge auf dich!«, waren die letzten Worte von Frau Lorenz und Herr Thaddäus rief ihm nach: »Ich werde deine Eltern von dir grüßen! Sie sind stolz auf dich.«

Im Flur sah Robert auf die Uhr. Es war kurz nach zehn, in einer Viertelstunde war kleine Pause. Welches Fach danach kam, wusste er nicht. Er hatte noch keinen neuen Stundenplan. Aber eigentlich war ihm das auch völlig egal. Robert musste sich eingestehen, er hatte richtig Lust auf Unterricht, endlich wieder normaler Schüler zu sein.

Nach einer Stunde Mathematik und einer Doppelstunde Geschichte war er darüber jedoch schon wieder anderer Meinung. Denn er musste feststellen, er hatte den Anschluss verloren. Im Gegensatz zu dem Unterricht während des Trainingslagers war hier wieder richtiges Pauken angesagt. Entweder man kam mit oder man hatte eben Pech. Das Gieseler-Gymnasium war stolz darauf, nicht nur im Sportunterricht zu den besten Schulen zu gehören.

Die ersten drei Stunden Unterricht hatten Robert klargemacht, dass er in der nächsten Zeit viel nachzuarbeiten hatte.

Beim Mittagessen im Kasino war von der seltsamen Stimmung vom Frühstück nichts mehr zu spüren. Die Tischnachbarn verhielten sich Robert gegenüber so wie immer: freundlich, kameradschaftlich, aber ohne weiteren Tiefgang. Daran hatte auch Roberts Medaillengewinn nichts geändert. Robert hatte mit ihnen zusammen Unterricht, sie aßen und trainierten gemeinsam, deshalb musste Robert aber nicht gleich mit ihnen befreundet sein. Er war ein Einzelgänger, und das war er schon immer gewesen.

An seinem Tisch gab es eine klare Rollenverteilung. Timothy futterte mit großem Appetit und schnorrte sich von jedem eine Zusatzportion, Luise erzählte ununterbrochen Neuigkeiten aus der Radsportwelt, während Benita und Jannis schwiegen. Wie schon seit über einem Jahr sahen sie sich dabei bedeutungsvoll in die Augen, Robert hatte es einmal als schmachtend bezeichnet. Er hatte Jannis auch schon auf Benita angesprochen, doch der hatte jeden Kommentar dazu abgelehnt. Ob sie etwas miteinander hatten oder etwas haben wollten, wusste keiner. Außer beim Essen sah man sie nie zusammen.

Robert hatte an seinem Tisch schon von der ersten Klasse an eine besondere Position inne. Er war der gewählte Tischsprecher und Luise seine Stellvertreterin. Robert hatte daher sowohl die Tischaufsicht als auch die Verpflichtung, das Tischgespräch zu steuern. Erwünscht waren Gespräche über die Nachrichten aus der Tageszeitung, schulische Themen und Sport. Unerwünscht waren laut Schulordnung Klatsch, Tratsch und jede Art von Zweideutigkeit. Mit Luise am Tisch war die Gesprächssteuerung nicht immer leicht, denn wo begann bei den Neuigkeiten aus der Sportwelt der Klatsch? War ein Gespräch über die berühmte Verbindung zwischen einem gepiercten Handballer und einer Schwimmerin noch ein Sportthema? Oder eine Debatte über Drogen in der amerikanischen Baseballliga? Wo waren die Nacktfotos der inzwischen erfolglosen rhythmischen Sportgymnastin einzuordnen? Robert fragte sich, wie Luise das eigentlich gehandhabt hatte, als er nicht da gewesen war. Oder war sie nur so redselig, wenn er mit am Tisch saß, denn dann hatte er ja die Verantwortung. Robert nahm sich vor, Jannis am Nachmittag darüber zu interviewen. Während des Essens sah er ein paar Mal hinüber zu den Tischen ganz hinten neben den Toiletten. Dort saßen die Sechstklässler. Aber Robert konnte niemanden in ihren Reihen entdecken, der dem Torsten, den er von früher in Erinnerung hatte, auch nur im Entferntesten ähnelte.

Nach der kurzen Mittagspause war wie jeden Nachmittag Sport angesagt. Als Robert sich mit den Schülern aller Jahrgänge auf den Weg zur Bahn und den Trainingsgebäuden machte, bekam er ein schlechtes Gewissen: Coach Walther – er hatte ihn gestern noch besuchen wollen, es aber wieder vergessen. Und nicht nur gestern, er wollte ihm von Mallorca, aus Rostock und aus Rom schreiben. Nicht einen einzigen Brief hatte Robert an seinen alten

Trainer abgeschickt, immer war irgendetwas dazwischengekommen.

Seine Bedenken waren jedoch überflüssig, denn kaum hatte sich seine Klasse in der Trainingshalle versammelt, kam der Trainer auf ihn zugeeilt und umarmte ihn.

»Ich bin ja so stolz auf dich, Junge. Danke!«, sagte Herr Walther laut. »Hast du gut gemacht! Und jetzt heißt es, dranbleiben. Das war erst der Anfang.«

Coach Walther lockerte die Umarmung, hielt aber Roberts Schulter weiterhin fest, während er den anderen Bahnfahrern verkündete: »Zum Warmwerden zweimal die große Runde durch den Park, aber mit Tempo. Gesamtzeit 17 Minuten, das heißt: erste Runde mit zehn Minuten, zweite nicht über sieben. Auf die Räder!«

Die Gruppe rannte zu den Radständern, um möglichst schnell aus dem Gedränge auf dem Platz in den Park zu gelangen. Denn die Zeit lief bereits und bei den Trainingsrädern herrschte ein großes Durcheinander. Unter den zwar baugleichen Rädern gab es bessere und schlechtere und da galt: Wer zuerst kommt, mahlt zuerst.

Robert wollte sich auch zu den Rädern begeben, doch Coach Walther hielt ihn zurück. »Nicht so eilig, wir haben noch ein Hühnchen miteinander zu rupfen.«

Robert sah betreten zu Boden, vielleicht hätte er doch zumindest eine Postkarte schreiben sollen. Die letzten Schüler waren gerade mit ihren Rädern vom Vorhof verschwunden, da wurde der Griff an Roberts Schulter wieder fester und der Trainer zwang ihn sich zu ihm umzudrehen.

»Hast du sie noch alle?«, blaffte er Robert an. »Das war idiotisch, was du da in Rom abgeliefert hast. So was kann das Ende sein! Tolle Heldentat, mit Verletzung weiterzufahren, Schwachkopf!«

Robert glaubte nicht richtig zu hören. Sein Sieg war idiotisch?

»Wenn ich in Rom gewesen wäre, ich hätte dich von der Bahn geholt, Junge! Toll, du hast gewonnen, aber was weiter? Es hätte niemals zu diesem Rempler kommen dürfen, das war der Fehler. Hast du in all den Jahren nicht gelernt, dass Radfahren Taktik ist, eher Schach als Bolzen? Wenn du auf Dauer auf der Bahn überleben willst, schmink dir dieses Ramboverhalten ab! Klar?«

Robert nickte, war aber in seinem Innersten völlig anderer Meinung. Und mit dieser Einschätzung war er nicht allein. Die Trainer in der Nationalmannschaft waren von seinem kämpferischen Stil begeistert gewesen. Wie hatte der eine gesagt? Endlich einmal wieder ein Fahrer, dem er zutraue, dass der sich auch im Schlussspurt bei einer Etappenankunft nicht die Butter vom Brot nehmen lasse. Konnte es sein, dass Coach Walther nicht nur äußerlich ein alter Mann geworden war, sondern auch innerlich? Nicht umsonst war er hier in einem popeligen Sportinternat beschäftigt und nicht im Nationalteam.

»Ich weiß, was du denkst, Robert!« Herr Walther lockerte den Griff noch immer nicht. »Du denkst dir, was weiß schon der alte Knacker. Aber ich sage dir, ich habe viele große Talente gesehen. Manche haben es geschafft, andere nicht und manche sind einfach viel zu früh verheizt worden. Wenn du einmal ein großer Fahrer werden willst, dann dauert das seine Zeit und du musst dir deine Ressourcen einteilen. Du hast nur den einen Körper. Besser gesagt, du bist nur dieser eine Körper und was kaputt ist, bleibt womöglich kaputt. Versteht du mich?«

Robert nickte wieder. Was blieb ihm in dieser Situation auch anderes übrig?

»Die im Nationalteam, die wollen doch nur die schnellen Erfolge. Denen ist egal, was einmal aus dir wird. Ist dir das klar?« Coach Walther ließ Robert endlich los. »Wir hier in dieser Schule, wir wollen dich fit machen für dein ganzes Leben – und das ist lang!«

»Verstanden, Coach!«, murmelte Robert, weil er glaubte irgendetwas sagen zu müssen.

»Gar nichts hast du verstanden«, entgegnete der Trainer. »Und jetzt ab mit dir auf die Bahn, zwei Runden mit Tempo bitte!«

Robert machte sich auf den Weg zu den Radständern, da pfiff ihn der Coach zurück. »Habe ich einen Ton von Fahrrad gesagt? Bis deine Verletzung ausgeheilt ist, hast du Fahrverbot! Vielleicht kapierst du so, was ein gesunder Körper für einen Athleten wert ist. Ich meine, laufen. Du läufst auf der Bahn!«

Da Widerspruch gegen die Lehrkräfte, besonders die Trainer, an der Schule verboten war und mit Strafpunkten quittiert wurde, beschränkte sich Robert auf einen wütenden Blick, warf seinen Radhelm achtlos neben der Balustrade auf den Boden und lief los.

Robert trabte am unteren Rand der Bahn entlang. Schüler aus anderen Jahrgängen, die auf der Bahn trainierten, schossen auf ihren Rädern an ihm vorbei und er musste sich hämische Kommentare anhören. Als Einziger zu Fuß zwischen lauter Radfahrern unterwegs zu sein war demütigend für ihn. Was hinzu kam, auf dem Rad war eine Runde ein kurzes Stück, aber zum Joggen eine ganz schöne Strecke.

»Ich habe gesagt, mit Tempo!«, schrie ihn Coach Walther vom Seitenrand aus an, als Robert nach der ersten Runde an ihm vorbeikam. »Hast du keine Power mehr in den Beinen?«

Nach der dritten Runde war Robert fix und alle. Die Nachwirkungen der Nacht und die Tatsache, dass Radsprinter nicht aufs Laufen trainiert sind, die erforderlichen Muskeln einfach unterentwickelt sind, hatten ihn geschafft.

Keuchend kam er nach der zweiten Runde zu seinem Coach, zeitgleich mit denen aus seinem Jahrgang, die ihre Fahrt durch den Wald als Erste absolviert hatten.

»Du kannst duschen gehen!«, rief Roberts Coach ihm zu. »Trainingsmäßig ist ja mit dir im Moment nicht viel anzufangen. Morgen vier Runden, dann fünf und so weiter. Es bleibt dabei, kein Rad, bis deine Hand ausgeheilt ist!« Der kleine Mann wandte Robert den Rücken zu.

Mit gesenktem Kopf und zutiefst gekränkt ging Robert in Richtung Schulgebäude.

»Was denn, keine Lust mehr?« – »Rob, es ist Training!« – »Schon fertig?« Die anderen auf ihren Rädern riefen ihm im Vorbeisausen immer wieder dieselben Fragen zu. Doch Robert antwortete nicht.

Als er nach dem Duschen sein Zimmer betrat, stellte er fest, dass es umgeräumt worden war. Der große Schrank war verschoben und so eine Tür freigelegt worden. Robert drückte die Klinke, aber die Tür war verschlossen. Nur mit dem Handtuch um die Hüften trat er hinaus in den Flur und da erst fiel ihm auf, dass sich zwei Meter neben seiner Zimmertür noch eine zweite befand. Auch sie verschlossen.

Robert ging zurück in sein Zimmer und obwohl er es eigentlich nicht wollte, stand er anschließend fast eine Stunde am Fenster und sah denen drüben auf der Bahn voller Neid zu.

In seinem Kopf gab es dabei nur den einen Gedanken: Wie können sie einem Jugend-Europameister so etwas antun?

Robert hatte sich gerade angezogen und mit dem neuen Fahrradzubehörkatalog auf das Bett gelegt, da hörte er einen Schlüssel in der Verbindungstür zum Nachbarzimmer. Kurze Zeit später ging ganz langsam die Klinke nach unten und die Tür wurde vorsichtig geöffnet. Ein rotblonder Kopf schob sich durch den Spalt.

»Wenn du was brauchst, ich bin ab jetzt nebenan. Einfach nur rufen.« Der Junge zog sich wieder zurück und die Tür wurde leise geschlossen.

Das war also Torsten, überlegte Robert und musste lächeln. Für einen Elfjährigen etwas klein geraten, er hätte ihn auf höchstens zehn Jahre geschätzt.

»Torsten!«, rief er.

Sofort ging die Tür auf und Torsten, wie Robert auch in dunkelblauer Schuluniform, schoss in das Zimmer und stellte sich neben der Tür auf. »Ja, bitte?«

»Na komm, nicht ganz so förmlich!« Robert legte den Prospekt zur Seite und winkte den Jungen mit den rot gelockten, total verfilzten Haaren zu sich. »Komm her, was macht das Leben, wie geht's?«

»Gut, sehr gut. Danke, dass du dir mich als Frischling

ausgesucht hast«, antwortete ihm der Junge, blieb aber weiterhin neben der Tür stehen.

»Hab ich das?«, sagte Robert, ohne groß nachzudenken.

»Hast du nicht?« Der Junge neben der Tür wurde noch blasser, als es seine helle Haut unter den Sommersprossen sowieso schon war, und Robert bereute die flapsige Bemerkung sofort. Logisch, das hatte wahrscheinlich Herr Thaddäus dem Jungen so verkauft.

»Natürlich habe ich! Sofort nachdem ich gehört habe, du bist jetzt hier auf der Schule, war mir klar, der wird mein Frischling. Mann, wir kennen uns doch von früher.«

»Echt?« Der Junge strahlte. »Du hast dich wirklich an mich erinnert?«

»Na klar. Aber wenn ich jetzt weiterlesen dürfte.« Robert nahm wieder den Katalog in die Hand. »Und falls du irgendwelche Fragen haben solltest, frag. Ich sorg schon dafür, dass du hier klarkommst! Bei mir bist du in den besten Händen.«

Torsten nickte und mit der Bemerkung: »Ich warte drüben!«, ging die Tür wieder zu.

Nach einer halben Stunde erhob sich Robert von seinem Bett. Neugierig geworden, da so gar kein Geräusch von nebenan kam, ging er zu der Verbindungstür. Ohne zu klopfen, öffnete er sie. Torsten saß an dem kleinen Tisch auf dem Stuhl und sah Robert erschrocken an. Er tat nichts, er hatte kein Buch in der Hand, er machte keine Hausaufgaben, Torsten saß einfach so in dem winzigen Zimmer am Tisch auf seinem Stuhl. Offensichtlich wartete er.

»Mensch, Torsten!«, rief Robert und musste sich ein Lachen verkneifen. »Frischling sein heißt nicht, dass du mein Sklave oder so bist. Du kannst machen, was du willst, gehen, wohin du willst – also im Rahmen der Hausordnung. Nur sollst du mir halt eben bei manchen Dingen zur Hand gehen. Du musst hier nicht auf Abruf bereitstehen!«

Während Robert das sagte, fiel ihm auf, wie winzig Torstens Zimmer im Vergleich zu seinem war. Maximal sechs Quadratmeter groß, ein Bett, ein schmaler Schreibtisch passten gerade so in den Zimmerschlauch. Ein schmaler, hoher Wandschrank nahm den Platz eines Fensters ein, lediglich ein kleines Oberlicht ließ Licht herein.

Für einen Moment tat Robert der Junge auf dem Stuhl Leid. Aber andererseits, Lehrjahre waren keine Herrenjahre und wenn sich Torsten in Zukunft richtig ins Zeug legen würde, dann könnte er eines Tages auch im großen hellen Zimmer nebenan wohnen.

»Dann macht es dir nichts aus, wenn ich noch etwas trainieren gehe?«, erkundigte sich der Kleinere.

Robert lachte und rief: »Los, raus mit dir! Wenn ich könnte und dürfte, würde ich bei dem Superwetter auch auf dem Sattel sitzen.«

Torsten sprang von seinem Stuhl auf und war innerhalb von Sekunden aus der Tür. Robert konnte den armen Kerl verstehen, das Zimmer war wirklich ein dunkles, enges Loch.

Robert ließ die Verbindungstür offen und legte sich zurück aufs Bett. Doch anstatt des Fahrradkatalogs hatte er nun das Geschichtsbuch in der Hand. Europameister oder nicht, wenn er nicht schnell wieder den Anschluss finden würde, waren seine Tage an dieser Einrichtung gezählt. Was die Noten anging, gab es keinen Bonus.

Bevor er sich in das Buch vertiefte, sah er noch für einen Moment auf das Bild des kleinen Mädchens auf seinem Nachtisch. Wenn sie noch leben würde, wäre sie jetzt in Torstens Alter.

4.

Er hatte sich eingelebt. Knapp vier Wochen waren vergangen und Robert schien es so, als ob er nie weg gewesen wäre. Mallorca, Rostock und Rom waren nur noch eine Erinnerung.
Robert musste ab und zu die Goldmedaille aus seiner Schublade nehmen, um sich zu vergewissern, dass das nicht alles nur ein Traum gewesen war. Die größten Schwierigkeiten hatte er damit, nun nicht mehr der hofierte Nachwuchsfahrer, sondern wieder ein ganz normaler Schüler zu sein. Das fing bei Kleinigkeiten an. Sich wieder in die Essensschlange einzureihen – in Mallorca und Rom war den Athleten serviert worden. Abends wieder früher schlafen zu gehen, keinen eigenen Fernseher mehr auf dem Zimmer zu haben – erlaubt war an der Schule nur ein Radio.

Robert fehlten die Gespräche mit den Journalisten. Überhaupt, die ganze Atmosphäre war einfach wieder Schule, nicht mehr internationaler Wettkampf.

Sogar für seine Wäsche musste er selbst Sorge tragen. Wie das Putzen hatte er auch das Waschen und Bügeln Torsten überlassen wollen – wofür sonst hatte er denn seinen Frischling. Doch dann hatte er das schnell wieder selbst übernommen. Zweimal hatte Torsten Roberts weiße Polo-Shirts zartrosa eingefärbt.

»Tut mir echt Leid!«, hatte Torsten, selbst rosa im Gesicht, gestammelt. »Aber ich habe diesen roten Socken nicht bemerkt.«

Beim zweiten Mal war es sogar ein rotes Handtuch, das der Junge übersehen hatte. Angeblich, weil es noch vom Vorgänger in der Maschine gewesen sei. Robert wusch danach vorsichtshalber wieder selbst, nur das Bügeln der Hosen und der Sweatshirts überließ er weiterhin seinem Frischling.

Ansonsten empfand er es, einen Frischling zu haben – neben dem großen Zimmer natürlich –, als die große Bereicherung in seinem neuen Schülerleben. Torsten machte ihm das Bett, fegte, räumte auf und daran, seine Hausaufgaben einem Schreiber zu diktieren, hatte sich Robert ebenfalls schnell gewöhnt.

Richtig gekränkt war Robert nur darüber, dass er weiterhin Fahrverbot hatte. Coach Walther hatte dafür gesorgt, dass dies schulbekannt wurde. Robert fehlte sein Fahrrad, das Gefühl des Sattels zwischen den Beinen, dieses leise Surren der Radnaben, dieses Knacken der Kette, wenn er sich voll in die Pedale stellte, und natürlich die Geschwindigkeit.

Stattdessen lief Robert und lief und lief. Er war inzwischen bei täglich 20 Runden auf der Bahn angekommen, aber Spaß machte es ihm immer noch nicht.

Sein einziger Trost war, dass der Coach ihm das Schrauben nicht verboten hatte. So hatte er in der ersten Woche seine Freizeit damit verbracht, Pegasus komplett zu zerlegen und zu säubern. Anschließend wurde das Rad neu lackiert. In der dritten Woche wurden neue Lager und Muffen montiert, ein paar Speichen neu eingezogen. Und seit letztem Wochenende erstrahlte seine Rennmaschine wieder in altem Glanz.

Doch so, wie es aussah, hatte Robert genügend Zeit diese Prozedur noch einmal zu wiederholen. Denn mit seiner rechten Hand gab es Probleme. Der Knochen des kleinen Fingers war zwar wieder gut verheilt, jedoch an den gequetschten Stellen wollte die Wunde sich nicht schließen. Wildes Fleisch, so nannte es der Schularzt, hatte sich dort gebildet und verhinderte die Heilung. Robert bekam Spritzen und eine spezielle Salbe. Es bestand kein echtes Risiko, aber es würde noch dauern, sagte der Arzt. Und solange Robert verletzt war, galt für ihn Fahrverbot, hatte Herr Walther ein für alle Mal entschieden.

Nach zwei Wochen bestellte Frau Lorenz Robert noch einmal zu sich und erinnerte ihn zum einen an seine Verpflichtung Torsten gegenüber, zum anderen aber beauftragte sie ihn mit einem Ehrenamt. Er habe doch, da trainingsfrei, Zeit und ob er nicht die Organisation des alljährlichen Sportfestes übernehmen wolle.

»Du kannst natürlich ablehnen«, bot Frau Lorenz ihm, hinter ihrem Schreibtisch sitzend, an. »Schließlich ist es kein echtes schulisches Ereignis, es wird veranstaltet und finanziert von unserem Förderverein der Ehemaligen. Aber es ist das sportliche Aushängeschild dieser Schule und ich fände es passend, dass es daher auch von dem momentan erfolgreichsten Fahrer dieser Schule organisiert wird. Du hast fast völlig freie Hand. Deine Ansprechpartner wären Herr Thaddäus, Frau Schuster und Herr Dünker. Du müsstest dich um die Einladungen an die ausländischen Sportler kümmern, um deren Unterbringung und

Verpflegung und so weiter. Wie gesagt, eine Ehre, aber viel Arbeit. Und du kannst auch dankend ablehnen. Nur, das würde ich dir wahrscheinlich übel nehmen. Und das wäre doch sicher nicht in deinem Sinne. Also was ist, Robert?«

Natürlich hatte Robert diesen Ehrenjob angenommen. Er hatte sich auch schon einmal mit Frau Schuster deswegen getroffen. Sie wohnte in Rechberg und hatte ihn zum Abendessen eingeladen.

Das war ein witziger Abend. Frau Schuster war nicht mehr die Schlankeste, Robert schätzte sie auf Mitte 50 und sie war strenge Vegetarierin, es gab nicht einmal Eier oder Milchprodukte. Was sie gekocht hatte, nannte sie indisch-ägyptisches Kuskus und bestand eigentlich nur aus Körnern und Kräutern. Zu Roberts Verwunderung schmeckte es jedoch vorzüglich. Zum Essen hatte Frau Schuster ihm ein Glas Rotwein angeboten, aus kontrolliert-ökologischem Anbau, wie sie stolz verkündete. Und nach dem Essen hatten sie zusammen zwei Flaschen geleert. Frau Schuster war ins Erzählen gekommen, über ihre Scheidung, warum sie auch heute noch so gerne Rad fuhr und dass, wenn sie damals nicht geheiratet hätte, sie eine große sportliche Karriere vor sich gehabt hätte. Als sie den Korkenzieher an die dritte Flasche ansetzte, fiel ihr auf, dass es schon nach neun Uhr war. Ob Robert sehr müde sei, fragte sie ihn und da Robert sagte, dem sei keinesfalls so, ergab ein kurzer Anruf bei Frau Lorenz, dass er noch bleiben durfte.

Kurz vor elf war Frau Schuster schließlich müde und auch Robert ein bisschen angetrunken. Doch der Schüler hatte den Abend genossen, Frau Schuster war eine witzige Erzählerin und da sie mit der Direktorin zusammen zur Schule gegangen war, gab es für Robert echt heiße Geschichten zu hören. Dass Frau Lorenz, oder Lore, wie Frau Schuster sie nannte, früher ein echter Feger gewesen war. Einmal habe sie vier Freunde, und wenn man den Gerüchten glauben dürfe, zusätzlich auch noch eine Freundin gleichzeitig gehabt. Und Robert solle nicht glauben, sie hätten früher nur Händchen gehalten, fügte Frau Schuster leicht lallend hinzu.

Auf seinem Rückweg kam Robert dann am Chillo Loco vorbei und da nahm er sich die Freiheit einen kleinen Abstecher zu machen. Doch er war der Einzige aus seiner Schule im Keller und anders als am Abend seiner Rückkehr, kam er sich diesmal dort unten völlig deplatziert vor. Er hatte seine Cola nicht einmal halb ausgetrunken, als er ging.

Als er wieder auf seinem Fahrrad saß und Richtung Schule fuhr, ließ er den damaligen Abend noch einmal Revue passieren. Er überlegte, warum ihn die Älteren seitdem nie wieder zu ihren Partys eingeladen hatten. Sie waren zwar weiterhin freundlich zu ihm, da waren schon große Unterschiede zu dem, wie sie mit den anderen Mittelstuflern umgingen, doch dieses Gefühl, Robert wäre einer der Ihren, vermittelten sie ihm nicht mehr. Das kränkte Robert, aber noch mehr war er enttäuscht darüber, dass Corinna kaum noch Interesse an ihm zeigte. Sie tat so, als wäre zwischen ihnen nichts gewesen.

Robert musste auch an Nils denken, wie er sich übergeben hatte, und an die Pillen, die sie damals genommen hatten. Und dann war er auf einmal wieder froh noch Mittelstufler zu sein.

Mit Jannis hatte er die Arbeit an einem neuen Fahrrad begonnen, es sollte ein Tri-Bike werden, ein Dreirad. Doch über die Konstruktionszeichnungen waren sie noch nicht hinausgekommen. Robert befand sich wieder mitten im normalen Schultrott.

»Du, Rob, störe ich?« Torsten klopfte an die geöffnete Zwischentür.

Robert sah von seiner englischen Schullektüre, ein Buch von Edgar Allan Poe, auf und fragte genervt: »Was denn?«

Torsten schob sich in Roberts Zimmer und nestelte unsicher an seinem unteren Sweatshirtrand herum. Robert war das schon seit längerem aufgefallen: Torsten fingerte ständig an den unteren Rändern seiner T-Shirts oder Pullover herum und alle Bündchen waren an dieser Stelle völlig ausgeleiert.

»Nur wenn ich wirklich nicht störe?«

Robert legte das Lesezeichen zwischen die Seiten, schlug das Buch zu. »Was ist?«

»Ich hab mich schon lange was gefragt«. Der knapp 1,30 Meter große Junge mit den verfilzten roten Haaren stand neben Roberts Tisch, blickte auf seine Schuhe und seine Finger verknoteten sich immer tiefer in seinem dunkelblauen Sweatshirt.

»Willst du dich nicht setzen?«, forderte Robert ihn auf und fragte sich wieder einmal, ob Torstens Haare von Natur aus so verfilzt waren. Kämmen ließ sich diese Matte jedenfalls nicht mehr.

Torsten schüttelte den Kopf. »Also ...«, begann er zögerlich. Dann plötzlich, den Blick immer noch auf den Boden geheftet, sprudelte es endlich aus dem Jungen heraus: »Wie war das denn damals, als du hier neu warst? Ging es dir da so wie mir oder warst du gleich du?«

»Wie meinst du das, ob ich gleich ich war?« Robert wusste zwar genau, was Torsten damit meinte, wollte es aber ausgesprochen hören.

»Warst du schon immer der Gewinner, bei den Besten, eben der Unnahbare, der, bei dem alles klappt?« Torsten blickte Robert direkt ins Gesicht. »Oder gab es bei dir auch mal eine Zeit, in der du hier irgendwelche Schwierigkeiten hattest?«

Robert fühlte sich geschmeichelt. »Ehrlich gesagt, nein. Und soll ich dir sagen, warum? – Weil ich immer alles dafür gegeben habe, dass es so läuft. Verstehst du mich? Mir ist nie was geschenkt worden, ich tue viel dafür! Du weißt am ehesten, dass ich momentan büffle wie ein Idiot, um das nachzuholen, was ich wegen meiner Europameisterschaft in der Schule versäumt habe.«

»So meine ich das nicht!«, entgegnete Torsten und suchte den Blick von Robert. »Hattest du mal Probleme?«

»Nein!« Robert musste bei dieser Antwort an Torsten vorbei aus dem Fenster sehen. »Noch nie. Weil ich es aber auch erst gar nicht zu einem Problem kommen lasse. Und ich denke, das ist auch der einzige Weg, keine Probleme zu haben.«

Torsten sah wieder auf seine Schuhe. »Danke.«

Robert öffnete sein englisches Buch an der markierten Stelle. »Die Zeiten sind hart, man muss treten, um über Wasser zu bleiben.«

»Nicht wenn du im Treibsand steckst«, sagte Torsten leise, drehte sich um und ließ Robert mit seiner Lektüre alleine.

Den Rest des Nachmittags schaffte es Robert nicht mehr, sich aufs Pauken zu konzentrieren. Die letzte Bemerkung seines Frischlings machte ihm zu schaffen. Immer wieder überlegte er, was Torsten damit gemeint hatte. Empfand der die Schule hier als Treibsand? Wieso? Er hatte doch hierher gewollt. Niemand hatte ihn dazu gezwungen. Wenn er sich hier unwohl fühlte, wer hinderte ihn daran, wieder zu gehen?

Später am Tag, kurz vor der Schlafenszeit, als Torsten Roberts Wäsche holen kam, hielt er ihn zurück.

»Hey, Kleiner!« Robert wusste nicht, wie er das Gespräch einleiten sollte. »Das mit dem Treibsand ... wie hast du das gemeint?«

Torsten stand im Schlafanzug auf der Türschwelle, Roberts Schmutzwäsche auf dem Arm.

»Wie wohl? Wenn du im Treibsand strampelst, um nicht unterzugehen, gehst du erst recht unter«, antwortete der sicher einen Kopf kleinere Junge ruhig.

Robert klopfte neben sich auf die Matratze. »Setz dich doch mal her.«

Torsten, noch immer das Kleiderknäuel in den Händen, kam zögernd und etwas widerwillig zu Robert und setzte sich neben ihn aufs Bett.

»Ich denke«, begann Robert, »ich sollte dir mal etwas mehr über diese Schule und wie das hier so läuft, erzählen. Ich habe gedacht, du kommt von selbst drauf, aber manche sind eben etwas schwer von Begriff.«

Torsten, neben ihm auf der vordersten Kante der Matratze sitzend, zuckte mit den Schultern. »Und?«, fragte er. »Wie läuft es denn hier?«

»Das hier ist keine normale Schule. Wir alle, die wir hier sind, wollen später einmal die Besten sein und sind bereit dafür alles zu geben.« Robert lehnte sich zurück und betrachtete den rot gelockten Hinterkopf des Jungen vor ihm. Seine kleine Schwester hatte auch solche Locken gehabt. Wäre sie an dieser Schule zurechtgekommen? Robert schob den Gedanken beiseite. Der Junge da war ganz anders als seine Schwester. Die war tot und Sentimentalität half niemandem weiter.

»Dafür sind wir von zu Hause weg, nehmen einen speziellen Drill in Kauf, tun mehr, leisten mehr und ertragen mehr als die anderen. Und warum das Ganze? Weil wir wissen, dass es nur so nach oben geht. Sicher, jeder hier muss viel schlucken und möchte manchmal schreien und alles hinwerfen. Aber so ist das Leben, nicht anders läuft es draußen auch. Eher noch härter. Zur Elite zu gehören wird einem nicht in die Wiege gelegt. Das ist harte Arbeit, sieh es dir doch mal an, das Frischlingssystem beispielsweise. Glaubst du, ich habe mich nicht geärgert, dass ich für die Älteren schuften musste?«

»Ich habe mich darüber keinen Moment lang geärgert!«, unterbrach Torsten Roberts Ausführungen. »Ich bin gerne dein Frischling.«

Robert schwieg einen Augenblick lang irritiert. »Schön, dann ärgerst du dich nicht darüber«, versuchte er den Faden wieder aufzunehmen. »Aber den meisten geht es so. Erst dienen, dann bedient werden. Das ist eine Art Erziehung, nur so entsteht später Führerschaft. Wer später das Recht für sich beanspruchen will, für andere Entscheidungen zu treffen, der muss erlebt haben, wie das ist, wenn andere für einen entscheiden.«

»Ich will für niemanden Entscheidungen treffen«, bemerkte Torsten lapidar. »Ich will nur das Recht haben, über das entscheiden zu dürfen, was mich selbst betrifft. Und ich verstehe nicht, was das alles mit Radfahren zu tun hat. Denn deswegen sind wir doch hier, oder? Zumindest hat mir das mein Vater gesagt.«

»Genau!« Robert hatte das Gefühl, der Junge würde langsam kapieren, was er ihm erzählen wollte. »Es geht ums Radfahren, wir alle wollen Erfolg in unserem Sport und deshalb ... deshalb beispielsweise haben wir, du, ich jeweils einen Coach. Und wir machen, was der sagt, weil wir wissen, der hat sich auch selbst einmal geplagt und weiß daher, was er von uns verlangen kann. Vielleicht mehr, als wir selbst denken geben zu können.«

»Und deshalb seid ihr so untereinander?«, fragte Torsten.

»Wie sind wir denn untereinander?«

»Ich wäre ja auch gerne so, aber ich weiß nicht, wie ich das machen soll.« Torsten ging auf Roberts Frage nicht ein. »Ich strenge mich ja an, ich bediene dich, ich mache meine Hausaufgaben, ich gebe alles im Training und meine Zeiten sind auch wirklich besser geworden. Mehr geht nicht!« Die Stimme des Kleineren war leise und mutlos. »Trotzdem bin ich draußen. Ich gehöre einfach nicht dazu. Und das bilde ich mir ja nicht ein, das sehen die Lorenz, mein Klassenlehrer, du, die anderen in meiner Klasse und sogar mein Vater so. Ist doch wahr, wenn der nicht der Schule die Bahn bezahlt hätte, wäre ich garantiert nicht hier. Dürfen denn nur die Besten Sport treiben?«

Robert wusste nicht, was er sagen sollte. Aus Torsten dagegen sprudelten die Worte, als wäre ein Damm gebrochen und lang Aufgestautes käme endlich heraus.

»Wirklich, Robert, ich liebe diese Schule, hier habe ich irgendwie das Gefühl, Teil von etwas Großem zu sein. Ich liebe Radfahren. Radfahren ist für mich alles und ich verlange ja gar nicht, dass alle nett zu mir sind, aber muss denn jeder so sein wie du? Oder Dennis? Oder Sonja? Stört dich das nicht? Wahrscheinlich nicht, denn du bist ja so.«

Robert schluckte. »Jetzt mal langsam ...«

»Verstehst du denn nicht?« Der Junge vor ihm drehte sich zu Robert um und sah ihn verzweifelt an. »Ich werfe dir nichts vor, ich wäre nur gerne auch so! Aber sag mir doch, wie!«

»Gut, immer der Reihe nach!« Robert fühlte sich von den Worten des Elfjährigen angegriffen. »Ich räume gerne ein, der Ton hier ist härter geworden. Doch, sicher. Das war vorher sportlich-hart und jetzt ist es eher nur hart. Aber so ist die Zeit. Außerdem ist das doch nur die Oberfläche, da gibt es doch auch noch die Sportlerkameradschaft.«

»Wo?« Torsten stand auf. »Wo die ist, wüsste ich gerne. Mein Vater hat mir auch immer davon vorgeschwärmt. Ach Mist, wahrscheinlich haben alle Recht und ich passe einfach nicht hierher. Vielleicht sollte ich besser die Schule verlassen.«

»Warte mal!« Robert sprang vom Bett herunter und lief dem Jungen zwei Schritte hinterher. »Von wegen! Gekniffen wird nicht.«

Robert hatte plötzlich ein schlechtes Gewissen. Das

konnte, das durfte nicht passieren, dass sein Frischling scheiterte. Das würde auch ein schlechtes Licht auf ihn werfen.

Torsten drehte sich um, noch immer Roberts schmutzige Kleider auf dem Arm, und blitze ihn zornig an. »Ich habe nicht gekniffen!«

»Aber ich!«, räumte Robert ein. »Ich hab deinem Vater und der Lorenz versprochen, mich um dich zu kümmern, und so, wie es aussieht, habe ich das nicht gemacht. Tut mir Leid. Aber ich war mit mir beschäftigt. Komm, ich verspreche dir, wenn du mir vertraust, dann wirst du merken, hier wird auch nur mit Wasser gekocht. Gib mir eine Chance, ich werde dir zeigen, was in dir steckt.«

»Ich weiß, was in mir steckt«, antwortete Torsten trotzig.

»Na also, dann sind wir uns darin ja schon einmal einig. Und gemeinsam werden wir dafür sorgen, dass das auch die anderen hier mitkriegen.« Robert streckte Torsten die linke Hand entgegen. »Komm, Kleiner. Frischling und Tutor können auch Freunde sein.«

Torsten zögerte einen Moment und fragte: »Meinst du das jetzt ehrlich?«

Robert nickte. »Ganz ehrlich!«

Über Torstens Gesicht zog ein Leuchten und der Anblick, wie der Junge vor ihm versuchte das Bündel Kleider, Roberts Kleider, ungeschickt von einem Arm unter den anderen zu schieben, um in seine Hand einzuschlagen, rührte Robert, dass es ihm Tränen in die Augen trieb.

»Lass sie einfach fallen! Darauf kommt es nicht an, sind doch schon dreckig«, flüsterte er und aus dem Händedruck wurde eine Umarmung.

Später, als er im Bett lag, kam Robert mit den Gedanken nicht von dem Jungen im Zimmer nebenan los. Lag es daran, dass er bislang kaum mit Jüngeren zu tun hatte? Jedenfalls hatte der Kleine ihn überrascht. Solche Überlegungen, solche Urteile über die Schule hatte er nicht von einem Elfjährigen erwartet. Wie war er in diesem Alter gewesen? Anders, entschied er, viel eindimensionaler. Er war damals damit beschäftigt gewesen, seine Leistung zu erbringen. Über weiter gehende Dinge hatte er sich keine Gedanken gemacht.

Erst als er dazu überging, eine Art Trainingsplan für Torsten zu entwerfen, konnte er einschlafen. Schon nach zwei Stunden wachte er wieder auf. Von einem neuen Verantwortungsgefühl getrieben, öffnete er leise die Verbindungstür. Robert schlich in das angrenzende winzige Zimmer und vorsichtig zog er die Decke über Torsten hoch, aus der sich der Schlafende freigestrampelt hatte. Anschließend ließ er die Tür offen. Während er auf die ungleichmäßigen Atemzüge des Kindes nebenan lauschte, knipste er kurz das Licht an.

»Gute Nacht«, sagte er zu dem Mädchen auf dem Foto, dann wurde es in dem Zimmer mit dem schönen Ausblick auf den Park für diese Nacht endgültig dunkel.

Am Morgen war der Zauber, die besondere Stimmung zwischen Robert und Torsten wieder verschwunden. Was vielleicht aber auch daran lag, dass schon kurz nach sechs Hausknecht Lothar neben Roberts Bett stand und ihn weckte.

»Los, du hast Besuch!«

»Wie, Besuch?« Robert hatte keine Ahnung, was der

Kerl neben seinem Bett von ihm wollte. War etwas passiert?

»Spezialkader-Besuch«, schob Lothar grinsend nach. »Du darfst Wasser lassen, Dopingkontrolle.«

Robert stand auf und dann sah er durch die offen stehende Tür die beiden Männer draußen im Flur.

»Dafür, dass ich aufstehen musste, um dich zu wecken, habe ich was bei dir gut, Champion«, fügte Lothar säuerlich hinzu.

Robert griff nach seinem Morgenmantel, bemerkte im Hinausgehen Torsten, der von seinem Zimmer herübersah. Er winkte ihm kurz, wandte sich dann aber Lothar zu und sagte trocken: »Tja, wenn du zum Kader gehören würdest, dürftest du jetzt pinkeln gehen. Vielleicht kommt es ja eines Tages einmal dazu.«

Im Flur begrüßte er die Fremden mit den Worten: »Guten Morgen, die Herren. Gleich hier oder gehen wir zur Abgabe auf die Toilette?«

Roberts Dopingprobe war beim Frühstück das große Thema im Kasino. Noch nie hatte es bislang so eine überfallartige Kontrolle gegeben und Robert genoss es, nach den letzten Wochen wieder einmal im Mittelpunkt zu stehen. Frau Lorenz kam an seinen Tisch und sagte: »Ich gehe davon aus, dass kein positiver Befund zu erwarten ist. Wenn doch, dann wüsste ich das gerne, bevor ich vom Radsportbund angerufen werde. Also, wenn du mir etwas zu sagen hast, du weißt, wo mein Büro zu finden ist.«

Robert stammelte: »Keinesfalls, ich bin sauber!«

»Ich verlasse mich auf dich.«

Erst als die Direktorin wieder verschwunden war, erinnerte sich Robert an den Abend im Chillo Loco und fragte sich, ob die Pille von damals vielleicht Spuren hinterlassen haben könnte. Angst machte sich plötzlich in ihm breit. In der Pause ging er deswegen zu Nils und wollte von ihm Genaueres darüber erfahren. Doch der ließ ihn einfach stehen und tat so, als hätte es den Abend damals nie gegeben. Robert versuchte sich zu trösten, dass das alles vier Wochen her sei und sicher nicht mehr nachgewiesen werden könne. Hoffentlich.

Torsten sah Robert erst wieder am Nachmittag, aber da war er gerade auf dem Weg in die Stadt zu Frau Schuster. Er versprach Torsten im Vorbeigehen, dass er am Abend mit ihm sprechen werde. Doch da Frau Schuster, wie bei jedem Treffen, mal wieder vom Hundertsten zum Tausendsten und letztlich zum Weintrinken kam, war es bereits nach zehn, als Robert in die Schule zurückkehrte.

Alles, was Robert für den bereits schlafenden Torsten noch tun konnte, war ihn zuzudecken. Morgen, morgen würde er damit beginnen, sich richtig um seinen Frischling zu kümmern, nahm Robert sich vor dem Einschlafen vor.

Robert fand Torstens Bett am nächsten Morgen leer vor, doch ein Blick aus dem Fenster hinüber auf das Oval der Radbahn beruhigte ihn. Ein einzelner Fahrer war auf der Bahn unterwegs und obwohl Robert auf die Entfernung unmöglich erkennen konnte, wer dort im Morgendunst seine Runden drehte, war er sich sicher, dass es Torsten war. Robert sah auf seinen Wecker, es war kurz nach sechs. Warum nicht?, entschied er, schlüpfte in seinen

Trainingsanzug, zog sich seine Joggingschuhe an und machte sich auf den Weg nach unten.

Sie trafen sich an der Startgeraden.

»Morgen, Schweinepriester! Auch unterwegs?«, begrüßte ihn Torsten und verlangsamte seinen Tritt.

»Hey, hey, das heißt Tutor, ja!«, rief Robert und rannte weiter, wobei er sein Tempo etwas anzog. Torsten, der auf dem Rad neben ihm herfuhr, hielt mühelos mit.

»Mir gefällt Schweinepriester besser!«

»Wenn du meinst ...« Robert war in seinen Gedanken bei seinem Trainingsplan. »Du musst runder treten!«, begann er.

»Wie runder?«, fragte Torsten.

»Dein Tritt ist nicht rund, ganz einfach, du trittst zu kräftig runter und ziehst zu wenig hoch!« Da Robert fast in Sprintgeschwindigkeit joggte, kam er ins Keuchen. »Du solltest ... dir ... ein anderes Bike nehmen! Bahn!«

Torsten schüttelte den Kopf. »Ich hasse die Bahn, ich will Straße oder Cross fahren, aber keine Bahn!«

Robert lief wieder langsamer. »Darum geht es nicht ... ist mir egal, was du später fahren willst ... es geht nur um die Technik.«

Torsten hatte aufgehört zu treten und ließ sein Rad aus der Kurve herausrollen. »Wie Technik?«

»Was ist der Unterschied zwischen einer Bahn- und einer Straßenmaschine?«, fragte Robert.

»Hey, ich bin kein totaler Anfänger.« Torsten war gekränkt. »Straße hat Freilaufnabe, Bahn nicht. Straße hat Bremsen und Schaltung, Bahn nicht.«

»Genau, daher hol dir jetzt endlich eine Bahnmaschine, du musst an deinem Tritt arbeiten.« Roberts Atmung hatte sich wieder normalisiert. »Wenn ich fahren dürfte, dann würde ich dir den Effekt vorführen, aber da ich nicht darf, muss ich dir das erklären, während du fährst.«

»Ich will aber kein Bahnrad fahren!« Torsten trat, um seinen Widerwillen zu zeigen, demonstrativ rückwärts. »Ich hasse diese direkte Übersetzung! Und dann auch noch ohne Bremse!«

»Die brauchst du nicht, das machen deine Beine!« Robert war sich seiner Sache ganz sicher. »Los, das ist ein Befehl!«

»Schweinepriester!«, zischte Torsten halblaut, schwenkte aber ab und fuhr zu den Radständern. Als Robert in seine dritte Runde einbog, war Torsten wieder neben ihm.

»Ist wirklich ekelhaft«, rief er.

»Du gewöhnst dich dran«, antwortete Robert. »Jetzt mach mal Tempo.«

Torsten ging aus dem Sattel und trat an.

»Jetzt Tempo raus«, rief Robert.

Torsten versuchte der Aufforderung zu folgen, geriet jedoch durch die sich weiterbewegenden Pedale ins Schlingern.

»Du musst schon weitertreten, nur eben langsamer.« Robert musste sich ein Grinsen verkneifen. Mit den Bahnrädern taten sich anfangs alle schwer. Der fehlende Freilauf war gewöhnungsbedürftig. Jeder Tritt ging unmittelbar auf das Hinterrad, aber ebenso erzwang die direkte Kettenübertragung bei jeder Drehung des Hinterrades eine Drehung des vorderen Zahnkranzes, sodass auch der Fahrer seine Beine im entsprechenden Tempo weiterbewegen musste.

»Das ist Kacke!« Torsten versuchte schwankend ein Tempo zu finden, in dem seine Beine und die Geschwindigkeit des Rades miteinander harmonierten. »Das habe ich schon als Kind beim Dreirad gehasst.«

»Ich weiß«, meinte Robert.

»Wieso?« Torsten hörte abrupt mit dem Treten auf, machte dadurch eine Vollbremsung auf der Bahn und stand. Nur ganz knapp bevor er umkippte, bekam er seinen linken Schuh aus der Schnellverbindung am Pedal. Gereizt wartete er, bis Robert zu ihm herangelaufen kam.

»Ich erinnere mich ziemlich genau an einen drei- oder vierjährigen Zwerg«, rief Robert, während er feixend an dem Jüngeren vorbeizog, »in einem großen Garten auf einem Dreirad und er ist andauernd von den Pedalen gerutscht.«

»Echt? Daran erinnerst du dich?« Torsten nahm die Verfolgung auf.

»Aber klar. Und wenn ich darüber nachdenke, hast du dir damals wahrscheinlich deinen Tritt versaut.« Robert war sich seiner Sache immer sicherer. »Eigentlich solltest du noch mal mit Dreiradfahren anfangen ...«

»Haha, ganz toller Witz!«, maulte Torsten, doch Robert beachtete ihn nicht.

»Daher mein Trainingsprogramm für dich: Bahnrad bis zum Abwinken! Und jeden Tag eine Stunde auf die Rolle, das gibt Technik. Ich verspreche dir, dann wirst du, wenn du mal wieder auf die Straßenmaschine darfst, abgehen wie eine Rakete.«

»Wenn du meinst.« Torsten lenkte ein.

»Meine ich. Und es ist im Moment auch völlig egal, welches Tempo du dabei machst.« Robert begann seine vierte Runde. »Erinnerst du dich an Lance Armstrong bei der letzten Tour?«

»Na klar!«

»Wie der den Berg hoch ist? Stehend?«

Torsten fuhr neben Robert her und nickte.

»Das war Technik pur! Gleichzeitig auf der einen Seite das Pedal heruntergetreten und mit dem anderem Bein das Gegenpedal hochgezogen, doppelte Power, das musst du lernen. Überhaupt, von der Tour kann man eigentlich alles lernen, Siegeswillen, Mannschaftsgeist und wenn es dann in die Berge geht ...«

Runde um Runde drehten die beiden an diesem Morgen in den Tag hinein – Robert, laufend, heftig schnaufend und fachsimpelnd, neben ihm Torsten, der auf dem Rad fuhr und zuhörte. Ein Zuschauer hätte nicht unterscheiden können, wer da wen trainierte.

Aus dem einen morgendlichen Training wurde in den nächsten Tagen und Wochen ein richtiges Ritual. Nachdem Robert mit Herrn Walther und der mit Torstens Trainerin gesprochen hatte, wurde Robert sogar ganz offiziell Torstens Coach.

Zwar tat Torstens Trainerin Roberts Idee mit der Bahnmaschine als Nonsens ab. Da sie aber mit dem Rest ihrer Klasse genug zu tun hatte, war sie froh, wenn die Verantwortung für Torstens Radfahrleistung jemand anderes übernahm. Die Trainerin war ohnehin skeptisch, ob Torsten jemals die Schulqualifikation schaffen könnte, das war nicht zu überhören.

Außer dem Training am Morgen hatten Robert und Torsten den Tag über wenig miteinander zu schaffen. Robert war mit den nichtsportlichen Fächern und dem Schulfest beschäftigt. In der verbleibenden freien Zeit versuchten er und Jannis mit ihrem Tri-Bike weiterzukommen.

Was Torsten außer Schule und Training den Tag über unternahm, bekam Robert kaum mit und interessierte ihn auch wenig.

5.

Ende Oktober hatte Robert dann endlich so weit den Anschluss im Unterricht gefunden, dass er beim Lernen einen Gang herunterschalten konnte. Die Noten in den letzten Klassenarbeiten bewegten sich wieder im Dreierbereich, die Dopingprobe war negativ ausgefallen und zu Roberts großer Freude bekam er zu diesem Zeitpunkt auch die Freigabe vom Schularzt: Endlich durfte Robert wieder auf dem Rad trainieren. Gleich nach dem Mittagessen, noch vor dem eigentlichen Training, rannte er in den Fahrradkeller, schnappte sich Pegasus und fuhr auf die Bahn.

War das ein Gefühl wieder den Sattel unter dem Hintern zu haben! Am schönsten fand Robert es, endlich wieder die Geschwindigkeit zu spüren. Die gesamte Mittagspause hindurch drehte er in der klaren Herbstsonne eine Runde nach der anderen. Der Himmel war strahlend blau, nur ein paar kleine Wolken jagte der Wind hin und wieder vorüber und Robert glaubte fast, Pegasus habe wirklich Flügel.

»Auf die Räder!« Die Aufforderung des Trainers, sich im Park warm zu fahren, galt nun auch wieder für Robert. Wie seine Mitschüler rannte er zu den Radständern und genoss es, sich mit ihnen um die guten Rennmaschinen zu rangeln und dann im Pulk in den Park zu verschwinden. Durch sein Lauftraining hatte er so viel Ausdauer, dass er als einer der Ersten nach zwanzig Minuten bei Coach Walther ankam.

»Geht doch«, sagte sein Trainer grinsend.

»Hey, du bist schnell«, rief Timothy als er neben Robert zum Stoppen kam.

»Vergiss nicht, ich bin Europameister!«, beschied ihn Robert.

»Jugend-Europameister!«, verbesserte ihn Timothy.

»Gut, bevor ihr jetzt in die einzelnen Spezialgruppen geht, muss ich bekannt geben, dass in den nächsten Wochen die offiziellen Schul-Qualifikationen beginnen«, verkündete Coach Walther den Schülern. »Wie jedes Jahr müssen wir bis November die neue Schulrangliste erstellt haben, damit sie noch ins Jahrbuch kommt. Also stellt euch darauf ein. Wer will, alle Trainer sind bereit die ersten inoffiziellen Probemessungen zu stoppen.«

»Dann habe ich ja wohl heute wieder frei«, bemerkte Robert. »Meine Sprintzeit aus Rom wird ja wohl dieses Jahr keiner mehr unterbieten.«

»Das eine hat mit dem anderen nichts zu tun!«, entgegnete ihm Coach Walther. »Rom ist nicht Rechberg!«

Die meisten von Roberts Mitschülern feixten, besonders Timothy sah plötzlich außerordentlich zufrieden aus.

»Hey, Coach!« Robert dachte, er habe nicht richtig gehört. Das durfte doch nicht wahr sein. Von ihm, dem Goldmedaillengewinner von Rom, dem Jugend-Europameister, verlangte man ernsthaft, dass er sich an diesen läppischen Schulqualis beteiligte. »Das ist doch Bullshit! Meine Zeit in Rom ist doch sogar in den BDR-Listen veröffentlicht. Und da soll sie hier in Rechberg plötzlich keine Gültigkeit mehr haben?«

»Genau so ist es«, sagte Roberts Trainer und wurde in Haltung und Tonfall offiziell. »Aber du kannst ja gerne mit Frau Lorenz darüber Rücksprache halten, obwohl sie dir auch nichts anderes erzählen wird. Und, mein lieber Robert, wenn ich dir das sagen darf, du bist der erste Schüler an dieser Schule, der sich deswegen aufregt.«

»Na und!« Robert war so gekränkt, dass er jede Achtung vor seinem Coach vergaß. »Da reiß ich mir in Rom für Deutschland den Arsch beziehungsweise die Hand auf und dann soll ich hier irgendwelche popeligen Schulmessungen absolvieren? Das ist doch nicht Ihr Ernst!«

»Reiß dich zusammen!«, fuhr ihn Coach Walther an. »Noch ein Ton und du kriegst 20 Strafpunkte von mir verpasst.«

»Was dagegen, wenn ich kurz mit Frau Lorenz spreche?« Robert drehte sich um, ohne eine Antwort abzuwarten, und nahm im Wegfahren nur noch wahr, wie sein Trainer brüllte: »Robert! Zehn Strafpunkte wegen unerlaubten Verlassens des Unterrichts!«

Frau Lorenz saß hinter ihrem großen Schreibtisch und hörte sich Roberts Beschwerde mit unbewegter Miene an. Als er mit seinem Lamento geendet hatte, erwiderte sie nach einer langen Pause: »Du weißt schon, mit wem du hier sprichst, ja?«

Robert nickte.

»Dann lass dir gesagt sein, du bist der erste Schüler, von dem ich eine derartige Klage höre.«

Robert wollte schon sagen, das liege vielleicht daran,

dass diese Schule in den letzten Jahren nur so wenige Champions hervorgebracht habe, eigentlich keinen außer ihm, schluckte die Bemerkung aber lieber wieder hinunter. Sein Gegenüber war schließlich die Direktorin. Daher antwortete er nur gelassen: »Das sagt aber nicht unbedingt etwas über die Berechtigung meiner Beschwerde aus.«

»So – meinst du?«, fragte die Direktorin und sah Robert durchdringend an. »Ich dachte, wenn man mit einer Sichtweise so völlig allein steht, dann sollte man sich vielleicht doch fragen, warum dem so ist. Diese Regeln wurden schließlich nicht ohne Grund beschlossen.«

»Aber man hat doch wohl kaum meine Goldmedaille vorausgeahnt, als man die Regeln machte!«, rief Robert.

»Das nehme ich auch nicht an.« Frau Lorenz' Stimme wurde schneidend. »Das war auch nicht nötig, schließlich bist du nicht der erste und sicherlich auch nicht der letzte Medaillengewinner dieser Schule. Und vielleicht ist genau die Tatsache, dass es bei uns keine Sonderbehandlung gibt – egal für wen –, der Grund, dass wir so viele Leistungsträger hervorbringen!«

Nach diesen Ausführungen schwieg Robert und wagte erst wieder nach eine kurzen Weile einen Einwand.

»Aber mein Trainer hat immer gesagt, diese Qualifikationen sollen den Ernstfall simulieren, den echten Wettkampf. Und welchen Sinn hat es dann, von jemandem, der den Ernstfall durchgestanden hat, trotzdem diese Simulation zu verlangen?«

»Klug gedacht, Robert«, entgegnete ihm Frau Lorenz hinter ihrem Schreibtisch. »Aber hast du noch nie daran gedacht, dass diese Simulationen auch noch einen anderen Wert haben könnten? Denk einmal darüber nach. Dies hier ist in erster Linie eine Schule und da geht es um mehr als um eine Medaille. Und wenn du zu einer Antwort gekommen bist, frage dich doch anschließend auch danach, warum du dich gegen diese dir so banal erscheinenden Prüfungen wehrst. Ende der Audienz!«

Robert nickte und verließ das Zimmer der Schulleiterin. Da er seine Strafpunkte sowieso schon einkassiert hatte, ging er gar nicht mehr zurück zum Sportplatz und zu Coach Walther. Die hämischen Blicke und Kommentare seiner Mitschüler wollte er jetzt nicht ertragen.

Beim Abendessen musste er sich ihnen dennoch stellen. Luise brachte das Thema auf den Tisch, als sie mit vollem Mund sagte: »Welch ein Glück, dass wir hier Radfahrer sind, das ist wenigstens demokratisch, nicht so wie Tennis.«

»Wieso?« Timothy spielte den Ball zurück.

»Weil wir so einen Blödsinn wie *gesetzte Spieler* nicht haben«, erklärte Luise und sah dabei alle am Tisch an bis auf Robert. »Dieses System, manchen Spielern, nur weil sie schon einmal ein Turnier gewonnen haben, die Qualifikation zu ersparen, ist undemokratisch. Das ist eine ganz klare Bevorzugung.«

»Genau«, stimmte ihr Timothy zu und selbst Benita, die sonst nie etwas sagte, ergänzte: »Schweinerei so was, ich hasse diese Art der Sonderbehandlung!«

Robert erschien es fast so, als würde nur für ihn ein kleines Theaterstück aufgeführt.

»Genau«, wiederholte Timothy. »Beim Radsport dagegen haben alle die gleichen Chancen. Oder siehst *du* das anders, Rob?«

Robert musste sich zusammenreißen. Er schaffte es, ganz cool zu antworten. »Im Grunde stimme ich euch zu. Aber beim Tennis gelten ja generell andere Regeln, da können ja Spieler sogar dank einer Wildcard weiterkommen. Nur denke ich, dass eine erbrachte Leistung überall zählen sollte. Beispielsweise die Olympianormen, da gelten auch jeweils die ...«

»Beruhigt mich, dass du das so siehst!«, ging Timothy dazwischen. »Manche an der Schule behaupten nämlich, du wolltest dich vor den Qualis drücken. Dem ist ja dann doch nicht so, oder?«

»Ich mich drücken?« Robert wurde bleich im Gesicht. »Blödsinn! Wer behauptet denn so was?«

»Ach, so der eine oder andere«, kam es da ausgerechnet von Jannis, der bislang den Mund gehalten hatte. »Aber wenn dem nicht so ist, dann habe ich denen ja zu Recht gesagt: Robert doch nicht!«

»Von wegen drücken, ich freue mich auf die Qualis!«, beeilte sich Robert zu versichern. »Ich hatte nur eben bislang noch die Probleme mit meiner Hand und daher wenig Zeit zum Trainieren.«

»Aber für einen Europameister dürfte das ja trotzdem kein Handikap sein.« Timothy grinste breit und Luise schob nach: »Toll, dann werden das ja richtig aufregende Rennen werden.«

»Du sagst es!« Robert nickte und stand auf. »Was dagegen, wenn ich mich entschuldige, ich habe noch einen Brief zu schreiben.«

Oben in seinem Zimmer stand Robert sicher eine Viertelstunde lang regungslos am Fenster und versuchte seinen Zorn wieder unter Kontrolle zu bekommen. Warum waren plötzlich alle gegen ihn?, fragte er sich immer und immer wieder. Warum taten sie ihm das an? Hätte er nicht etwas Entgegenkommen verdient? Ohne jede Klage hatte Robert die Demütigung durch seinen Trainer ertragen, das Radfahrverbot, das Laufen-Müssen. Welche Schmerzen musste er mit seiner Verletzung aushalten, wie hatte er in Rom die Zähne zusammengebissen, um endlich zu gewinnen. Hatte er sich nicht in den letzten Wochen selbstlos um seinen Frischling gekümmert?

Robert fand nicht, dass er bevorzugt werden wollte, er hatte ein Anrecht darauf, dass seine Jahresbestzeit in das Jahrbuch kam. Sie war ehrlich erkämpft und jetzt wollte man sie ihm nehmen.

Aber gut, wenn sie glaubten ihn so fertig machen zu können, dann hatten sie sich getäuscht. Was waren schon die Schulqualifikationen? Er war Goldmedaillengewinner, er hatte sich gegen den ganz klar favorisierten Italiener durchgesetzt. Dann würde Robert es ihnen jetzt eben zeigen. Er war ein Gewinnertyp, das war er immer gewesen und das würde er auch in der Zukunft bleiben.

Robert wandte sich vom Fenster ab und da bemerkte er Torsten, der im Türrahmen auf dem Boden saß und ihn anscheinend schon längere Zeit beobachtete.

»Was willst du?«, fuhr Robert ihn an.

»Nichts, ich dachte, du ... «, begann der Kleinere, beendete den Satz aber nicht.

»Will ich nicht, brauche ich nicht«, sagte Robert. »Ich komme gut alleine klar, kapiert?«

Torsten nickte, ging in sein Zimmer hinüber und zum ersten Mal seit etlichen Wochen blieb die Tür den Rest des Abends und auch die Nacht über geschlossen.

Am nächsten Nachmittag ging Robert in die Offensive.

»Wer hat Lust auf ein kleines Rennen, just for fun?«, fragte er in die Runde, nachdem er als Erster vom Aufwärmfahren zurückgekehrt war. »Würde gerne wissen, wo ich momentan stehe, nach der Trainingspause und so. Also, wer hat Lust?«

Wie Robert es sich gedacht hatte. Niemand aus seinem Jahrgang rief: »Ja, hier, ich!« Das waren doch alles Memmen.

Doch dann stand plötzlich Nils mit seinem Rad auf der anderen Seite der Balustrade.

»Gerne, wollte immer schon mal wissen, wie das ist, gegen einen Europameister anzutreten.« Ohne Roberts Antwort abzuwarten, ließ der Junge aus der elften Klasse sich langsam zur Startlinie rollen. Robert nahm sich eine der Spezialmaschinen, die an der Umrandung zur Bahn lehnten, und folgte ihm.

Innerhalb von wenigen Sekunden hatte sich fast die ganze Schule an der Radbahn versammelt und Roberts Coach pfiff den Start an. Voller Wut schlug Robert diesmal eine ganz andere, sehr ungewöhnliche Taktik an. Er versuchte das Rennen, die gesamten drei Runden, als einen einzigen langen Spurt zu fahren. Damit wollte er es allen zeigen. Wenn er diese Kraftanstrengung durchstehen würde, dann wären alle Lästermäuler gestopft.

Nils ging in Roberts Windschatten und ließ sich von ihm eine Bahn nach der anderen ziehen. Er griff nicht einmal an, Nils blieb einfach hinter ihm. Erst in der letzten Runde versuchte der Junge aus der elften Klasse eine Attacke, er ging neben Robert und fuhr ein ähnliches Manöver wie der Italiener in Rom. Robert merkte, dass die obere Balustrade auf ihn zukam und ließ Nils zu dessen Überraschung passieren. Nun war Robert an Nils' Hinterrad und nach knapp fünfzig Metern ging er aus dem Windschatten heraus und begann mit aller verbliebenen Kraft einen neuen Spurt. Seine Beine verwandelten sich in Kolben, die immer schneller hoch- und hinuntergingen, und auf ebener Strecke zog er einfach, Zentimeter um Zentimeter, an Nils vorbei. Diesem zweiten Spurt hatte sein Gegner nichts mehr entgegenzusetzen, das hohe Tempo der vorherigen Runden hatte zu viel Kraft gekostet und bevor die Glocke für die letzten 200 Meter geschlagen wurde, hatte Robert sich einen sicheren Vorsprung herausgefahren.

Wie geplant ging er als Erster über die Ziellinie.

Es gab keinen großen Applaus, ein paar aus den unteren Jahrgängen klatschten und anschließend zerstreute sich die Zuschauermenge schnell wieder. Das normale Training ging weiter. Roberts Coach sah ihn nur fragend an und meinte kurz: »Merkwürdige Taktik, gab es dafür einen besonderen Grund?«

»Weiß nicht, ich wollte wissen, ob ich das durchstehen kann«, antwortete Robert.

»Na, dann.« Der Coach drehte sich um und meinte nebenbei: »Es wurde übrigens leider keine Zeit genommen, aber das lässt sich ja jederzeit nachholen.«

Den Rest des Nachmittags hielt Robert sich von seinen Mitschülern abseits und übte auf der Bahn kurzes, schnelles Antreten. Niemand kam und störte ihn dabei, selbst Coach Walther ließ ihn in Ruhe. Robert war sich aber sicher, die anderen beobachteten genau, was er tat, so wie er umgekehrt auch.

Beim Abendessen im Kasino vermieden alle an Roberts

Tisch das Thema Qualifikation. Eine, wie Robert es erschien, sehr unechte Debatte über Scheibenräder wurde geführt, ob sie für Sprinter Vorteile hätten oder ob sie zu Seitenwind empfindlich seien.

Am späteren Abend klopfte es an der Verbindungstür.

»Komm rein!«, rief Robert und ein rotblonder verfilzter Lockenschopf schob sich vorsichtig durch die Türöffnung.

»Störe ich?«, fragte Torsten.

Robert schüttelte den Kopf. »Nur so halb.«

»Bleibt es bei morgen?«

»Wobei bitte?«, fragte Robert, der keine Ahnung hatte, wovon Torsten sprach.

»Morgen wollten wir doch eine Wertung machen.«

»Stimmt!« Robert erinnerte sich nun wieder an die Verabredung. Er hatte seinem Frischling versprochen, dass sie morgen zusammen eine Radtour machen würden. Seitdem seine Hand wieder einsatzfähig war, machte Robert natürlich seine Hausaufgaben wieder selbst. Als kleiner Dank für die Schreibarbeit, die Torsten für ihn übernommen hatte, wollte Robert den Jüngeren in seine Lieblingsstrecke einweihen.

»Natürlich bleibt es dabei, ich halte mein Wort.«

»Ich freu mich darauf.« Der rot gelockte Kopf verschwand und die Tür ging zu.

6.

Der nächste Tag war ein Samstag und daher unterrichtsfrei. Wer wollte, konnte nach Hause fahren, doch wie Robert zogen es die meisten Schüler vor, auch das Wochenende im Internat zu verbringen.

In der Freizeit machten die Schüler gern Ausflüge, natürlich mit dem Rad, und immer war es eine Mischung aus Training und Vergnügen. Nicht umsonst besuchten sie ein Sportinternat. Unter den Älteren – den Jüngeren war dies verboten – hatte sich im Laufe der Jahre das Wertungsfahren zu einem beliebten Hobby entwickelt. Jeder versuchte in Rechberg und Umgebung die optimale Strecke zu finden: Die beste Crosswertung, das bedeutete Matsch, Gestrüpp, Sprünge und möglichst wenig Straße, die beste Straßenwertung, immer guter Asphalt und möglichst von Autos unbefahren, oder die beste Bergwertung, den schönsten Berg.

Dann gab es aber auch noch die beste Date-Wertung, die romantischste Strecke mit vielen verschwiegenen Wiesen und Plätzen, an denen sich Händchen haltend der Sonnenuntergang genießen ließ, oder aber die Power-Wertung, die Bolzstrecke, auf der man richtig Frust ablassen konnte. Die jeweiligen Streckenführungen waren nur zum Teil allgemein bekannt und eine eigene Wertung wurde nur den besten Freunden präsentiert. Bisweilen dauerte es mehrere Jahre, bis eine neue Strecke kreiert wurde, und wenn ein älterer Schüler einem Jüngeren seine persönliche, seine eigene Wertung zeigte, kam dies einem Ritterschlag gleich.

Torsten wartete aufgeregt, dass es endlich losging. Robert, in seiner Funktion als Trainer, hatte ihm ein normales Fahrrad erlaubt, daher stand Torsten neben seiner eigenen, blitzblank geputzten Straßenmaschine im Hof. Robert hatte sein altes Fahrrad fit gemacht, wie Pegasus ein Eigenbau, aber eben ein normales Fahrrad mit Kettenschaltung.

Punkt zehn Uhr brachen sie auf. Torsten hatte wie Robert auch am Rahmen zwei Flaschen mit Apfelsaftschorle und in der kleinen Tasche unter dem Sattel ein paar Müsliriegel verstaut.

»Wir lassen es langsam angehen, die Wertung hat es echt in sich«, erklärte Robert, als sie aus dem Park hinausrollten und Richtung Lemberg fuhren, dort wo die Landschaft bergiger wurde.

»Ich arbeite seit Jahren an der Strecke. Den ersten Tipp hat mir einer gegeben, der letztes Jahr Abi gemacht hat, dann habe ich mir einiges selbst zusammengesucht oder von anderen abgeguckt. Schalte einen Gang runter, dein Tritt muss runder werden! Und achte auf die Trittfrequenz. Auf der Straße möglichst hohe Trittfrequenz, am besten 90er. Erst später auf der Bahn gehst du niedriger.«

Torsten beeilte sich der Aufforderung nachzukommen.

»Gutes Rad«, bemerkte Robert zwei Kilometer später.

»Ist das von meinem Vater. Damit ist er früher seine Rennen gefahren. Hat er mir geschenkt, als ich hier auf die Schule kam«, antwortete Torsten stolz.

»War sicher teuer«, schob Robert nach.

»Aber hallo!« Torsten wollte schon sagen, wie teuer, da fiel ihm ein, dass Robert das sicher wusste. Equipment war nicht umsonst ein viel diskutiertes Thema an der Schule, auch bei den Jüngeren. Außerdem hatte Torsten inzwischen mitbekommen, dass Robert nicht zu denen gehörte, deren Eltern viel Geld besaßen.

Sie fuhren nebeneinander in der noch kühlen Morgenluft eine kleine Landstraße entlang. Zunächst ging es durch abgeerntete Felder. An einer kleinen Kreuzung bog Robert nach rechts in den herbstfarbenen Wald ein. Ein kleiner, jedoch asphaltierter Pfad führte zu einem See mitten zwischen den Bäumen. Von dort fuhren sie auf einem breiten, ebenfalls geteerten Waldweg geradeaus.

»Das hier wurde angelegt, während die den See ausgebaggert haben, war mal ein Steinbruch«, erklärte Robert knapp. Nach einer kurzen Steigung ging es leicht, dafür aber lange bergab. »Bolztime!«, forderte Robert Torsten auf und erhob sich aus dem Sattel.

In rasendem Tempo donnerten die beiden die ehemalige Baustellenpiste entlang. Erst als beide auf dem größten Zahnrad vorne und dem kleinsten hinten traten und sie keine Geschwindigkeitssteigerung mehr erreichen konnten, setzte sich Robert auf den Sattel zurück und ließ seine Rennmaschine rollen.

»Das ist Wahnsinn! So schnell war ich noch nie«, schrie Torsten, der weiterhin an Roberts Hinterrad hing.

»Und keine Gefahr durch Gegenverkehr!«, fügte Robert hinzu.

Dort, wo der Wald endete, machten die beiden die erste Pause.

»Die Strecke ist geil«, rief Torsten, als sie sich auf der kleinen Bank mit Ausblick auf eine herbstlich bunt getupfte Hügelkette niederließen.

»Das heißt Wertung«, verbesserte ihn Robert. »Und vergiss nicht zu trinken. Sechs Liter werden wir heute mindestens rausschwitzen. Das war bislang alles nur der Prolog. Gleich geht es rüber in die Berge. Sehen von hier zwar nur aus wie Hügel, aber die haben es echt in sich.«

»Ich fahr gerne Berge«, sagte Torsten mutig.

»Hoch oder runter?«, stichelte Robert.

»Wenn ich sonst nicht viel kann, ich bin gut am Berg!« Torsten wurde vor lauter Eifer rot im Gesicht. »Ehrlich! Ich war mit meinem Pa sogar schon mal in den Alpen!«

»Dann können wir ja die Variante mit dem wirklich giftigen Berg nehmen.« Robert stand auf und setzte seine Rennmaschine zurück auf die Straße. »Ist auf meiner Skala eine Null, das heißt, ich habe ihn noch nie ganz geschafft. Mal sehen, wie weit du an ihm kommst.«

Schweigend ging es durch eine Senke und ein kleines Dorf, dann auf einer mit großen Betonplatten gepflasterten Straße zwischen Stoppeläckern hinüber zur Hügelkette.

»Der Anstieg geht langsam los, zieht sich dann aber oben auf 15 Prozent. Gesamtlänge sechs Kilometer.« Robert griff nach einem Müsliriegel und schob ihn sich in den Mund.

Torsten schaltete hinten ein Zahnrad höher. Robert behielt den kleineren Zahnkranz bei und fuhr daher schneller. Auf dem nächsten Kilometer entstand deshalb ein kleiner Abstand zwischen den beiden. Da Robert seit Jahren Bahnfahren trainiert hatte, waren seine Beine es gewohnt, gegen einen großen Widerstand zu treten. Aber schon nach wenigen Minuten Klettern war Torsten wieder bis an Roberts Hinterrad aufgefahren. Robert hörte den Jungen hinter sich atmen, ging aus dem Sattel und erhöhte den Druck auf die Pedale. Torsten ging mit, blieb jedoch auf dem Sattel sitzen. Ohne dass es ausgesprochen worden war, hatte ein Rennen zwischen den beiden begonnen. Robert spürte bei jedem Höhenmeter, den sie gewannen, wie sich seine Schultern immer mehr verkrampften, dennoch verkniff er sich es, sich umzudrehen. Torsten ließ sich nicht abschütteln, das gleichmäßige Keuchen hinter ihm war Robert dafür der Beweis. Schweigend mühten sich die beiden die schmale Straße hinauf.

Robert fühlte sich fit, er merkte, dass in seinen Oberschenkeln so viel Kraft steckte wie nie zuvor. Er hatte endlich echte Kondition, das musste vom wochenlangen Laufen kommen. Wieder ging Robert aus dem Sattel und startete eine Attacke. Für vielleicht zwei Minuten wurde das Atmen in seinem Rücken leiser, dann war es wieder da und zu Roberts Erstaunen unverändert gleichmäßig. Noch zweimal versuchte Robert den Jüngeren abzuhängen, doch der schloss immer wieder auf und langsam merkte Robert, dass er schwächer wurde. Die Angriffe hatten Kraft gekostet, er spürte vermehrt Speichel in seinem Mund, sein Körper kam in den roten Bereich. Robert begann zu hecheln, dabei lag das steilste Stück noch vor ihnen.

»Geht's noch?« Robert drehte sich um, zum ersten Mal seit sie in den Berg gegangen waren. Torsten nickte und keuchte zwischen zwei tiefen Atemzügen. »Geht schon!«

Robert blickte wieder nach vorne, die 15-prozentige

Steigung begann. Um seinen Tritt zu halten – er fuhr schon im kleinsten Gang –, stand Robert in den Pedalen. Er wusste genau, was das bedeutete, jetzt war der Moment der Entscheidung. Entweder er würde sein Tempo verringern, um bis oben durchzuhalten – was er vorher noch nie geschafft hatte –, oder er würde weiterfahren wie bisher und ohne Zweifel in wenigen hundert Metern ausgepowert vom Rad absteigen müssen. Beides jedoch würde bedeuten, dass der Fahrer in seinem Rücken an ihm vorbeiziehen würde, dass Torsten ihn am Berg geschlagen hätte.

»Etwas langsamer bitte!«, platzte da Torstens Bitte in Roberts Überlegungen. »Ich kann nicht mehr, bitte warte auf mich.«

Robert verlangsamte erleichtert seinen Tritt und für die nächsten Meter war er wieder obenauf. Doch dann fiel ihm auf, dass der Atem in seinem Rücken nach wie vor unverändert gleichmäßig war, ohne jedes Keuchen oder Hecheln. Ihm wurde klar, der Junge hinter ihm war keineswegs am Ende, er hatte nur so getan, als ob er nicht mehr könnte. Robert kam vor Wut und Enttäuschung über sich selbst ins Schlingern.

»Wir können es bis oben schaffen! Los!« Torstens Stimme ließ Robert seine Gedanken und Selbstzweifel beiseite schieben. Der Junge hatte Recht, der Berg war der Gegner, sie hatten eine Chance ihn zu bezwingen.

Robert nickte und konzentrierte sich auf seinen Tritt und seine Atmung. Er fuhr wie durch einen Tunnel, der Kopf war leer. Er sah vor sich einen kleinen Abschnitt Asphalt, über den er sich quälte, und passte unbewusst sein Tempo dem Torstens an. Es war so, als ob das gleichmäßige Atmen in Roberts Rücken ihn schob, es gab die Geschwindigkeit vor. Der Fahrer hinter ihm schien genau zu wissen, wie es in Robert aussah, und konnte ihn sozusagen fernsteuern. Robert spürte, dass er zum ersten Mal in seinem Leben an einem Berg genau an seinem Limit fuhr, nicht darüber und nicht darunter. Das Gefühl kannte er sonst nur beim Sprint, da wusste er genau, wann er ihn beginnen durfte, damit er ihn bis zum Ende durchhalten konnte. Am Berg jedoch war er bislang immer irgendwann eingebrochen.

»Rob! Ist das da vorne das Ziel?« Torstens Frage holte Robert aus der Tiefe seiner Gedanken zurück. Er blickte auf und stellte überrascht fest, dass sie oben waren.

»Ja!«, keuchte Robert. »Ab der Scheune geht es wieder bergab.«

»Echt harte Strecke«, schnaufte Torsten. »Ich dachte ein paar Mal, ich breche ein.«

Robert richtete sich auf seinem Fahrrad auf und drehte sich zu dem Jungen hinter sich um. »Bist echt gut am Berg. Wirklich!«

»Danke!«, rief Torsten und wurde unter seinen Sommersprossen noch röter, als er es nach der Anstrengung schon war.

»Ich habe zu danken«, sagte Robert und ließ sich langsam in die Abfahrt hineinrollen.

Unten, an einem kleinen Bach, der sich durch eine Wiese schlängelte, machten sie die zweite Pause und füllten an einer Quelle ihre Wasserflaschen auf. Während der Abfahrt hatte Robert darüber nachgedacht, was er Torsten jetzt sagen sollte. Doch ihm war nichts eingefallen und außerdem, was da am Berg passiert war, wussten beide, wozu noch darüber reden. Und bedankt hatte sich Robert bereits.

»Das mit den Qualis schaffst du garantiert«, sagte er nach einer Weile zu dem Jungen, der neben ihm auf einem von der Sonne erwärmten Stein saß und wie er seine Füße in das kalte Wasser des Baches getaucht hatte.

»Weiß nicht«, antwortete Torsten.

»Wie, weiß nicht?« Robert war irritiert. »Du hast echt was drauf!«

»Das weiß ich«, sagte Torsten einsilbig.

»Wo ist dann das Problem?«, erkundigte sich der Ältere.

»Ich weiß nicht, ob ich das alles überhaupt will«, erklärte der Elfjährige nach einer kurzen Pause.

»Aber wie das?« Robert verstand den Jungen neben sich nicht. »Erst willst du unbedingt auf diese Schule, weil du Rad fahren willst. Dann hast du das Gefühl, du bist nicht gut genug dafür, und jetzt, wo du es fast geschafft hast, weißt du nicht mehr, ob du das überhaupt willst?«

»Genau so ist es«, war Torstens Kommentar.

»Kannst du mir das erklären?«, forderte ihn Robert auf.

»Klar, könnte ich, aber ich weiß nicht, ob du es verstehen wirst.«

»Hey, du bist hier der Frischling!« Robert versuchte die Bemerkung nach einem Scherz klingen zu lassen und war froh, als Torsten im selben Tonfall antwortete: »Klar, und du der allwissende Schweinepriester!«

»Der Schweinepriester hört!«

»Aber nicht sauer sein!«, bat Torsten vorab.

»Abwarten«, beschied ihn Robert.

»Das stimmt irgendwie alles nicht so ganz, also wie das

hier abläuft«, begann Torsten, sah beim Reden auf seine nackten Füße und bewegte die Zehen. »Ist dir das nie aufgefallen? Jedem hier bläuen sie ein, er soll der Erste werden. Nur der erste Platz zählt, der Zweite ist schon der erste Verlierer.«

»So ist es doch auch«, fiel Robert dazwischen. »Ist zwar nicht schön, aber so ist das Leben.«

»Aber wie soll das klappen?«

»Was klappen?«

»Es kann doch nicht nur Gewinner geben!«, rief Torsten.

»Natürlich kann es nur *einen* Gewinner geben!« Robert hatte keine Ahnung, worauf Torsten hinauswollte. »Eben den Ersten!«

»Und was ist mit den anderen? Die Zweiten, Dritten ... Sind dann das alles automatisch Verlierer?«

»In gewisser Hinsicht schon«, räumte Robert ein.

»Aber das ist gemein! Wer hat sich denn so was Blödes ausgedacht!« Torsten wurde lauter. »Das ist fies, das will ich nicht und da mache ich auch nicht mit.«

»Das ist kein Spiel, wo man mitspielen kann oder nicht. Hey, Kleiner! Das ist das Leben!«, widersprach Robert und amüsierte sich innerlich etwas über die Entrüstung im Gesicht des Sechstklässlers.

»Trotzdem falsch!«, rief Torsten. »Wieso machen die das? Wieso zählt an unserer Schule nur das Gewinnen? Allen sagt man, ihr seid Gewinner. Wenn ihr alles gebt, wenn ihr tut, was wir euch sagen, dann werdet ihr der Erste werden. Aber das geht doch gar nicht! Es gibt immer nur einen Gewinner und alle anderen werden daher automatisch zu Verlierern. Ist ein zweiter Platz Müll? Ist es nicht schon gigantisch, wenn man zum olympischen Kader gehört? Von wegen fürs Leben vorbereiten, wie die Lorenz immer sagt. Fast alle, die die Schule verlassen, werden eben nicht Erster und sollen die mit dem Gefühl durchs Leben laufen, dass sie versagt haben? Nur weil sie nur Zweiter oder Dritter geworden sind.«

Robert zuckte mit den Schultern, von *der* Seite her hatte er das noch nie betrachtet und dass ausgerechnet ein Frischling solche Überlegungen anstellte, verblüffte ihn zusätzlich.

»Schön, das kann man so sehen«, sagte er nach einer Weile, da er das Gefühl hatte, etwas sagen zu müssen. »Früher galt ja auch für die Olympischen Spiele: Dabei sein ist alles. Ist aber natürlich nicht alles, allein die Medaille zählt!«

»Und nur die Goldmedaille!« Torstens nackte Zehen bewegten sich wieder heftiger. »Dich stört das nicht, denn du bist ja der *eine* Sieger. Aber ist dir nie aufgefallen, es gibt keine einzige Mannschaftswertung in Rechberg, alles Einzeldisziplinen. Denn es geht nur um den Sieger! Jeder ist der Konkurrent eines jeden um den einen ersten Platz. Dich stört das nicht, du bist ein Einzelkämpfer, der Star. Aber ich weiß nicht, ob ich Lust habe, mir das anzutun.«

Robert wusste nicht, was er darauf noch antworten sollte. Ein wirklich sehr merkwürdiges Kind saß da neben ihm. Robert trank einen Schluck aus der Wasserflasche und musterte ungläubig den schmächtigen Elfjährigen.

»Ich wollte immer einmal in einer Mannschaft fahren.« Der Junge mit den verfilzten roten Locken war mit seinen Gedanken noch nicht zu Ende. »Du schwärmst doch immer von der Tour, aber genau dort ist es doch die Mannschaft, sind es die Wasserträger, von denen alles abhängt. Mein Vater war so einer in seinem Team. Fahrer, die niemals Toursieger werden können, das aber auch gar nicht wollen, die Spaß daran haben, für Ullrich, für Armstrong zu fahren, und die vielleicht mal eine kleine Wertung gewinnen. Die Mannschaft, das Team, darauf kommt es an. Die echten Champs wissen genau, dass sie ohne ihr Team bei der Tour keine Chance haben.«

»Hmm, weiß nicht.« Was Torsten sagte, klang für Robert durchaus schlüssig, war aber auch irgendwie die Überlegung, die Rechtfertigung eines Verlierers. Er sah die Sache anders. »Sicher, nicht jeder kann Champ werden, aber manche schaffen es eben!«

»Ich weiß, wie du das siehst.« Torsten blickte von seinen Füßen auf und sah Robert an. »Du wolltest ein Sieger werden und du bist ja auch einer.«

»Genau, und eher gewinnst du mit einem Dreirad die Bergetappe bei der Tour, bevor du an dem, wie es in Rechberg läuft, etwas änderst.« Robert versuchte seinen Frischling wieder auf die Bahn zu setzen. »Ich hab's ja versucht, an der Lorenz beißt sich jeder die Zähne aus.«

»Also friss oder stirb?«

»Darauf läuft es hinaus.« Robert zog seine Füße aus dem Wasser. »Rechberg ist wie New York, heißt es doch. Wenn du es hier schaffst, schaffst du es überall. Und wer hindert dich daran, dich nach der Schulzeit für eine Mannschaft zu entscheiden?«

»Niemand«, räumte Torsten ein und zog sich ebenfalls wieder die Schuhe an.

»Na also!« Robert stand auf. »Daher weiter wie bisher, beiß dich durch die Qualis, gib alles, dann hast du es hinter dir. Nach dem ersten Jahr wird es leichter. Das erste Jahr ist das giftigste.«

»Meinst du?« Torstens Stimme klang müde.

»Klar, ich habe es selbst erlebt. Außerdem, wie sagte mein Klassenlehrer, als ich aus Rom zurückkehrte: Dem Sieger hören alle zu.«

»Solange er weiter siegt!«, flüsterte Torsten und löste mit dieser Bemerkung bei Robert unangenehme Gefühle aus. Was er Torsten gerade erklärt hatte, galt ebenso für ihn selbst, auch ihm standen die Qualifikationen bevor. Der große Unterschied jedoch war, schaffte Torsten die Norm nicht, musste er die Schule verlassen, so war es im ersten Jahr in Rechberg geregelt.

»So, jetzt kommt das Sahnebonbon auf der Wertung!« Robert schob entschlossen alle düsteren Gedanken in seinem Kopf beiseite. »Helm auf und lass dich überraschen!«

Schweigend fuhren die beiden in gemächlicher Geschwindigkeit durch ein Tal voller Obstgärten und Robert bog erst nach rechts und dann wieder nach links ab. An einer Kreuzung zögerte er, murmelte nach ein paar Sekunden jedoch: »Entweder die nächste oder hier und dann ... Ja.« Robert bog in den Hohlweg ein und am Ende rief er: »Bingo, gefunden!«

Er stieg ab und schob sein Rad durch ein kleines Gestrüpp. Torsten stieß einen Schrei der Verwunderung aus, kaum hatte er ebenfalls das Dickicht durchquert. »Das ist ja eine Autobahn! Aber warum sind hier keine Autos?«

Vor ihnen erstreckte sich eine dunkelgraue, zweispurige Asphaltpiste mit Mittelstreifen und Leitplanken bis zum Horizont.

»Es gibt hier keine Autos, nur die Fahrbahn!« Robert lächelte zufrieden. »Die habe ich vor zwei Jahren entdeckt, kennt keine Sau. Ich habe in Rechberg im Zeitungsarchiv nachgeforscht. Die Trasse sollte in den 70er Jahren mal mit der Autobahn verbunden werden, war aber ein Planungsfehler, jedenfalls hat man nicht weitergebaut, dieses Stück aber stehen gelassen. In dem Artikel stand, dass hier manchmal Szenen fürs Fernsehen gedreht werden.«

»Wie lang ist das Stück?«, fragte Torsten.

»Genau zweieinhalb Kilometer! Ist das nicht Wahnsinn?«

»Und ob!«

»Dann schlage ich zum Abschluss der Wertung ein kleines Rennen vor, welche Piste möchtest du?«, rief Robert.

»Ich nehme die linke!«

»Okay, dann fahre ich auf der anderen.« Robert hob sein Fahrrad über den Mittelstreifen und kaum war er wieder im Sattel, ging es los.

Natürlich hatte Torsten nicht den Hauch einer Chance, das war ja von vornherein klar. Aber wer gewinnt, war bei diesem Rennen nicht wichtig. Es ging um das Gefühl auf einer Autobahn zu fahren. Eine breite, ebene Strecke, gebaut für Geschwindigkeiten über 200 km/h – da mit dem Fahrrad entlangzudonnern war der reine Wahnsinn!

Keuchend hielten die beiden am Ende der Piste an.

»Da war ja unterwegs eine echte Brücke«, schnaufte Torsten und Robert nickte. »Genauso sinnlos wie der Rest, die steht einfach so auf freier Flur.«

»Irre, wenn ich das den anderen erzähle ...«, seufzte Torsten.

»Wehe, wenn du das den anderen an der Schule erzählst ... Ich warne dich!« Roberts Stimme wurde hart.

»Außer mir bist du der Einzige an der Schule, der diese Strecke kennt.«

»Echt, die kennt sonst keiner?«

»Nein. Und das soll auch so bleiben.«

»Versprochen!«, sagte Torsten und strahlte.

»Gut, dann können wir jetzt ja auch zurückfahren. Ist nicht mehr weit.« Robert schulterte sein Rad und kletterte die kleine Böschung am Ende der Autobahn hinauf. Torsten folgte ihm. Auf der anderen Seite war ein Feldweg, der zu einem einsamen Gehöft führte. Dort begann eine Straße aus Betonplatten, die in die Landstraße nach Rechberg mündete und eine halbe Stunde später fuhren die beiden wieder in den Schulhof ein.

»Danke«, sagte Torsten, nachdem ihre Räder im Fahrradkeller verstaut waren und sie oben im Flur vor ihren Zimmern standen.

»Wie gesagt, ich habe zu danken«, antwortete Robert, ohne weiter auszuführen, was genau er damit meinte.

7.

Die Schulqualifikationen rückten unaufhaltsam näher und ob Torsten die Zeiten schaffen würde, war mehr als zweifelhaft. Nach wie vor sah man Robert und Torsten bei jedem Wetter morgens unten auf der Bahn ihre Runden drehen. Nach Roberts Meinung hatte Torsten auch große Fortschritte gemacht, doch selbst mit verbesserter Technik lagen dessen Ergebnisse weiterhin unter dem Schulsoll.

»Abwarten, das mit dem Tempo kommt ganz von alleine«, versuchte Robert seinen Frischling zu trösten. »Das war bei mir auch so. Wichtig ist, dass du eine gute Technik draufbekommst. Du wirst sehen, irgendwann hast du dann auch den Speed.«

»Du hast gut reden«, stöhnte Torsten.

»Ach, habe ich?« Robert war sich da nicht so sicher. Denn zu seinem großen Frust trat er auch auf der Stelle. Seit dem ersten Rennen gegen Nils hatte er sich vor jedem weiteren Kräftemessen auf der Bahn gedrückt. Anfangs fiel das nicht auf, schließlich hatte Robert ja erneut bewiesen, dass ihn so leicht keiner schlagen konnte. Doch mit der Zeit wurden ihm seine Ausreden nicht mehr abgenommen, fingen die ersten Mitschüler an, andere Vermutungen anzustellen. Durch sein Verhalten tat Robert ein Übriges, um die Gerüchteküche anzuheizen. Entweder beklagte er sich laut über die ständigen Schmerzen in seiner Hand, oder aber er beschwerte sich über die Ungerechtigkeit, dass er überhaupt noch anzutreten hatte. Er sei schließlich Europameister und verletzt, das müsse doch respektiert werden. Außerdem raube ihm die Vorbereitung des Schulfestes viel Zeit.

Je mehr er jedoch jammerte und je mehr er von seinen vergangenen Leistungen sprach, desto mehr sahen alle auf seine aktuellen Ergebnisse.

Und die waren weniger rosig. Bei den Zeitabnahmen war er gut, aber sobald jemand beim freien Training auf der Bahn ihm nur nahe kam, kniff er. Er mied jede Rangelei, jedes kleine Gegeneinanderspurten, all das, was einen guten Sprinter ausmachte. Jeder sah, welches Problem Robert hatte, es war *das* Thema unter den Schülern.

Sein Selbstmitleid führte dazu, dass Robert schließlich auch das morgendliche Training mit Torsten schleifen ließ. Wozu sich länger plagen, sagte er sich. Was brachten ihm immer bessere Zeiten, wenn er seine Fähigkeit, ein Duell zu stehen, verloren hatte. Eines Morgens erschien er gar nicht erst auf der Bahn. Torsten versuchte den ganzen Tag über Robert zu erwischen, um mit ihm darüber zu sprechen. Doch Robert ging seinem Frischling aus dem Weg. Erst am Abend hatte Torsten Erfolg.

»Du, Rob, störe ich?« Torsten klopfte kurz und nachdem keine Antwort gekommen war, öffnete er einfach die Verbindungstür. Robert lag auf dem Bett und starrte an die Decke.

»Komm rein«, sagte er.

Torsten setzte sich auf den Stuhl und fragte: »Warum warst du heute Morgen nicht auf der Bahn?«

»Keinen Bock«, antwortete Robert gelangweilt.

»Wieso?«

»Einfach so.«

»Und was ist mit mir? Du bist mein Coach«, empörte sich Torsten.

»Was ich dir beibringen konnte, habe ich dir gezeigt.« Robert drehte sich zur Wand und präsentierte Torsten den Rücken. »Der Rest ist dein Ding.«

Torsten nickte und da er nicht wusste, ob Robert das aus seiner Position sehen konnte, schob er nach: »Mag ja sein, aber ich werde die Zeiten nicht schaffen.«

»Musst du dich eben mehr anstrengen«, bekam er zur Antwort.

»Ich gebe ja alles, aber anscheinend reicht das nicht.« Torsten sah unglücklich zu dem Jungen auf dem Bett. »Wirklich, wenn die Strecke am Berg wäre, du weißt, dann wäre das kein Problem, aber einfach so auf der Bahn, da geht es nicht.«

»Probier es doch im Cross oder auf der Straße ...«

»Du weißt doch selbst, erst im zweiten Jahr darf man sich seine Spezialdisziplin aussuchen«, rief Torsten wütend. »Im ersten Jahr gelten für alle die gleichen Bedingungen.«

»Ach ja, hatte ich vergessen.« Robert richtete seinen Blick wieder zur Decke. »Pech! Wie gesagt. Dann musst du dich eben mehr anstrengen.«

»Mehr geht nicht«, sagte Torsten leise.

»Tja, wie gesagt, Pech.« Robert warf einen kurzen Blick auf seinen Zimmernachbarn. »Falls es dich tröstet, du bist nicht der Einzige, der mit den Qualis momentan Probleme hat.«

»Aber der Einzige, der wohl deswegen die Schule verlassen muss«, flüsterte Torsten. »Und du kennst meinen Vater, der ...«

»Du wolltest doch eh gehen«, meinte Robert lakonisch. »Hast du gesagt.«

»Danke!« Torsten stand so abrupt auf, dass der Stuhl umfiel. »Immerhin versuche ich es wenigstens und will mich nicht davor drücken, andere dagegen jammern lieber über die Schlechtigkeit der Welt und versinken in Selbstmitleid.«

Er knallte die Verbindungstür hinter sich zu. Sekunden später wurde sie jedoch schon wieder – nicht minder energisch – aufgerissen.

»Wer versucht sich hier zu drücken?« Robert stand in der Tür und sein Gesicht war gefleckt vor Wut.

»Du!« Torsten hatte sich auf sein schmales Bett geworfen und drehte sich nun zu Robert um. Obwohl offensichtlich war, dass Robert kurz davor war, auf ihn loszugehen, sagte Torsten völlig ruhig: »Du. Und soll ich dir sagen, warum? Weil du Angst hast.«

Robert musste sich am Türrahmen anlehnen. »Angst? Ich ...?« Er lachte gekünstelt. »Ich und Angst, mir ist das alles nur zu blöde. Von wegen ... habe ich nicht erst neulich mal wieder Nils versägt?«

»Eben.«

»Wie eben?«

»Du hast das Rennen gegen Nils von vorne gefahren. Du hast Angst vor dem Gerangel!« Torstens Stimme war eiskalt. »Und Angst vor der Bande, du bist ein Bahnschisser geworden!«

Robert stürzte sich auf den Jüngeren und es kam zu

einer kurzen Rauferei. Kurz daher, weil Torsten sich nicht wehrte.

Robert ließ wieder von dem Kleineren ab, murmelte etwas Unverständliches und verschwand in seinem Zimmer. Da Robert die Tür nicht geschlossen hatte, kam Torsten einen Moment später hinterher.

»Nach dem Unfall in Rom hätte ich vielleicht auch Angst, dass so was wieder passieren könnte. Aber, Rob, du weißt es und ich auch, du kannst dich davor nicht auf Dauer drücken. Nicht hier an dieser Schule. Genauso wenig wie ich.«

Robert lag wieder in seinem Bett, das Gesicht zur Wand gedreht. »Ich weiß, aber was soll ich denn machen? Ich bin der Champion!«, flüsterte er. »Soll ich etwa zu Coach Walther gehen und ihm sagen, dass ich Angst habe?«

»Dein Problem, aber immerhin kannst *du* wenigstens die Disziplin wechseln.«

Torsten ging in sein Zimmer zurück und zog die Tür hinter sich zu.

Robert lag fast die halbe Nacht wach und dachte nach. Über sich, das Radfahren und das, was Torsten gesagt hatte. Und erst als er zu einer Entscheidung gekommen war, konnte er einschlafen.

Am nächsten Morgen, noch vor dem Frühstück, klopfte er bei Coach Walther an die Bürotür.

»Störe ich?«

»Komm rein. Schön, dass du endlich den Weg zu mir gefunden hast«, begrüßte ihn der Trainer.

»Fällt mir nicht leicht«, erklärte Robert und setzte sich auf den Stuhl vor dem Schreibtisch.

»Macht mir auch keine Freude, in diesem Fall habe ich nicht gerne Recht behalten.« Der ältere Mann beugte sich nach vorne und faltete die Hände. »Kurze Frage? Wollen wir über dieselbe Sache reden?«

»Ich denke, ja«, antwortete Robert. »Ich möchte meine Disziplin wechseln.«

»Wie bitte?«, erkundigte sich Coach Walther, der seinen Ohren nicht zu trauen schien. »Was sagst du?«

»Ich möchte auf die Straße.« Robert versuchte seine Freude über die Reaktion seines Gegenübers nicht zu zeigen. »Ich habe auf Sprint und die Bahn keine Lust mehr.«

»Keine *Lust*?« Coach Walther betonte das letzte Wort.

»Genau. Ich werde in Zukunft mit den Straßenfahrern trainieren und möchte dort auch meine Jahresqualis ablegen.«

»Robert, du bist ein Bahnfahrer!« Coach Walther begann seine wie zum Gebet gefalteten Hände auf und ab zu bewegen. »Das hast du in Rom allen bewiesen. Wenn du momentan etwas Probleme hast mit der Bahn, das kriegen wir hin! Ich habe dich ja gewarnt, so ein Erlebnis wie deine Rempelei, die hinterlässt Spuren. Das ist doch ganz natürlich. Aber das ist noch lange kein Grund, deswegen alles hinzuwerfen.«

»Ich werfe nichts hin«, entgegnete Robert. »Ich wechsle nur die Disziplin. Ich habe durchs Laufen Lust auf Straße bekommen. Dank Ihres Fahrverbots habe ich inzwischen auch die nötige Kondition. Ich habe dieses Sprinten satt, ich möchte daran arbeiten, ein kompletter Fahrer zu werden.«

»Das würde aber bedeuten, dass du quasi von vorne anfangen müsstest.« Coach Walther versuchte Robert zu drohen. »Aus und vorbei mit der Favoritenrolle! Ich müsste das auch an den BDR, die Radsportjugend weitergeben, du würdest aus dem Kader gestrichen.«

»Dann arbeite ich mich in einen anderen Kader wieder hinein«, konterte Robert. »Vergessen Sie es, meine Entscheidung steht.«

Robert erhob sich aus dem gelben Plastikstuhl.

»Wenn das dein letztes Wort ist! Aber eins muss dir klar sein, Junge!« Coach Walther blieb sitzen. »Manche mögen das jetzt für eine mutige Entscheidung halten, aber in meinen Augen ist das Kneifen!«

»Das weiß ich!« Robert hatte die Hand schon an der Türklinke. »Bleiben Sie trotzdem mein Trainer?«

»Ich bin für die Bahn zuständig, das weißt du«, antwortete der.

»Trotzdem?!«

»Wenn du möchtest, bleibe ich dein Trainer.«

»Danke!«

Robert war schon fast aus dem Büro, da hörte er von drinnen: »Denk bitte noch mal drüber nach, ich warte.«

Schon beim Frühstück war Roberts Entscheidung allgemein bekannt und Gesprächsthema Nummer eins. Das hatte es noch nie gegeben, dass ein Medaillengewinner, ein Europameister, von einem Moment auf den anderen einfach so seine Disziplin gewechselt hatte.

Unter den Schülern gab es zwei Lager, zwei Theorien über Roberts Gründe – beide für ihn wenig schmeichelhaft. Die einen vermuteten, dass Robert gemerkt habe, dass sein Stern im Sinken begriffen sei, dass er bei den Qualis eingebrochen wäre und deshalb habe er, um einer drohenden Niederlage aus dem Weg zu gehen, gekniffen. Die andere Partei war der Meinung, Robert habe nur der Sensation wegen gewechselt. Nach dem Erfolg von Rom stelle es ein Problem für Roberts Ego dar, wieder ein ganz normaler Schüler zu sein.

Der einzige Tisch, an dem an diesem Morgen nicht über diese Neuigkeit gesprochen wurde, war der, an dem Robert saß.

»Du bist echt knallhart«, sprach Torsten ihn an, als Robert nach dem Frühstück aus dem Kasino kam.

»Ich habe nur getan, was du mir geraten hast.«

»Oh nein, du hast das gemacht, weil das deine Art ist.« Die beiden gingen nebeneinander in den Gebäudetrakt mit den Klassenzimmern.

»Langsam nervst du mich.« Robert blickte auf den Kleineren neben sich herab. »Wie meinst du das jetzt wieder?«

»Du hast gesagt, deine Art, keine Probleme zu haben, ist, es erst gar nicht zu einem Problem kommen zu lassen.«

»So ist es.« Robert blieb stehen, sie waren an der Treppe angekommen, Torstens Klassenzimmer lag unten, Robert musste nach oben. »Und das ist der einzige Weg keine Probleme zu haben.«

»Und was machst du, wenn das mal nicht geht und du dich dem Problem stellen musst?«, fragte Torsten ernsthaft. »Was machst du dann?«

»Das weiß ich nicht, denn wie gesagt, ich lasse es gar nicht erst so weit kommen.«

Robert drehte sich um und ließ Torsten stehen.

Am Nachmittag trainierte Robert dann zum ersten Mal mit den Straßenfahrern. Er hatte erwartet, dass erst ein Hagel hämischer Sprüche auf ihn niederginge, doch da hatte er sich getäuscht. Alexander, sein Klassenkamerad mit dem grünen Stern am Hinterkopf, hatte Robert schon am Vormittag zu seinem Wechsel gratuliert und führte ihn nun in seine neue Trainingsgruppe ein.

»Darf ich vorstellen, das ist Robert!« Alexander grinste. »Obwohl ich mir das eigentlich sparen kann, vielleicht wäre es angebrachter, wenn ich umgekehrt vorgehe.«

Das gute Dutzend Sportler lachte.

»Ich denke«, fuhr Alexander fort, »du hattest, als du deinen Wechsel beschlossen hast, keine Vorstellung davon, mit welchem Haufen du dich eingelassen hast.«

Robert sah in die Gesichter seiner neuen Trainingspartner und musste Alexander beipflichten. Mit den harten Sprintern, den coolen Gewinnertypen, mit denen er bislang trainierte, hatte die Gruppe, zu der er jetzt gehörte, nicht viel gemein. Locker wirkten die Fahrer, weniger muskulös, die Trikots und Radlerhosen alt und ungepflegt, die Räder und Helme waren zum Teil mit Aufklebern versehen. Robert erschien der Trupp wie eine gemischte Pfadfindergruppe vor dem ersten Fahrradausflug.

»Kurz ein paar Worte zu uns. Wir sind so was wie der Chaotenhaufen hier in Rechberg.« Alexander schien seine Rede zu genießen. »Outlaws, echte Radfundis, ein paar Bergmasochisten und natürlich die Abtrünnigen, so wie du jetzt auch. Gib es ruhig zu, ich bin mir sicher, die meisten hier kennst du nicht einmal, obwohl sie schon seit Jahren dieselbe Schule wie du besuchen.«

Robert zuckte mit den Schultern.

»Was, ehrlich gesagt, daran liegt, dass wir uns auch kaum hier in der Schule aufhalten. Wir wollen auch nichts von den anderen Fahrern mitbekommen. Dieses dumme Gebolze auf der Bahn, Sprinter! Gut, die Zeitfahrer stehen uns vielleicht am nächsten, aber der Rest? Was hat das mit echtem Radfahren zu tun? Cross ist 'ne Spielerei, kein echter Sport und ...«

»Lass gut sein.« Eine ältere Schülerin, Robert kannte sie nur vage vom Sehen, unterbrach Alexander. »Ich bin Lara. Ich würde dir auch gerne unsere Trainerin vorstellen, doch da sie wahrscheinlich wie üblich einen tierischen Kater haben dürfte ... Und deshalb bin ich, da die Älteste, so was wie ...«

»... die Mutter der Truppe!«, ergänzte Alexander. »Sexy Mama!«

»Klappe!«, fauchte Lara. »Ende der Ansprache, Helme auf, machen wir uns vom Acker, Abfahrt!«

Sie bestiegen die Räder und rollten vom Schulgelände.

Robert fuhr am Ende der Gruppe und fragte sich, ob er nicht wirklich etwas voreilig gewechselt hatte. Die Fahrer vor ihm kannte er wirklich kaum. Und das hatte einen Grund, wie er erkennen musste, denn es waren die Schüler, mit denen keiner aus den anderen Disziplinen etwas zu tun haben wollte. Vor ihm fuhren sämtliche Außenseiter der Schule, quer durch alle Jahrgänge.

»Da du neu dabei bist, lassen wir es langsam angehen und drehen heute nur die kleine Wertung.« Ein Junge, vielleicht ein Jahr älter als Torsten, war neben Robert aufgetaucht. »Ich bin Nils, nicht zu verwechseln mit dem Nils aus der Elften. Dafür nehme ich aber auch keine Drogen.«

Der Fahrer kicherte über seinen Scherz und sagte, nachdem er sich wieder beruhigt hatte: »Nur damit du weißt, was heute auf dich zukommt. Wir werden zirka 130 Kilometer fahren, zwei kleinere Berge, also teil dir deine Kraft ein. Übrigens, heftige Entscheidung: vom knallharten Europameister zum langweiligen Straßenfahrer. Wieso eigentlich?«

Robert schwieg.

»War ja nur eine Frage. Ansonsten willkommen im Club!« Nils fuhr wieder an die Spitze des Feldes.

Während der nächsten 30 Kilometer lernte Robert auf diese Weise auch die anderen der Gruppe kennen. Jemand fuhr plötzlich neben ihn, stellte sich kurz vor und versuchte Robert in ein Gespräch zu verwickeln. Jeder wollte dabei natürlich auch wissen, warum er überhaupt gewechselt habe, und keinem gab Robert eine Antwort.

Danach ließen sie ihn in Ruhe.

Am Beginn der Steigung tauchte dann Lara neben seinem Rad auf.

»Und, alles noch im grünen Bereich?«, erkundigte sie sich.

»Bin schon schnellere Wertungen gefahren«, antwortete Robert knapp.

»Jetzt geht es gleich hoch. Kennst du den Berg?« Lara blieb weiter freundlich.

Robert nickte. »Klar, wenn ich bisher auch Bahn gefahren bin, heißt das noch lange nicht, dass ich noch nie eine Wertung gemacht habe.«

»Du gehst trotzdem nach vorne, deine Position ist hinter Philipp und vor Kristine«, teilte Lara ihm mit. »Nils gibt an der Spitze das Tempo vor, ich bin schräg hinter dir, da kann ich dich im Auge behalten. Und nicht abreißen lassen!«

Robert musste schlucken. Dass man so mit ihm sprach, war er nicht gewohnt. Und jetzt sollte er am Hinterrad eines Kleineren den Berg hinauffahren. Noch dazu quasi unter Beobachtung aller.

»Seid ihr immer so im Pulk unterwegs?« Robert versuchte seine Frage ganz beiläufig klingen zu lassen.

»Im Feld immer! Was dachtest du denn?«

»Nichts«, nuschelte Robert. In seinem Magen machte sich langsam ein unangenehmes Gefühl breit. Eine Mischung aus Enttäuschung und Reue, aus Wut und Frust, was zusammen einen fahlen Geschmack im Mund ergab. Robert wurde immer klarer, dass er einen Fehler gemacht hatte. Er hätte niemals in diese Disziplin wechseln dürfen. Warum hatte er das getan? Er war ganz oben gewesen, höher ging es eigentlich nicht. Nun war er freiwillig bei der Losertruppe gelandet, nur weil er etwas Probleme hatte und weil er auf einen Frischling gehört hatte. Robert hatte sich das alles ganz anders vorgestellt, so wie bei seinen eigenen, solo gefahrenen Wertungen. Ein noch freieres Radfahren als beim Sprint auf der Bahn, das hatte er sich von der Straße versprochen und jetzt sollte er im Pulk und in einem Tempo, das ein anderer vorgab, den Berg hochfahren. Robert kannte die Steigung, sie war kein Vergleich zu der, die er neulich mit Torsten zusammen bewältigt hatte. Aber ihm war klar, das momentan vorgegebene Tempo war für ihn an diesem Berg zu schnell. Robert presste die Lippen zusammen und schaltete in seinem Kopf auf Angriff um. Er würde es versuchen, dennoch, obwohl er genau wusste, dass er es nicht schaffen würde.

So kam es auch.

Getrieben von den Fahrern in seinem Rücken bewältigte Robert etwa die Hälfte der Steigung, dann musste er Philipp und die anderen an sich vorbeilassen.

»Nicht abreißen lassen!«, ging Kristine ihn an, während sie an ihm vorbeizog.

»Ich kann nicht mehr«, keuchte Robert mit Tränen in den Augen. »Ich steige aus.«

»Tempo raus!«, brüllte Lara und zu Roberts Überraschung verlangsamten die vorderen Fahrer sofort das Tempo und ließen die anderen aufschließen.

»Gar nicht so schlecht für den Anfang!« Lara fuhr jetzt neben Robert, wie der Rest der Gruppe hatte sie sich Roberts Geschwindigkeit angepasst. »Bei uns wird nicht ausgestiegen! Nur im Wettkampf oder wenn es ausdrücklich gesagt wurde, fahren wir am Berg allein. Ansonsten bleibt das Feld geschlossen!«

»Warum, was soll das?«, keuchte Robert.

»Weil du am Berg alleine keine Chance hast.«

»Also dieser Teamblödsinn?« Robert rutschte die Bemerkung raus.

»Klar, du kommst von der Bahn, da gelten andere Gesetze!« Laras Stimme wurde einen Moment lang leiser. »Aber wenn ich so einen Scheißkommentar von dir noch einmal höre, dann fliegst du!«, brüllte sie dann Robert völlig überraschend an. »Oder wir zeigen dir mal, wie das ist, wenn dich das Feld fertig machen will, dir keinen Windschatten gibt, dich an langer Hand verhungern lässt. Gewöhne dir diesen Einzelkämpfermist ab. Auf der Straße gehst du alleine unter!«

»Straße ist mehr als mal eben ein paar Runden spurten«, mischte sich Philipp ein. »Aber das denkt ihr Superstars ja nicht. Fahre erst mal 200 Kilometer, dann weißt du, was echter Sport ist.«

Robert ging immer tiefer über seinen Lenker und merkte, wie sich seine Kiefermuskeln verkrampften. Er hatte nichts in der Hand, er konnte nichts antworten, nichts zurückzahlen. Zum ersten Mal in seinem Leben hatte er kein Leistungspolster, das ihm erlaubt hätte zurückzuschlagen. Er musste einfach schlucken.

»Sprinten, das kann jeder, mal eben etwas bolzen. Ihr fahrt doch nicht mal drei echte Runden!« Sogar der kleine Nils von der Spitze des Feldes beteiligte sich an dem allgemeinen Gelästere.

»Was weißt du Zwerg denn?«, zischte Robert. Das war die Krönung, wie konnte es ein Jüngerer wagen, ihn so zu beleidigen! Galten denn auf der Straße überhaupt keine Regeln mehr, nicht einmal mehr die ehernen Grundsätze von Rechberg?

»Geschafft! – Gratuliere!« Irgendwann, Robert erschien es, als wäre er Stunden unterwegs gewesen, klopfte Philipp ihm auf die Schulter. »Hätte ich nicht gedacht, dass du das hochfährst.«

Robert blickte auf und stellte zu seiner Überraschung fest, dass er tatsächlich oben war, er hatte diesen verteufelten Berg geschafft – in einem Tempo, das weit über seiner normalen Berggeschwindigkeit lag.

»Ich hoffe, wir sind dich nicht zu sehr angegangen!« Lara reichte Robert entschuldigend ihre Wasserflasche. »Aber das machen wir immer mit einem Neuen, erst fahren wir ihn fertig und dann bringen wir ihn den Berg hoch. Aber echt, Kompliment, du hast gut was auf die Straße gebracht!«

»War mir eine Ehre, einen Europameister derart zu beleidigen.« Nils nickte anerkennend zu Robert hinüber. »Nichts für ungut, war eine Superleistung von dir in Rom!«

Robert ließ sich sprachlos in die Abfahrt rollen. Damit kam er jetzt nicht klar, war das gerade nur Theater gewesen – was sollte das Ganze?

Nachdem er ein paar Kilometer schnell bergab gefahren war, glaubte Robert den Sinn verstanden zu haben. Ungefragt kam Lara neben ihn und rief: »Tut mir wirklich Leid, aber das war nötig. Normalerweise müssen wir nicht so fies werden, aber du bist eben ein besonders harter Brocken. Als du kneifen wolltest, warst du schon tief auf Reserve, andere geben früher auf. Manche haben auch danach komplett die Nase voll und sind nie wieder zum Training erschienen. War dann wohl auch besser so. Ich hoffe, das gilt nicht für dich. Aber es ging darum, dir zu zeigen, was das Feld für dich tun kann. Erinnerst du dich an die eine Tour, in der Zabel Ullrich anschrie: ›Quäl dich, du Sau!‹«

Robert nickte.

»Genau nach dem Motto fahren wir, wir bringen uns gegenseitig weiter. Und außerdem ist das auch ein guter Weg, Dinge loszuwerden!« Lara grinste breit: »Denn irgendwie war das ja auch alles völlig zutreffend, was wir dir am Berg an den Kopf geschmissen haben, oder?«

Robert gab keine Antwort, was er gerade durchlebt hatte, musste erst verarbeitet werden. Er fühlte sich durcheinander, eine Mischung aus Kränkung und Erleichterung, aus Stolz über die Leistung und Wut über die Art, wie sie ihm abgetrotzt worden war.

Als sie drei Stunden später in den Schulhof einfuhren, war Robert noch immer in dieser zwiespältigen Stimmung, nur dass er jetzt noch gegen totale Erschöpfung kämpfen musste. Während der letzten Kilometer hatte er das Gefühl gehabt, jemand würde ihm mit einem Schlauch die Kraft aus den Beinen saugen.

Er stellte sein Rad neben die der anderen in den Straßenfahrerkeller und ging, ohne sich von der Gruppe zu verabschieden, direkt auf sein Zimmer. Er ließ sogar sein Abendessen ausfallen und als Torsten später an die Verbindungstür klopfte, gab Robert keine Antwort.

Am nächsten Morgen versuchte es Torsten erneut und als wieder niemand antwortete, öffnete er einfach die Tür. Das Zimmer dahinter war leer. Torsten trat an das Fenster und sah hinunter auf den Park und die Bahn. Unten drehte im Morgennebel ein Schüler einsam seine Runden. Torsten zog sich an und fünf Minuten später war auch er auf der Bahn.

Robert fuhr Pegasus und immer wenn Torsten versuchte, sich neben ihn zu setzen, um ihn anzusprechen, ging der Ältere in einen Spurt über. Drei Runden hetzten sie auf diese Art über die Bahn, dann erst ließ Robert seinen Frischling an seine Seite kommen.

»Ich hab von Nils gehört, du hättest dich super geschlagen!«, rief Torsten.

»Ach, hat er das wirklich gesagt?« Robert blickte starr die Gerade der Bahn entlang. »Kann ich mir schwer vorstellen!«

»Wieso? Hat es dir keinen Spaß gemacht?«

»Spaß?« Völlig überraschend für Torsten begann Robert zu schreien. »Du hast doch keine Ahnung! Das ist kein Spaß, Radfahren ist wie das Leben, das macht keinen Spaß. Da musst du durch und wenn du viel Glück hast, wird es nicht ganz so schlimm.«

»Was ist denn?«

»Deinetwegen habe ich jetzt die größte Kacke der Welt an den Hacken. Weil ich Idiot auf einen Frischling gehört habe. Wegen einem, der noch nicht einmal die normale Schulquali schafft, habe ich Schwachkopf die Bahn geschmissen und muss jetzt mit den letzten Arschlöchern der Schule zusammen in der Gruppe fahren! Das ist!« Robert ging wieder aus dem Sattel und setzte zu einem Spurt an. Erst auf der Gegengeraden konnte Torsten ihn einholen.

»Rob, das stimmt nicht!«, keuchte Torsten.

»Was stimmt so nicht?«

»Das hast du selbst entschieden! Mach dir nichts vor, du triffst immer selbst deine Entscheidungen!«

»Jetzt nicht mehr. Denn jetzt bin ich ein verkackter Straßenfahrer.«

»Ich wäre gerne an deiner Stelle.«

»Klar!« Robert ging wieder aus dem Sattel. »Unter all den andern Losern würdest du wahrscheinlich auch gar nicht mehr so unangenehm auffallen.«

Erst in der Kurve, als Robert Pegasus ausrollen ließ, fiel ihm auf, dass Torsten nicht mehr da war. Sein Frischling hatte die Bahn verlassen.

Robert wollte ihm folgen und sich entschuldigen, da stand plötzlich Coach Walther vor ihm.

»Kurzen Moment Zeit?«, fragte der ältere Mann.

»Nein, ich muss zu meinem Frischling«, antwortete Robert und versuchte an ihm vorbeizufahren.

»Das war keine Bitte!« Der Trainer hielt Roberts Lenker fest. »Ich bin weiterhin dein Trainer, du selbst hast mich darum gebeten.«

Robert stieg von Pegasus ab. »Was denn?«

»Komm mit in mein Büro.«

Robert warf einen Blick in die Richtung, in die Torsten verschwunden war, und folgte seinem Coach in dessen Zimmer.

»Du kannst jederzeit zurück!« Coach Walther saß noch nicht in seinem Sessel, da legte er bereits los. »Noch ist nichts offiziell, ich habe noch keine Meldung abgegeben. Wenn du wieder auf die Bahn willst, Robert, dann mach es. Ich kenne dich, ich habe dich ausgebildet, dich aufgebaut. Du bist ein Bahnfahrer. Du hast es dir doch gerade wieder selbst bewiesen. Spurten, kämpfen, gewinnen, den anderen stehen lassen, das ist deine Stärke! Du bist keiner dieser Straßenspinner mit all ihren komischen Regeln und Absprachen. Du bist ein Fighter, ein Einzelkämpfer. Gut, vielleicht inzwischen etwas weich geworden, aber du kannst wieder deine alte Härte bekommen, das verspreche ich dir!«

»Meinen Sie das ernst?«, fragte Robert vorsichtig.

»Natürlich, komm zurück, du gehörst zu uns!«

Robert schwieg einen Moment. Und anders, als sein Gegenüber offensichtlich glaubte, denn Coach Walther hatte ein selbstzufriedenes Lächeln auf den Lippen, dachte Robert keineswegs darüber nach, ob er auf die Bahn zurücksollte. Er verglich die Worte seines Trainers mit denen Laras.

»Ich hatte das eigentlich anders gemeint«, begann Robert. »Mehr von wegen Straßenspinner und stehen lassen.«

»Verdammt!« Coach Walther schlug mit der flachen Hand auf den Tisch. »Jetzt sei nicht päpstlicher als der Papst! Ich meine nur, du bist jemand, der kämpfen kann. Jemand, der kämpfen muss, das ist in dir! Lass es wieder raus!«

»Sie haben das schon treffend gesagt.« Robert stand auf. »Indem ich andere zurücklasse? Nehmen Sie es mir nicht übel, aber ich bleibe auf der Straße. Und das Nächste ist, ich möchte Sie nicht weiter als meinen Coach. Aber das kennen Sie ja, ich gewinne, indem ich andere stehen lasse.«

»Robert! Wenn du jetzt gehst, gibt es kein Zurück!«

Robert schloss die Tür hinter sich und machte sich auf den Weg Torsten zu finden.

8.

Der Wechsel in eine andere Disziplin hatte größere Auswirkungen auf seinen Alltag als vermutet. Nicht nur die Trainingspartner waren nun andere, auch in den Pausen, in der Freizeit gehörte Robert nun zu einem anderen Lager. Es war wirklich so, wie Alex es ausgedrückt hatte: Die Straßenfahrer standen außerhalb, waren die Outlaws, eine eigene Clique.

Zu Roberts echter Überraschung aber war das für ihn gar nicht so schlimm. Ein Außenseiter, ein Einzelgänger war Robert schon immer gewesen. Ein einsamer Sieger.

Nun Teil einer Gruppe zu werden bereitete Robert von Tag zu Tag mehr Vergnügen. Was aber sicher auch daran lag, dass die Straßenfahrer ihre Andersartigkeit offen auslebten. Jeder von ihnen pflegte seinen persönlichen Spleen, betonte seine Individualität, ob das nun Alex' verrückte Frisur oder Nils' Versessenheit auf steile Bergstrecken war.

Robert hatte, und damit war er sehr zufrieden, den Spitznamen *der Indolente* bekommen. Das sollte heißen, dass er jemand war, der nicht merkte, wenn etwas wehtat. Er war so vom Radfahren besessen, dass er nicht einmal registrierte, wenn es in den roten Bereich ging.

Es dauerte, bis Robert bewusst wurde, dass dieser Ehrentitel nicht unbedingt nur als Kompliment zu verstehen war. Denn bei einer Wertung lag genau in der Schmerzunempfindlichkeit sein größtes Problem. Am Berg übernahm er sich regelmäßig. Er ging zu schnell an, nahm nicht wahr, was ihm seine Muskeln sagen wollten, und seine Leistungsfähigkeit brach irgendwann ein. Auf der Bahn war diese Ignoranz dem eigenen Körper gegenüber ein großer Vorteil gewesen. So hatte er in Rom gewinnen können, war in der Lage gewesen, obwohl er eigentlich am Ende war, noch einmal alles zu geben. Am Berg oder auch nur bei einer längeren Wertung mit hohem Tempo hatte dies dagegen nur Nachteile.

Straßenfahren war mit Bahnfahren überhaupt nicht zu vergleichen. Die einzige Gemeinsamkeit, so erschien es Robert nach der ersten Woche, bestand darin, dass bei beiden Disziplinen Fahrräder benutzt wurden. Aber selbst die waren in ihrer Bauweise völlig unterschiedlich.

Für Robert war es, als ob alles, was vorher galt, plötzlich falsch sei, und er hatte das Gefühl, er müsse nicht nur beim Radfahren noch einmal ganz von vorne anfangen. Die Versuche, darüber mit seinen neuen Sportkameraden zu reden, scheiterten. So weit, dass man anfing Persönliches miteinander zu besprechen, ging das Teamgefühl nicht. Dazu waren auch die Straßenfahrer viel zu sehr Individualisten. Zu seiner Freude gab es aber Torsten, seinen ihm weiterhin treu ergebenen Frischling.

Gleich nach seiner zweiten Wertung im neuen Team suchte Robert, obwohl er sehr müde war, Torsten in dessen Zimmer auf und entschuldigte sich bei ihm. Für seine miese Laune in den letzten Wochen und für das, was er am Morgen auf der Bahn gesagt hatte. Torsten nahm die Entschuldigung an und erklärte, dass er dank Robert nun wirklich kapiert habe, worauf es auf der Bahn ankomme. Da Robert völlig erschlagen von seinem Tag war, zog es ihn früh ins Bett. Die Verbindungstür zwischen den beiden Zimmern ließ er offen, seit langer Zeit das erste Mal.

Das morgendliche Training setzten die beiden trotzdem nicht fort. Stattdessen trafen sie sich jetzt immer nach dem Abendessen in Roberts Zimmer. Jeder erzählte von seinem Tag. Meist redete Robert, was auch daran lag, dass es von Torstens Schulalltag nicht viel zu berichten gab: Unterricht, Training, Arbeits- und Frischlingsdienst. Robert dagegen erlebte jeden Tag etwas Neues, erzählte vom Windschattenfahren, dem Fahren im Feld und von den besonderen Gesetzen, die dort galten. Torsten war ein guter Zuhörer. Ihm gegenüber konnte sich Robert aussprechen, konnte er sagen, was ihm auf dem Herzen lag, was sich durch die neue Disziplin alles in seinem Leben änderte.

Manchmal erzählte Torsten auch von seiner Mutter. Dass sie vor vier Jahren ausgezogen sei und heute in Griechenland wohne. Dort arbeite sie in einem kleinem Hotel als Geschäftsführerin. Richtig vermissen würde er sie nicht, er habe ja seinen Vater. An dem störe ihn nur, dass es für ihn nichts anderes als Radfahren gebe: der Radladen, der Verein, die Touren am Wochenende, Rechberg und natürlich Torstens fahrerische Leistung.

Robert wusste inzwischen auch, weswegen Torstens Haare so verfilzt waren. Fast immer wenn Torsten von seinem Vater sprach, drehte er daran herum. Und Torsten redete oft von seinem Vater!

Eines Abends, es war der Tag, an dem Torsten zum ersten Mal beim inoffiziellen Zeitnehmen die vorgeschriebenen Werte unterschritten hatte, brach Robert das Schweigen über seine Familie.

»Ich weiß nicht, ob das unbedingt ein Fluch ist, wenn dein Vater Profiradsportler war.« Robert lag auf seinem Bett mit dem Rücken am Kopfteil, Torsten ihm gegenüber am Fußteil.

»Ich weiß, was du sagen willst.«

»Weißt du nicht«, beschied ihn Robert.

»Wetten doch?« Torsten sah entnervt aus dem Fenster hinaus in die Dunkelheit. Natürlich war seine linke Hand im Nacken und fingerte an den Haaren herum. »Du willst sagen, dass es doch gar nicht so schlecht sein kann, wenn der Vater Verständnis für den Sport des Sohnes aufbringt, dass es doch von Vorteil sein muss, wenn jemand selbst Erfolge erfahren hat ...«

»Das weiß ich alles nicht«, unterbrach ihn Robert und schob Torsten die Tüte Chips hinüber, die zwischen ihnen lag. »Davon habe ich keine Ahnung, das habe ich nicht erlebt, kann ich daher auch nicht einschätzen. Bitte nicht wieder die Rille davon, wie schlimm es ist, im Schatten seines Vaters zu stehen. Ich wollte einfach nur sagen, dass du zumindest nicht deine Eltern erst von dieser Schule hier überzeugen musstest.«

»War das bei deinen Eltern denn nötig?«, fragte Torsten mit vollem Mund.

»Allerdings!« Robert griff nach der Tüte und nahm sich eine Hand voll Chips. »Sie haben mit allen Mitteln versucht es zu verhindern. Sie wollten nicht noch ein Kind ans Radfahren verlieren.«

Torsten schob sich wieder ein paar Chips in den Mund

und futterte sie schweigend. Er wusste nicht, wie er diese letzte Bemerkung verstehen sollte. Da Robert jedoch keine Anstalten machte, sie zu erklären, sagte er schließlich: »Ist aber doch ein Unterschied, ob jemand von einem LKW überfahren wird oder auf ein Sportinternat geht.«

»Für meine Eltern nicht.«

»Wie?«

»Meine Mutter und eigentlich auch mein Vater haben sich darauf versteift, dass die Schuld für Sophies Tod bei ihnen liegt. Dass sie ihr niemals das Dreiradfahren hätten erlauben dürfen. Und dann komme ich und will Radsport betreiben, profimäßig.« Robert nahm das Bild seiner Schwester und legte es vor sich auf den Schoss. »Jedes Mal wenn ich als Kind mit dem Rad los bin, ist meine Mutter vor Angst zu Hause fast gestorben. Sie hat mich angebettelt, angefleht. Mein Vater hat es mir verboten, aber das hat alles nichts gebracht. Ich weiß nicht, wieso, ich musste Rad fahren. Nur beim Radfahren konnte ich vergessen, dass meine kleine Schwester nicht mehr lebte. Es klingt komisch, aber wenn ich Fahrrad fahre, dann ist Sophie immer mit dabei. Auch heute noch. Dann und nur dann ist sie noch bei mir.«

Torsten schluckte. »Und deine Eltern?«, fragte er.

»Die haben irgendwann aufgehört sich Sorgen zu machen. Irgendwann haben wir generell aufgehört. Ist einfach so gekommen.« Robert stellte das Bild wieder auf seinen Nachttisch. »War daher für alle besser, dass ich hierher gegangen bin.«

»Wann hast du deine Eltern zuletzt besucht?«

»Weiß nicht!« Robert griff nach der inzwischen fast leeren Tüte mit den Chips. »Ist schon länger her.«

Je näher die Schulqualifikationen rückten, desto deutlicher wurde, dass nicht nur Robert eine Veränderung durchlief, sondern auch Torsten.

Der Ältere begann die neue Freiheit der Straßenfahrer zu genießen, die täglichen Ausfahrten weg aus dem Kontrollbereich der Schule. Eine Freiheit, die er vorher nur an den Wochenenden verspürt hatte. Da die Straßentrainerin ein ernstes Alkoholproblem hatte, war das Feld beim Training unbeaufsichtigt. Das bedeutete nicht, dass sie nicht trotzdem hart trainiert hätten. Nicht nur Robert war jeden Abend wirklich geschafft. Jeder tat viel dafür, seine Leistung zu steigern, aber sie hatten immer Spaß dabei. Robert verspürte einen anderen Druck im Team. Die Qualis waren beispielsweise kein Thema bei den Straßenfahrern.

Jeder von ihnen, so hatte Robert schnell gemerkt, war den übrigen Fahrern in machen Abschnitten einer Wertung überlegen, in anderen dagegen unterlegen – selbst der Jüngste im Feld, der kleine Nils aus der siebten Klasse. Er war ein ausgezeichneter Kletterer und steckte am Berg die meisten der Älteren glatt in die Tasche. Auf der Ebene dagegen oder wenn es über mehrere kleine Hügel ging, die einzeln gar nicht so schlimm, in der Gesamtzahl jedoch trotzdem Kraft raubend waren, da war Lara aus dem Abschlussjahrgang unschlagbar. Robert konnte auf ebener Straße stundenlang an der Spitze fahren, ihm machte der Gegenwind überhaupt nichts aus. Und so hatte jeder seine besonderen Stärken. Den King, der alles beherrschte, den kompletten Fahrer, den gab es nicht.

Aber danach wurde gemeinsam gestrebt und jeder versuchte sich von dem anderen und dessen Spezialität etwas abzuschauen. Eine Rangliste war daher völlig sinnlos. Dass trotzdem demnächst jemand eine Wertung messen würde, dieses Ergebnis in die Schulannalen eingehen würde, empfanden die Fahrer aus dem Team als schlechten Scherz. Wer die Disziplin kannte, wusste, dass die Zeiten nichts aussagten, denn je nach Streckenwahl würde die Liste immer anders ausfallen. Und die Sportler aus den anderen Disziplinen interessierten sich sowieso nicht für die Zeiten der Straßenfahrer, das wusste Robert aus eigener Erfahrung. An der Schule waren die Ergebnisse auf der Bahn wichtig, die waren bereits in der ersten Klasse entscheidend und blieben auch später das Maß aller Dinge.

Torsten dagegen entwickelte sich in eine völlig andere Richtung. Er wurde immer fanatischer, was die Qualis anging, versteifte sich immer mehr auf seine Zeiten. In den Tagen nach dem Streit mit Robert auf der Bahn war er schneller geworden und steigerte sich seitdem stetig. Nachdem inzwischen klar geworden war, er würde die Anforderungen problemlos erfüllen, packte ihn der Ehrgeiz. Für ihn ging es nicht mehr darum, die Qualifikationen zu meistern und dann im zweiten Jahr wie geplant zu Roberts neuem Team zu wechseln. Torsten wollte Jahrgangsbester werden und auch in der Zukunft auf der Bahn bleiben. Er war völlig besessen von der Vorstellung, im kommenden Jahr Sprinterduelle auszutragen. Robert warf Torsten deshalb vor, er versuche seinen alten Platz einzunehmen, und der leugnete das auch gar nicht.

»Kann ich mir denken, dass du neidisch bist!« Torsten lag in seinem Kämmerchen auf dem Bett, die abendlichen Treffen gehörten inzwischen der Vergangenheit an, und Robert stand im Türrahmen. »Stell ich mir ja auch nicht so leicht vor, gestern noch der Held und dann alles vorbei.«

»Darum geht es nicht. Aber ich denke, du nimmst das alles zu ernst!« Robert versuchte, Torsten davon zu überzeugen, dass er momentan den falschen Weg eingeschlagen hatte. »Was ist denn mit uns? Wollen wir mal wieder quatschen, eine Wertung fahren oder so?«

»Mensch, Rob, mach dir keinen Kopf! Ich weiß, was ich mache.« In selbstgefälliger Pose lag Torsten auf seinem Bett. Er war vor wenigen Tagen beim Friseur gewesen, die verfilzten Locken auf Torstens Kopf waren verschwunden, die roten Haare fast kurz geschoren. »Hab ich dir gesagt, dass mein Vater vorhin angerufen hat?«

Robert schüttelte den Kopf.

»Ich soll dir Grüße ausrichten. Er meint, du hättest deinen Job gut gemacht. Und weißt du, was er mir zur Belohnung schenken will?«

Robert schüttelte erneut den Kopf, obwohl er die Antwort ahnen konnte.

»Ich krieg eine Bahnmaschine! Eine aus der Berliner Versuchsanstalt.« Torsten hatte ein Funkeln in den Augen. »Er hat sich meine Maße durchgeben lassen und hat versprochen, bis nächste Woche wäre sie da. Damit werde ich dann endgültig alle versägen.«

»Hey, Frischling, du verrennst dich da«, war Roberts Kommentar.

»Apropos!« Torstens Blick wurde hart. »Wenn du keine Arbeit mehr für mich hast, dann mach doch die Tür bitte hinter dir zu. Ich muss mich auf das nächste Training vorbereiten. Ach ja, die Lorenz will dich demnächst mal sehen!«

Robert drehte sich um und bevor er die Tür zuschmiss, rief er noch: »Sie werden dich auch nicht lieben, wenn du der Beste bist. Täusch dich da ja nicht.«

Was die Schulleiterin von ihm wollte, konnte sich Robert denken. Daher ging er gleich zu ihr.

»Schön, dass du Zeit gefunden hast«, begrüßte Frau Lorenz Robert. »Darf ich dir etwas anbieten?«

Robert lehnte dankend ab.

»Dann kommen wir gleich zur Sache. Robert, Robert, du machst mir wirklich Kopfzerbrechen.« Die Direktorin hatte ihn in die Sesselgruppe dirigiert, eigentlich ein sicheres Zeichen dafür, dass es nichts Offizielles war, was sie mit ihrem Schüler besprechen wollte. »Zunächst einmal möchte ich mein Bedauern darüber ausdrücken, dass du die Bahn verlassen hast!«

»Mir war danach«, bemerkte Robert knapp.

»Ich bedauere es dennoch. Hat deine Entscheidung etwas damit zu tun, dass ich dir die Qualis nicht ersparen konnte?«

»Eher indirekt«, antwortete Robert.

»Ich sehe, du willst nicht darüber sprechen. Das respektiere ich natürlich.« Frau Lorenz beugte sich in ihrem Sessel vor. »Gibt jedenfalls eine echte Novität. Im Jahrbuch taucht der Europameister in einer Nebendisziplin auf.«

»Lässt sich nicht ändern.« Robert schmerzte der Ausdruck ›Nebendisziplin‹, aber das wollte er nicht zeigen.

»Dann komme ich zum zweiten Punkt, den ich mit dir bereden wollte.« Die Schulleiterin sah Robert betont freundlich ins Gesicht. »Was macht das Sportfest, genauer, die Vorbereitungen dafür?«

Robert nickte. »Dachte ich mir, dass sie danach fragen würden. Die Einladungen an die Vereine sind raus. Ich stehe mit Frau Schuster in Kontakt und soweit sich das zum jetzigen Zeitpunkt sagen lässt, wird das alles ordentlich über die Bühne gehen.«

»Sehr schön, freut mich zu hören.« Frau Lorenz lehnte sich entspannt zurück. »Nächste Woche wird Herr Thaddäus vorbeikommen, in einer anderen Angelegenheit. Vielleicht hast du ja kurz Zeit für ihn, immerhin ist er im Vorstand der Ehemaligen.«

»Kein Problem, lässt sich machen!« Robert wollte schon aufstehen, da rief Frau Lorenz: »Ich bin noch nicht fertig. Was den dritten und letzten Punkt auf meiner Liste angeht, ich möchte dir ein Kompliment machen, auch im Namen von Herrn Thaddäus.«

Robert nickte, sagte aber nichts.

»Was du mit seinem Sohn gemacht hast, Kompliment. Du hast das Vertrauen, das ich in dich gesetzt habe, nicht enttäuscht. Da deine Hand ja offensichtlich wieder in Ordnung ist, brauchst du allerdings auch keine weitere Intensivbetreuung mehr. Ich denke, Torstens Frischlingspflichten können auf das normale Niveau zurückgefahren werden.« Frau Lorenz erhob sich. »Jetzt darfst du gehen!«

Robert war schon fast aus der Tür, da rief ihn die Direktorin noch einmal zurück: »Robert!«

Er drehte sich um.

»Ich hoffe, es ist auch in deinem Sinne, wenn jetzt Coach Walther die weitere Betreuung von Torsten übernimmt.« Frau Lorenz nahm hinter ihrem Schreibtisch Platz. »Er meint, und diese Ansicht teilen auch Torstens Vater und ich, dass es sich bei dem Jungen um ein echtes

Talent handelt. Da sollte er wohl auch von einem echten Bahnspezialisten trainiert werden. Du hast ja die Qualitäten von Coach Walther selbst schätzen gelernt.«

Draußen im Flur wurde Robert schwindelig, er schwankte den Gang entlang und dann ging alles Weitere sehr schnell. Er schaffte es gerade noch in die Jungentoilette, wo er sich übergeben musste. Dass man ihm Torsten jetzt einfach so weggenommen hatte, das war wie ein Schlag in die Magengrube. Robert wusste aus eigener Erfahrung – jetzt mehr denn je –, was es bedeutete, als Talent von Coach Walther trainiert zu werden.

»Ehrlich gesagt, ich verstehe nicht ganz, was du mir sagen willst!« Herr Thaddäus stand eine Woche später in Roberts Zimmer am Fenster und sah hinaus. »Habe ich dir übrigens erzählt, dass ich in meinem fünften Jahr an dieser Schule auch dieses Zimmer bewohnen durfte?«

Robert schüttelte den Kopf.

»Jedenfalls danke, dass du dich so gut um Torsten gekümmert hast. Ich bin mir sicher, Torsten hat jetzt verstanden, worauf es ankommt. Coach Walther hat mir versichert, dass Torsten einen echten Biss entwickelt hat und dass er, wenn er sich weiter so steigert, bald zum Spitzenfeld gehören wird. Das sind doch endlich mal gute Nachrichten.«

»Herr Thaddäus, wenn ich Ihnen dazu etwas sagen darf.« Robert versuchte es erneut. »Ich denke, dass Torsten sich nicht unbedingt zu seinem Vorteil verändert hat. Sie sehen doch selbst …«

»Quatsch, das ist Blödsinn!« Torstens Vater unterbrach ihn. »Ich will das auch gar nicht hören. Ich sehe Torsten, er ist glücklich. Endlich hat er kapiert, worauf es ankommt. Und dann natürlich seine Zeiten! Alles sehr wohl zu seinem Vorteil. Oder hat er sich dir gegenüber beschwert?«

Robert schüttelte den Kopf. »Das nicht, aber ich denke …«

»Ich hatte fast das Gefühl, dass Torsten sich von dir bedrängt fühlt!« Herr Thaddäus ließ Robert auch diesmal nicht zu Wort kommen. »Und da kann ich ihn verstehen! Denn wenn ich dich so ansehe, dann muss ich wirklich zu meinem Bedauern sagen, dass du dich leider in den letzten Monaten keineswegs positiv verändert hast. Wo ist denn dein Ehrgeiz? Robert, Rom war erst der Anfang!«

»Dessen bin ich mir bewusst.«

»Gut, dann lass jetzt bitte Torsten seinen Weg gehen und mit Coach Walther seine Arbeit machen. Verstanden?«

Robert nickte mit gesenktem Kopf.

»Soll ich deine Eltern von dir grüßen?«, fragte Herr Thaddäus zum Abschied.

»Bitte, besonders meine Mutter.«

»Mache ich.«

Die Hand schon an der Klinke der Verbindungstür rutschte Torstens Vater eine Bemerkung heraus, und Robert hätte später nicht sagen können, ob es Absicht war oder ob Herr Thaddäus nur aus Versehen laut gedacht hatte: »Mal sehen, wer nächstes Schuljahr in diesem Zimmer wohnt.«

9.

Donnerstag, der Tag der offiziellen Schulqualifikationen, war gekommen. Jetzt wurde es ernst. Unterricht fand an diesem Tag nicht statt, aber es herrschte Anwesenheitspflicht an der Bahn, von der ersten bis zur letzten Zeitabnahme.

Die Ersten, die an dem kalten Vormittag auf die Bahn geschickt wurden, waren die Schüler aus dem Abschlussjahrgang. Als Letzte waren die Frischlinge an der Reihe. Gefahren wurde abwechselnd in den zwei verschiedenen Modi. Zum einen gab es die normalen Zeitfahrten, je nach Jahrgangsstufe in unterschiedlicher Rundenzahl, zum anderen die Sprinterduelle. Dazu wurden die Schüler in zwei Gruppen eingeteilt, in denen sie im K.-o.-System gegeneinander antreten mussten. Zuerst war die Gruppe der 13. bis zehnten Klassen an der Reihe, danach die der neunten bis siebten Klassen.

Die Qualifikationen für die Straßenfahrer würden erst am Freitag stattfinden, während des normalen Unterrichts. Einmal mehr wurde so der Geringschätzung dieser Disziplin Ausdruck verliehen.

Robert und sein Team hatten daher einen freien Tag, allerdings mit der Verpflichtung, an der Bahn präsent zu sein. Sie saßen, daran musste sich Robert erst gewöhnen, oben auf der Tribüne, etliche Reihen und Sitze von den anderen Athleten getrennt, und sahen gelangweilt zu. Robert fror, es war Mitte November und bereits ziemlich kalt draußen.

»Könnt ihr die da unten nicht wenigstens etwas anfeuern!«, forderte Robert nach den ersten vier Durchgängen seine Teamkollegen auf.

»Wieso denn? Weil sie es schaffen, volle vier Runden lang schnell Rad zu fahren?«, witzelte Alexander.

»Zeitfahren ist nicht so leicht, wie es aussieht«, blaffte Robert, in seiner Ehre als Bahnfahrer getroffen, zurück.

»Ach, stimmt ja. Vorsicht, wir haben einen ehemaligen Goldmedaillengewinner unter uns«, stichelte der kleine Nils.

»Pass auf, was du sagst!«, warnte ihn Robert. »Versuch du mal nur eine Runde durchgehend dieses Tempo zu fahren. Ohne auch nur eine Sekunde den Druck wegzunehmen! Das ist heftig!«

»Ja, ja.« Nils wandte sich von Robert ab und als das nächste Mal die vier Zeitfahrer unter ihnen vorbeidonnerten, sprang er auf und brüllte laut: »Super! Toll! Ich liebe euch!«

Dann setzte Nils sich wieder und fragte, wobei er Robert ansah, aber zum Rest der Gruppe sprach: »War das besser? Ich konnte mich kaum halten, so spannend war das. Echte Sportler eben.«

Der Haufen Straßenfahrer lachte und Robert biss sich vor Wut auf die Lippe. Wären sie nicht auf der Tribüne gewesen, er hätte Nils den vorlauten Mund gestopft!

Richtig bitter wurde es für Robert, als die ersten Sprinter unten an den Start gingen. Dass seine neuen Teamkollegen weiterhin zynische Kommentare abließen, war Robert inzwischen egal. Das waren eben Ignoranten, sie wussten es nicht besser. Ihn schmerzte aber, nur zusehen zu dürfen, nicht mit dort unten auf der Bahn zu sein. Irgendwo schlug in seiner Brust immer noch das Herz für diese Ausscheidungsduelle.

Er zuckte jedes Mal zusammen, wenn unten auf der Strecke einer aus dem Sattel ging. Er hielt den Atem an, wenn er sah, wie sich die Fahrer auf der Bahn belauerten. Und wenn die Glocke die letzten 200 Meter einläutete und der Spurt begann, sprang er auf und feuerte die Fahrer an. Ungefragt begann er das, was dort unten auf der Bahn passierte, zu kommentieren. Je mehr er seinen Straßenkollegen erklärte, desto weniger witzelten sie.

»Da, das ist Dennis. Seine Spezialität ist der Angriff noch vor der Schlussglocke.« Robert deutete mit der Hand aufgeregt auf den hinteren der beiden Fahrer. »Das ist eine geniale Attacke, die nur er so fährt. Gleich wird er loslegen und wenn du dann nicht innen alles dicht machst, ist das Rennen für dich gelaufen. Dennis schießt an dir vorbei, geht vor dir von unten hoch in die Kurve und macht dabei derart Tempo, dass ... Da!«

Robert sprang auf und mit ihm der kleine Nils.

»Fred, mach zu!«, brüllte Nils und auch als Dennis schon längst uneinholbar in Führung lag, schrie der Kleine immer noch: »Du Idiot, du hättest dicht machen müssen! Kapierst du, dicht machen!«

Dann, als wäre nichts gewesen, setzte sich der Siebtklässler und sagte kühl: »Ich mag Dennis nicht, der hat mir schon mal die Luft aus den Reifen gelassen.«

Und dann kam oben auf der Besuchertribüne doch noch richtig Stimmung auf. Fast jeder der Straßenfahrer hatte unten auf der Bahn jemanden, dem er den Sieg wünschte beziehungsweise weniger gönnte. Plötzlich liefen sogar Wetten auf einzelne Fahrer, obwohl oder gerade weil dies an der Schule streng verboten war.

Am späten Vormittag stellte Robert fest, dass auch einige andere Zeitfahrer, die ihr Rennen schon hinter sich hatten, oder Sprinter, die im K.-o.-System ausgeschieden waren, auf einmal bei ihnen in der Nähe saßen. Eine unsichtbare Linie trennte zwar weiterhin die Athleten der verschiedenen Disziplinen voneinander, doch nicht mehr so deutlich wie am Morgen.

Kurz vor Mittag näherten sich die Schulqualifikationen ihrem Ende. Den meisten Schülern knurrte schon der Magen, sie waren durchfroren und die allgemeine Spannung war höflicher Langweile gewichen. Die Schulschnellsten, jahrgangsübergreifend gewertet, standen fest. Doch waren die Zeiten wenig berauschend, Roberts Zeit aus Rom wurde nicht annähernd erreicht.

Unten machte sich die Klasse der Frischlinge für die Zeitabnahme bereit. In Fünfergruppen gingen sie an den Start, Torsten fuhr in der letzten Wertung.

Echte Spannung kam nicht auf, die vorgegebene Mindestzeit war zu schaffen und in den inoffiziellen Messungen hatten alle Frischlinge diese Hürde genommen.

Dann ging Torstens Gruppe an den Start. Lauthals hatte der angekündigt, dass er es heute allen zeigen wolle, dass er eine neue Jahresbestzeit fahren werde.

Direkt nach dem Startschuss ging Torsten aus dem Sattel und fuhr bereits vor der ersten Kurve um Längen vor seinen Klassenkameraden. Er verringerte nicht eine Sekunde das Tempo, es war ein beeindruckender Anblick.

Wie Kolben arbeiteten seine Beine und es war offensichtlich, dass er stilistisch fast perfekt war. Einen so gleichmäßigen und kräftigen Tritt bei enorm hoher Frequenz hatte keiner der anderen Frischlinge. Selbst die meisten aus den oberen Jahrgängen konnten sich von seiner Technik etwas abgucken. Ein kleiner Lance Armstrong fuhr da auf der Bahn, das eine Bein zog das Pedal hoch, während gleichzeitig das andere Pedal heruntergedrückt wurde. Absolut harmonisch, scheinbar ohne jede Kraftanstrengung sauste Torsten über die Bahn.

Roberts Gesicht glühte vor Stolz, das hatte *er* dem Jungen beigebracht.

Als Torsten über die Ziellinie ging, leuchtete oben auf der Anzeigentafel tatsächlich eine Zeit auf, die heftigen Applaus rund um die Bahn auslöste. Die schnellste Frischlingszeit des Jahres. Als Torsten sein Ergebnis sah, boxte er triumphierend mit der rechten Faust in die Luft. Er hatte es allen gezeigt. Er fuhr an der Lücke in der Balustrade vorbei und ging, weiterhin die Siegerfaust erhoben, in eine Ehrenrunde. Der Applaus verstummte. Stille legte sich über die Bahn, doch Torsten schien das nicht zu merken. Trotzig, mit erhobener Rechten fuhr er die Runde zu Ende und erst dann verließ er durch die Öffnung in der Umrandung die Bahn. Wie alle anderen hatte auch Robert inzwischen seinen Platz verlassen, doch anders als der Rest der Schüler schlug er nicht den Weg zurück zur Schule ein, sondern ging zu den Fahrern.

Er passte Torsten ab, als der gerade sein Fahrrad verstauen wollte.

»Hast du sie noch alle?«, begrüßte ihn Robert.

»Danke für das Kompliment. Jahresbestzeit, das war

erst der Anfang. Warte, bis ich mein eigenes Rad bekomme!« Torsten ignorierte Roberts Worte vollständig.

»Bist du so blöd oder tust du nur so?« Robert versuchte Torsten in die Augen zu sehen. »Das war total daneben, und das weißt du!«

Torsten sah Robert kalt an. »Hast du nicht selbst gesagt, dem Sieger hören alle zu, was ja so viel heißt, wie, er kann machen, was er will.«

Robert war für einen Moment sprachlos. Der Junge, der ihm da gegenüberstand, hatte rein gar nichts mehr mit dem Elfjährigen gemein, mit dem er damals die Wertung gefahren war.

»War das alles?« Torsten wollte sich umdrehen, da rief Robert verächtlich: »Nein. Stimmt, das habe ich einmal gesagt. Und weißt du noch, was du daraufhin gesagt hast?«

Torsten schwieg.

»Solange er immer weiter siegt!«, gab Robert Torsten dessen damalige Worte zurück.

»Und genau das habe ich vor!« Torsten wuchtete das Rad in den Ständer. Anschließend drehte er sich wieder um und sagte leichthin: »Danke fürs Training, Coach! Hat sich doch gelohnt. Oder?«

Robert wollte etwas darauf antworten, da wurde ihm klar, die Worte galten nicht ihm. Schräg hinter ihm stand Coach Walther und grinste.

»Das ist das Holz, aus dem echte Gewinner geschnitzt sind!«, sagte der Trainer. »Du weißt schon, Torsten, sie werden dich jetzt jagen!«

»Na wunderbar!«, war Torstens knapper Kommentar. »Dann werde ich eben noch schneller fahren. Was dagegen, wenn ich essen gehe? Siegen macht hungrig.«

Robert und sein ehemaliger Trainer sahen Torsten nach, sie waren die Letzten an der Bahn.

»Du hast dir einen würdigen Nachfolger geschaffen!« Coach Walther klopfte Robert anerkennend auf die Schulter. »Die Technik von dem Jungen ist phänomenal. Das war saubere Arbeit. Ich habe dich morgens manchmal beobachtet, in dir steckt ein guter Trainer!«

»Das glaube ich nicht!« Robert wich durch eine Körperdrehung weiteren Berührungen aus. »Ich denke eher, ich habe ein Monster erschaffen!«

»Das musst du sein, um ein ganz Großer zu werden«, antwortete Coach Walther.

»Dann viel Erfolg.«

Robert ging müde, obwohl sein Wettkampf noch vor ihm lag, zurück zur Schule.

Beim Mittagessen im Kasino war Torstens Ehrenrunde das große Gesprächsthema. Auch an Roberts Tisch.

»Ach kommt, vielleicht wusste er es einfach nicht besser?« Luise war die Einzige von ihnen, die Torstens ungebührliches Verhalten zu entschuldigen versuchte.

»Er wusste genau, was er tat, das war Absicht«, hielt Timothy ihr entgegen. »Er wollte uns herausfordern.«

»Immerhin hat er die beste Zeit seit Jahren gefahren, selbst Robert war damals langsamer.« Luise brachte diese Bemerkung, um endlich auch Robert zu einer Beteiligung an dem Gespräch zu bewegen. Der aber schwieg weiterhin.

»Alles kein Grund.« Jannis brachte das Problem auf den Punkt. »Egal wie und warum. Keine Ehrenrunde bei den Qualis. Erst recht nicht von einem Frischling.«

Robert musste ihm innerlich zustimmen und wäre es nicht sein Frischling gewesen, der diese Regelverletzung begangen hatte, hätte er dies auch laut geäußert. Ebenso hatte seiner Meinung nach auch Timothy Recht. Torsten wusste genau, was er getan hatte. Das war geplant gewesen und er hatte auch die Folgen einkalkuliert. Torsten hatte Roberts goldene Zeit aus allernächster Nähe miterlebt, gespürt, wie die Schule nach Roberts Wechsel auf einen neuen Star gewartet hatte, und dann entschieden, dass er diese Rolle übernehmen würde. Torsten hatte erreicht, was er wollte, er war das Thema des Tages und durch seine erstklassige Leistung auch unantastbar. Zwar hatte der junge Thaddäus an der ganzen Schule, von Robert abgesehen, keine Freunde, aber sein Talent konnte man nicht länger ignorieren. Er war ein Sieger, den man nicht ausgrenzen oder stehen lassen durfte. Schon allein aus Respekt vor seiner sportlichen Leistung hatte Torsten nun ein Recht darauf, ein echter Rechberger zu sein.

Robert beobachtete Torsten, wie er an seinem Tisch am Ende des Kasinos saß, und er hatte Mitleid mit seinem Frischling. Denn für Robert war offensichtlich, dass dort nicht der Torsten agierte, den er kannte und mochte. Ein neuer, ein anderer Torsten führte mit großen Gesten das Wort. Statt sich mit diesem bemerkenswerten Sieg auch ein moralisches Plus zu sichern, indem er Sportsgeist gezeigt hätte und bescheiden geblieben wäre, wurde Torsten überheblich. Seine Bewegungen wirkten affektiert und arrogant.

Als Robert auf dem Weg zu den Geschirrwagen an Torstens Tisch vorbeikam, stellte er fest, dass sich nicht nur dessen Gesten verändert hatten.

»Sicher, die Berliner Maschine wird schweineteuer«, erklärte Torsten seinen ehrfurchtsvoll lauschenden Tischgenossen. »Aber mein Alter ist ja nicht der Ärmste. Sein Radladen wirft ordentlich was ab. Und er weiß ja auch, worin er sein schönes Geld investiert. Er war ja selbst mal ganz oben, das Rennen um den Henninger Turm hat er gewonnen. Jahresbestzeit in Rechberg hat er aber nie geschafft!«

Robert blieb etwas entfernt von dem Tisch stehen, um weiter zuzuhören.

»Das Rennen in Frankfurt steht auch auf meiner Liste, nicht ganz oben, aber so im Vorbeifahren kann ich das ja auch mitnehmen.« Torsten lachte. »Sagt, wenn ich euch langweile, aber Gewinnen ist echt das Größte. Wirklich, werdet ihr vielleicht auch mal erleben: Keiner kommt an dich ran, alle bewundern dich und du bist einfach nur schnell. Ich hab den Bogen jetzt raus, mein Tritt ist perfekt und eigentlich könnte ich jetzt schon Abi machen, zumindest was Radfahren betrifft. Da kann mir keiner dieser Loser hier noch was beibringen, ich bin jetzt schon zu gut für Rechberg. Schnellste Zeit des Jahres. Wenn ich meine neue Maschine habe, dann werde ich die schnellste Frischlingszeit aller Zeiten einfahren. Garantiert. Wird ein Kinderspiel! Mich überholt keiner mehr! Nie!«

Robert ertrug Torstens Geprahle nicht mehr. Der Kleine war gerade dabei, sich um Kopf und Kragen zu reden, seine frisch erworbene sportliche Anerkennung vollständig zu verspielen. Kurz entschlossen trat Robert an den Tisch und sagte: »Torsten, komm mit!«

»Was denn? Ich esse noch!«, entgegnete der.

»Frischling, ich habe mit dir zu reden«, beharrte Robert

und wartete keinen weiteren Kommentar mehr ab. Die Schulregeln schrieben vor, dass ein Frischling einer solchen Aufforderung seines Tutors Folge zu leisten hatte.

»Was ist denn so dringend, Schweinepriester?«, höhnte Torsten, als sie draußen vor dem Kasino auf dem Gang standen.

Robert packte den Kleineren an den Schultern und drückte ihn gegen die Wand im Gang. »Das war das erste und letzte Mal, dass ich dich so billig schwätzen höre!«, schrie Robert und versuchte durch Torstens dicken Panzer zu dringen. »Das sage ich dir als dein Freund und Tutor, reiß dich zusammen, alles kann sich selbst ein Sieger nicht herausnehmen. Kapiert?«

»Jetzt hab dich nicht so!«, widersprach Torsten und befreite sich aus dem Griff des Älteren. »Aber okay, ich werde mich etwas bremsen. War das alles?«

»Das war alles!«

Robert ließ Torsten im Gang stehen und ging auf sein Zimmer. Dort legte er sich auf sein Bett, um sich mental auf seine morgige Wertung vorzubereiten. Nach ein paar Minuten hörte er, wie nebenan Torsten das Zimmer betrat. Robert sah abwartend auf die geschlossene Verbindungstür. Sie blieb zu. Robert zog den Discman aus dem Nachttisch, dabei streifte sein Blick das Foto von Sophie. Er nahm es in die Hand und legte es mit der Glasscheibe nach unten vorsichtig in die Schublade.

10.

Mit den Schulqualifikationen ging das Jahr seinem Ende entgegen. In den nächsten sechs Wochen bis zu den Weihnachtsferien waren keine größeren radsportlichen Ereignisse mehr zu erwarten. Es gab in Rechberg zwar keine richtige Winterpause, nach wie vor wurde jeden Nachmittag trainiert, sowohl auf der Bahn als auch in der Halle auf den Rollen. Doch im Vordergrund stand der normale Schulunterricht: Klausuren, Referate und Hausaufgaben.

Robert nutzte die Zeit, um die Schulfestvorbereitungen voranzutreiben. Jede Woche besuchte er an einem Nachmittag Frau Schuster in der Stadt, um die Zusagen zu ordnen und um Verpflegungs- und Unterbringungsfragen zu klären. Ein Finanzplan musste erstellt werden und die gemeldeten Fahrer mussten auf die einzelnen Gruppen aufgeteilt werden. Wie schon in den Jahren zuvor würde ein Wettkampf im Zeitfahren und im Bahnsprint stattfinden.

Während eines solchen Treffens kam Frau Schuster – sie hatte ihn zum Abendessen eingeladen – auch beiläufig auf Roberts sportliche Zukunft zu sprechen. Robert erzählte freimütig, was er nach der Europameisterschaft durchlebt hatte, und Frau Schuster hörte zu. Robert war ihr gegenüber so ehrlich wie zu niemandem sonst. Sogar dass letztlich Angst der Grund war, warum er sich von der Bahn verabschiedet hatte, sagte er ihr.

»All die anderen Gründe, die jetzt für mich beim Straßenfahren so wichtig sind, kamen erst später.« Robert saß mit der ehemaligen Schülerin am Küchentisch und sie aßen Spaghetti mit Pesto. »Anfangs hatte ich einfach Schiss, ich weiß nicht, ob ich den jetzt immer noch habe, aber das ist inzwischen nicht mehr wichtig. Ich bin glücklich auf der Straße. Das ist echtes Radfahren, mit allen Höhen und Tiefen – und das gilt auch im wörtlichen Sinne. Außerdem, ich bin aus dieser ganzen nervenden Schulmühle draußen. Ich kann das alles nicht mehr ab!«

»Wie meinst du das?« Frau Schuster schob die Schale mit geriebenem Parmesankäse zu Robert.

»Dieses Gehabe von wegen Elite und dann dieses Buckeln.« Robert schaufelte sich mehrere Löffel Käse auf seine Nudeln. »Schön, ich war ganz oben und, ehrlich gesagt, es hat mir nicht gefallen. In Rom oder in Rostock in der Mannschaft, da war das kameradschaftlicher. Hier kommt mir das inzwischen alles ... Ich weiß nicht, so stelle ich mir die Elitetruppen der Armee vor. Leistung, alles dreht sich nur um Leistung. Durch Torsten, meinem Frischling, dem Sohn von Herrn Thaddäus, ist mir das inzwischen klar geworden. Der Kleine litt anfangs fürchterlich an der Schule und kam mit dem Druck überhaupt nicht zurecht. Und jetzt ist er selbst so einer geworden. Schlimmer noch, er ist einer der neuen Wortführer.«

Frau Schuster nickte. »Rechberg hat sich sehr verändert.«

»Wieso, war es nicht immer so?«, fragte Robert im ersten Moment erstaunt, um gleich darauf einzuräumen: »Nein, war es nicht. Meine ersten Jahre waren anders, irgendwie sportlicher, freundlicher.«

»Und wie ist es jetzt?«

»Das fragen Sie?« Robert verstand die Frau, die ihm gegenüber saß, nicht. »Sie haben doch selbst gesagt, die Schule hätte sich verändert.«

»Ich würde es aber gerne von dir hören, du bist dort Schüler.« Frau Schuster lächelte entschuldigend. »Meine Zeit dort ist lange vorbei und es kann durchaus sein, dass ich das etwas verklärt, sentimental sehe.«

»Wenn Sie wollen.« Robert schob den Teller von sich weg. »Torsten hat es einmal auf den Punkt gebracht: Es zählt nur noch der erste Platz, schon der Zweite ist der erste Verlierer. Darum geht es.«

»Das lernt ihr?« Frau Schuster schüttelte den Kopf. »Das kann ich nicht glauben.«

»Ich weiß, was ich sage!« Robert wurde rot. »Ich habe das selbst erlebt. Und zwar nicht aus zweiter Position, sondern als Erster! Mir fiel das auf, als ich zurückkam von Rom. Wie gesagt, dort im Team war ein ganz anderer Umgang miteinander. Man trainierte zwar auch auf Wettkämpfe hin, aber das war Sport. In Rechberg geht es längst nicht mehr so sportlich zu, wie der Leitspruch der Schule verspricht.«

»Und wenn du das so siehst und nicht gut findest«, Frau Schuster sah Robert fragend an, »warum bleibst du dann?«

»Weil ich gerne Rad fahre, mehr noch, ich liebe Radfahren und ich mag die Menschen dort und ...« Robert musste schlucken. »Ich habe bei den Straßenfahrern auch ein anderes Rechberg kennen gelernt. Wo man sich hilft, einander fordert und weiterkommen will – eben ein Team, in dem man zueinander steht, gemeinsam losfährt und zusammen ankommt. Da gilt der Spruch, das Feld erreicht das Ziel geschlossen oder gar nicht. Das gefällt mir besser. Deshalb wollte ich auch nicht mehr sprinten.«

Frau Schuster hatte feuchte Augen. »Das ist auch das Rechberg, das ich kenne. Für mich waren die Jahre auf der Schule die schönsten meines Lebens. Vor allem meine Zeit in der Schulmannschaft. Als ich nach dem Abitur abging, war das ein Schock, denn plötzlich stellte ich fest, draußen wird mit anderen Bandagen gekämpft. Aber vielleicht ist das so!«

»Was ist so?«, hakte Robert vorsichtig nach.

»Vielleicht ist das heute richtig so, die Zeiten haben sich geändert. Das Leben ist hart und vielleicht ist eine harte Schule eine gute Vorbereitung aufs Leben.« Frau Schuster zwang sich zu einem Lächeln. »Ist doch auch was Tolles, wenn man die Schule verlässt und feststellt, so schlimm wie dort ist das Leben draußen gar nicht.«

»Meinen Sie das ernst?«, fragte Robert.

Frau Schuster schüttelte den Kopf. »Nein, ich wollte, ich könnte es, denn das, was du sagst, macht mich traurig. Ich denke immer noch, die Schule sollte auf das Leben vorbereiten, aber schonend. Die Schule sollte ein Freiraum sein, um sich entwickeln zu können. Es wird später hart genug, ein paar glückliche Jahre können da sicher nicht schaden. Und wenn es nur bewirkt, dass man sich später in sentimentalen Momenten daran erinnert.« Frau Schuster griff nach ihrem Glas Rotwein und trank es entschlossen leer. »Du hattest vorhin den Sohn vom Henninger-Thaddäus angesprochen, deinen Frischling, wie macht er sich?«

»Gut.« Robert hob entschuldigend die Hände. »Aber

ich muss jetzt zurück, morgen schreibe ich eine Matheklausur. Wir sehen uns nächste Woche?«

»Machen wir.« Frau Schuster stand auf und begleitete Robert zur Tür.

»Danke für das Abendessen.«

»Keine Ursache, war mir ein Vergnügen. Wann kann ich schon mal einen Europameister bekochen?«

»Ex-Europameister!«, korrigierte sie Robert.

»Da täuschst du dich«, widersprach die Frau mit den kurzen blonden Haaren. »Egal, was kommt, den Titel kann dir niemand nehmen.«

Eines Nachts Anfang Dezember fiel der erste Schnee und obwohl die Bahn gleich am Morgen von den Schülern geräumt wurde, blieb sie für ein paar Tage gesperrt: Glatteisgefahr.

Aus Gründen der Gerechtigkeit wurde auch für die anderen Radsportdisziplinen in dieser Zeit das Außenprogramm abgesagt. Nur auf den Rollen in der Halle wurde noch trainiert, das aber freiwillig, denn es gab nicht genügend Plätze für alle. Ganz offiziell durften daher die Schüler an den Nachmittagen auf den Zimmern bleiben, sie hatten einfach frei. Und sie schätzten diese Regelung. »Let it snow«, sangen sie bereits ab Ende November, denn es war üblich, dass in diesen Tagen Partys gefeiert wurden, im Sommer angefangene Bücher endlich zu Ende gelesen wurden oder man in Rechberg ins Kino ging.

Robert und seine Straßenfahrer planten für den zweiten freien Nachmittag etwas Besonderes. Lara wollte die Dias von ihrer Radtour zeigen, die sie letzten Winter über Weihnachten quer durch Südafrika unternommen hatte.

Sie hatte den anderen schon oft davon vorgeschwärmt. Doch da Lara und ihr Freund, mit dem zusammen sie die Reise gemacht hatte, sich gleich nach der Rückkehr getrennt hatten, kam sie erst jetzt an die Dias.

Es war eng in Roberts Zimmer, aber gemütlich. 13 Leute passten gerade so hinein. Robert hatte auch Torsten zu der ansonsten geschlossenen Veranstaltung eingeladen, doch der hatte ihm die kalte Schulter gezeigt. Er habe keine Zeit und auch keine Lust. Wenn Robert von ihm etwas in seiner Funktion als Frischling wolle, bitte. Ansonsten solle er ihn doch in Ruhe lassen.

Da sie sich vor Lehrerbesuch sicher wussten – noch nie war in den Schneepausen ein Lehrer im Schülertrakt aufgetaucht, es kursierte unter den Schülern das Gerücht, auch die Lehrer würden diese Auszeit mit Partys begehen, denn nicht nur die Schüler sahen morgens im Unterricht etwas angegriffen aus –, hatten sie zwei Flaschen Cachaça für Cocktails organisiert. Daraus mixten sie zusammen mit braunem Zucker und Limetten Caipirinhas. Als jeder sein Glas vor sich hatte – der kleine Nils eine Kinderversion – verdunkelte Robert das Zimmer und Lara begann.

»Das sind Martin, das Arschloch, und ich auf dem Weg zum Flieger.«

Klack.

»Da sind Martin, der Idiot, und ich im Flieger.«

Klack.

»Da sind Martin, der Armleuchter, und ich in Kapstadt.«

Klack.

»Könntest du dich vielleicht auf einen Beinamen festlegen!«, rief der kleine Nils. »Ich komme sonst durcheinander. Oder warst du mit mehreren Martins unterwegs?«

Lara musste lachen. »Okay, ich bleibe bei Martin und ihr denkt euch einfach die deftigsten Schimpfnamen selbst dazu, okay?«

Allgemeines Gegrummel zeigte Zustimmung.

»Da, auf dem Bild sind wir noch am Flughafen und bauen unsere Räder wieder zusammen. Für den Transport musst du ja alles zerlegen, sogar die Luft aus den Reifen lassen. Die platzen sonst. Ja, und dann sind wir losgefahren. Wie ihr seht, wir haben kaum Gepäck dabeigehabt. Ein Aluschlafsack, eine dünne Isomatte, zwei Radhosen, zwei Trikots, ein paar Radschuhe, natürlich Ersatz-Cleats, etwas Werkzeug, wasserdichte Funktionsjacken und -hosen, das war alles. Kein sonstiger Krempel, keine schweren Gepäcktaschen mit Bunsenbrenner und Kochgeschirr. Die ganze Ausrüstung inklusive Fahrrad wog bei mir genau 14 Kilo und saß unterm Sattel und am Lenker. Ach ja, Karte und den Backpacker natürlich. Und Tampons und Slipeinlagen selbstverständlich, die bekommt man unterwegs so schwer. Und jeden Tag waschen ist nicht.«

»Was ist der Backpacker?«, erkundigte sich Robert.

»Ein Verzeichnis mit Adressen, wo man für wenig Geld schlafen kann. Ist eine internationale Organisation, in fast jeder größeren Stadt gibt es so eine Übernachtungsmöglichkeit«, erklärte Lara, während an der Wand gerade zu sehen war, wie sie und Martin in Richtung Kapstadt fuhren. »Kein Frühstück, kein Bett oder so, nur ein Raum, wo du ungestört deine Isomatte ausrollen kannst. Das Geile daran ist, du triffst dort Leute, die dir Tipps geben können. Das ist Backpacking.«

»Danke!«

»Keine Ursache, wo war ich …« Lara zögerte einen Moment. »Ich sehe die Dias auch zum ersten Mal an der Wand, daher kann es sein, dass ich etwas springe. Ach so, richtig Ausrüstung. Genau. Das müsst ihr euch merken, wenn ihr auf Tour geht: kein Gepäck, am besten fast gar nichts außer euch und das Rad. Nur dann könnt ihr bolzen. Mit der altbackenen Globetrotterausrüstung fühlt man sich wie auf einem Klapprad. Aber so, das ist echtes Biken.«

Es klackte und ein steiler Tafelberg, die unteren Hänge im Nebel und darunter ein Traumstrand in der Sonne, tauchte an der Wand auf.

»Das ist ein Berg an der Ostküste, also am Indischen Ozean, da war oben auf dem Gipfelplateau eine kleine Kneipe, eine Bretterhütte, da gab es ähnlich gute Drinks wie heute – danke übrigens, Daniel!«

»Gern geschehen!«, antwortete der aus der Ecke neben der Tür.

»Als wir jedenfalls dann am Abend den Berg runterrasten, das war wie Fliegen. Und auch sonst, stellt euch vor, ihr fahrt einfach so durch eine völlig andere Welt. Nicht etwa Rad wandernd, nein, federleicht und easy, mit Topausrüstung, Superrad, wie im Training. Wir sind in Nester gekommen, am Arsch der Welt. Die Leute dort kannten wahrscheinlich nicht mal normale Fahrräder und dann Martin und ich auf unseren Hightech-Maschinen, die spacigen Klamotten und coole Brillen – das war für die wie Besuch von Außerirdischen.«

Lara schwieg einen Moment, während an der Wand Bilder von Palmen, Stränden, kleinen Hütten, abgemagerten Kühen und prustenden Walen auftauchten und wieder verschwanden.

»Einmal haben wir Fahrer aus den Niederlanden getroffen, zwei aus der Nationalmannschaft, die waren dort zum Training. Wir sind einen Nachmittag lang zusammen gefahren. Waren gut, die Jungs. – Ich als Frau war natürlich die Sensation, wenn wir irgendwo neu ankamen. Blonde Haare, dann bin ich meistens nur mit dem Sport-Bra gefahren – es war schließlich echt heiß, da ist jetzt Sommer. Mann, Mann, da wäre ich jetzt gerne.« Lara seufzte sehnsuchtsvoll und die anderen fühlten mit ihr.

»So richtig Geld hat nur der Flug gekostet, das Leben selbst war total billig. Was mir besonders gut gefiel, fast jeden Tag haben wir neue Leute getroffen, manche mit Motorrad, Auto, oder wie wir auf dem Rad, und dann, manchmal erst ein paar Tage später, haben wir den einen oder anderen wieder gesehen. Ohne Verabredung, man ist sich einfach wieder über den Weg gelaufen, vielleicht weil man dieselben Tipps bekommen hatte. Man fuhr dann ein, zwei Tage zusammen, weil man dasselbe Ziel hatte, das war gut. Solange man zusammen unterwegs war, ist man ganz selbstverständlich als Gruppe gefahren, Hinterradlutscher gab es nicht. Und wenn das Ziel erreicht war, dann ging jeder seines Weges, war cool.«

»Hattest du nie Angst?«, fragte Miriam. »Gerade als Frau?«

»Nein!« Lara schüttelte entschieden den Kopf. »Wir sind durch die Suburbs und Slums, gefahren, da, wo sich niemand reintraut. Lag wahrscheinlich an den Rädern, aber die Leute sind nebenher gelaufen und jeder wollte mich anfassen. Angst nicht, das war eher nervend.«

»Willst du so was wieder machen?«, wollte Robert wissen.

»Auf jeden Fall, und sicher wieder nach Südafrika, ein geiles Land. Mir fehlen nur noch der Partner und das Geld. Wer beides hat und mich einladen möchte, ich habe über Weihnachten noch nichts vor. Beziehungsweise nichts, was ich dafür nicht sofort canceln würde.«

Im Zimmer wurde es hell und Lara rief: »Nachschub bitte! Wer macht mir noch einen Caipi? Ich lade in der Zwischenzeit das neue Magazin.«

Daniel griff nach dem Stößel und begann Limetten mit Rohrzucker zu zerstoßen, die anderen sahen ihm dabei zu.

Robert nahm auf dem Bett eine bequemere Position ein, da fiel ihm auf, dass die Tür zu Torstens Zimmer einen Spalt offen stand. Er musste grinsen, die Tür war vorhin definitiv geschlossen gewesen. Sein Frischling war also doch neugierig! Robert spielte mit dem Gedanken, sich zur Tür zu schleichen und sie ganz zu öffnen. Aber dann fand er es besser, liegen zu bleiben. Torsten hätte ja auch ganz bequem neben ihm auf dem Bett sitzen können. Robert hatte es ihm angeboten. Aber wenn Torsten es vorzog, durch den Türspalt zuzusehen, dann war das sein Problem.

Als sie mit einem neuen Drink versorgt war, begann Lara mit dem zweiten Teil ihrer Diavorführung. Sie erzählte, wie sie die Gardenroute entlanggereist waren, ein wunderschöner Abschnitt der Südküste. Bilder von romantischen Sonnenaufgängen und von Einheimischen, die im Busch tanzten, waren an der Wand zu sehen.

»Das war das Bizarrste an der Tour, wir bekamen gesteckt, dass vor uns, irgendwo im Busch, jemand eine Party macht.« Laras Stimme hatte einen heiseren Unterton. »Wir sagten uns, warum nicht, da schauen wir mal vorbei. Haben eben so ein kleines Fest erwartet. Und dann landen wir plötzlich in einem von einer Getränkefirma organisierten Event! Mitten im Busch. Die sind da eingeflogen, haben Licht und Bühne aufgebaut, ein paar DJs an die Regler gelassen und dann war da Party wie im Chillo Loco! Zwei Busse voller Raver, direkt eingeflogen aus Deutschland, und am nächsten Morgen ging es zurück. Das Irrste war, einer, den ich mal vor Jahren in Hamburg am Flughafen getroffen hatte, war unter den Ravern. Tja, die Welt ist ein Dorf. Das war's dann auch an Bildern, anschließend haben wir keine Fotos mehr gemacht, denn dann hatte Martin, das Riesenarschloch, diese Kuh getroffen und ... ach, das behalte ich lieber für mich.«

Später am Abend, Robert hatte sein Zimmer wieder für sich und lag im Bett, fiel das Mondlicht durch das Fenster auf die gegenüberliegende Zimmerwand. Wenn Robert die Augen leicht zusammenkniff, sah das fast so aus, als ob immer noch Dias an die Wand projiziert wären. Er lag noch lange wach und träumte davon, in Südafrika unterwegs zu sein. Als er sich auf die Seite drehte, um einzuschlafen, fiel ihm auf, dass die Tür zum Nachbarzimmer immer noch einen Spalt offen war.

11.

Es half nichts, Robert konnte es drehen und wenden, wie er wollte, Weihnachten stand unmittelbar bevor. Und das bedeutete, dass er zu einen Eltern nach Hause fahren musste. Zwei Wochen Ferien, erst Anfang Januar öffnete die Schule wieder.

Die schulinterne Weihnachtsfeier war am 20. Dezember gewesen, Frau Lorenz hatte ein paar feierliche Worte gesprochen und jeder Schüler hatte wie üblich das Jahrbuch als Geschenk bekommen.

Robert fand seinen Namen hinten im Wertungsteil auf dem achten Platz bei den Straßenfahrern, doch zu seiner Überraschung vorne im allgemeinen Teil noch einmal. Sein ehemaliger Trainer hatte einige Zeitungsartikel über Roberts großen Erfolg in Rom für das Jahrbuch zusammengestellt: aus dem *Rechberger Anzeiger*, aus *Radsport aktuell* und eine Überschrift aus der italienischen *Gazzetta dello Sport* – »La sensatione tedesca: Robert Berger … «

Frau Schuster hatte Recht, wenn künftige Schüler einmal in den alten Annalen herumblättern werden, dann wäre Robert für sie der Goldmedaillengewinner aus Rom. Womöglich würden sie sich fragen, warum er im selben Jahrbuch in einer anderen Disziplin gewertet wurde. Vielleicht würden sie sogar die folgenden Jahrbücher durchblättern und Roberts Namen suchen. Und egal wo sie ihn finden würden, Robert bliebe dennoch immer Robert Berger, der Jugend-Europameister.

Stolz packte er das Jahrbuch in seinen Rucksack. Er hatte nicht vor es seinen Eltern zu zeigen, doch er wollte es bei sich haben.

Ein letzter Blick durch das Zimmer, hatte er an alles gedacht? Ja. Er besaß nicht viel, was ihm wirklich wichtig war: das Bild von Sophie, der Discman, die Goldmedaille und – jetzt neu – das Jahrbuch.

Robert stellte den Rucksack auf den Stuhl und klopfte an die Tür zu Torstens Zimmer. Auch wenn sie sich in den letzten Wochen auseinander gelebt hatten, Robert mochte Torsten noch immer und im Grunde tat ihm der Junge Leid. Sein Frischling hatte momentan nur den falschen Weg eingeschlagen und davon wollte Robert ihn wieder abbringen. Aber Torsten war im Augenblick für ihn nicht zugänglich. Wahrscheinlich ist das nur eine Phase, der Junge muss sich nur austoben, beruhigte sich Robert, immer wenn er über seinen kleinen Freund nachdachte.

»Torsten, bist du da?«, rief er, nachdem auf sein Klopfen keine Reaktion erfolgt war.

»Komm rein«, antwortete Torsten.

Robert öffnete die Tür, der rothaarige Junge lag auf dem schmalen Bett, in der Hand das Jahrbuch.

»Ich hab hier eine Kleinigkeit für dich zu Weihnachten!« Robert trat zu Torsten und überreichte ihm eine kleine Schachtel. »Ist nichts Großes, aber nützlich.«

»Danke!« Torsten riss die Verpackung auf. »Cool, ein Fishbone!«, rief er und wiegte den kleinen flachen Schraubenschlüssel in der offenen Hand. »Kann man immer brauchen.«

»Aus lasergefrästem Karbonstahl«, bemerkte Robert stolz. »Zwei Steuersatzschlüssel und alle wichtigen Maulschlüssel, zusammen nur knapp 100 Gramm«

»Ich kenn die Teile aus dem Laden meines Vaters. Da gibt es die in allen Ausführungen«, sagte Torsten.

»Also, frohe Weihnachten, wir sehen uns dann im nächsten Jahr wieder.«

»Irrtum!« Torsten grinste frech.

»Wieso, kommst du nicht wieder?« Robert war irritiert.

»Natürlich, glaubst du, ich werde denen hier das Jahr durch meinen Abgang verzuckern? Nee, nee, ich bleibe der Pickel am Arsch der Schule.« Torsten war bei seinem Lieblingsthema. »Ich und kneifen, da müssten die mich schon rauswerfen. Aber das trauen die sich ja nicht mehr. Dazu bin ich zu gut, denen inzwischen zu wichtig ...«

»Wenn du bitte meine Frage beantworten würdest? Mein Zug geht bald!« Robert wurde ungeduldig.

»Hat dir das niemand mitgeteilt? Mein Vater und ich werden Weihnachten bei euch verbringen. Deine Eltern haben uns eingeladen!«

»Aha.« Robert musste schlucken. Das war eine Überraschung.

»Du kannst auch gerne morgen mit mir und meinem Vater fahren, der holt mich ab und wir können dich bei dir zu Hause absetzen.«

»Lass mal, ich fahre gerne mit dem Zug und dann habe ich ja das Rad mit dabei ...«

»Wäre auch kein Hindernis, du kennst doch den Wagen meines Vaters.«

»Lass mal, dann sehen wir uns also zu Weihnachten.« Robert drehte sich um und ging in sein Zimmer zurück.

»Ist das denn überhaupt okay für dich?«, rief ihm Torsten hinterher.

»Natürlich!« Robert schulterte seinen Rucksack und rief zum Abschied: »Wieso sollte es nicht, Weihnachten ist das Fest der Liebe.«

Es war schon spät am Abend, als Robert endlich Bassum erreichte. Ein Anschlusszug hatte nicht auf seinen verspäteten Interregio gewartet, dadurch kam Robert anstatt um halb neun erst um zehn Uhr an.

Sein Vater stand auf dem Bahnsteig, um ihn abzuholen.

»Schön, dass du da bist«, begrüßte er seinen Sohn.

»Tut mir Leid, ich habe noch aus dem Zug bei Mama angerufen, aber da warst du schon weg«, entschuldigte sich Robert.

»Keine Problem, ich habe einfach gewartet und gehofft, du kommst mit dem nächsten.«

»Bin ich ja auch.«

»Dann erst mal frohe Weihnachten!« Sein Vater stand unschlüssig in der Kälte. »Komm, lass dich mal drücken.« Er zog seine Handschuhe aus und versuchte Robert über das Fahrrad hinweg zu umarmen. »Groß bist du geworden. Kann das sein, dass du noch einmal einen Schuss gemacht hast? Oder bin ich kleiner geworden!« Sein Vater räusperte sich, zog die hellbraunen Lederhandschuhe wieder an und griff nach Roberts Fahrrad. »Darf ich schieben?«

Robert nickte.

»War eine lange Zeit, in der wir uns nicht gesehen haben. Für deine Mutter zu lange.«

»Ostern das letzte Mal.« Jetzt, wo Robert seinen Vater

sah, bedauerte er es auch, dass er so lange nicht nach Hause gekommen war. »Ging aber nicht früher. Erst das Trainingslager, dann Rom und dann ...«

»Ich mache dir keinen Vorwurf«, unterbrach ihn sein Vater. »Ist einfach nur schade.«

»Tut mir Leid!«

»Bist ja jetzt da.« Roberts Vater öffnete die Beifahrertür des alten Passats, anschließend die Heckklappe und lud Roberts Fahrrad umständlich in den Kofferraum.

»Schnall dich bitte an«, forderte er Robert auf, kaum hatte er auf dem Fahrersitz Platz genommen. »Übrigens, Gratulation zur Goldmedaille.«

Schweigend fuhren die beiden auf der Hauptstraße durch das Dorf. Am Ortsausgang bogen sie nach links ab, es ging einmal rumpelnd über stillgelegte Bahngleise, dann waren sie da.

»Wann haben sie euch denn so zugebaut?«, fragte Robert überrascht. Neben und hinter dem Haus seiner Eltern standen neue Häuser.

»Im Frühjahr haben sie angefangen, und das geht heute ja ganz fix.« Roberts Vater fuhr die Einfahrt hoch. »Nach vorne ist es so wie immer, aber hinten und an den Seiten können die uns bis in die Betten sehen. Nächstes Jahr sollen Bäume gepflanzt werden, mal sehen, was draus wird.«

Robert war noch nicht aus dem Wagen ausgestiegen, da kam schon seine Mutter die Eingangstreppe herunter. »Robert!«, rief sie. »Endlich! Schön, dass du da bist!«

»Tut mir Leid, ging nicht früher, der Zug hatte Verspätung ...«

»Ist doch egal! Komm rein, Junge!« Sie griff nach seiner rechten Hand und fragte besorgt: »Was macht der Finger?«

»Alles wieder gut.«

»Uns ist schlecht geworden, als wir das im Fernsehen sahen. Hat das nicht wehgetan?«

»Hab ich in dem Moment nicht gemerkt, da denkt man nur ans Fahren.«

»Das musst du alles ganz genau erzählen.« Seine Mutter ging vor ihm die Treppe hoch. »Ist ja ewig her, dass du mal zu Hause warst! Was seitdem alles passiert ist!«

In seinem Rücken hörte Robert, wie sich sein Vater mit dem Fahrrad abmühte. »Geht nur rein, ich mach noch das Tor zu, dann komme ich nach.«

Robert betrat das Haus und schlagartig kamen die alten Gefühle zurück. Ob es an den Fischer-Chören lag, die leise aus dem Wohnzimmer zu hören waren, oder an der Tatsache, dass sich nichts im Haus verändert hatte? Es roch nach Putzmittel, auf dem Tisch neben der Eingangstür lag ein aufgeschlagenes Kreuzworträtselheft, es war wie immer dunkel im Haus.

Robert rutschte auf seinen Platz auf der Eckbank.

»So, wie is' es?«, fragte er, bevor seine Mutter sich setzen und ihm dieselbe Frage stellen konnte.

»Wie immer«, antwortete die. »Bei uns tut sich ja nicht viel.«

Robert schwieg, bis sein Vater hereinkam und sagte: »Das ist aber nicht das Rad, mit dem du in Rom gefahren bist!«

»Ich fahre nicht mehr Bahn, ich habe auf Straße gewechselt«, erklärte Robert kurz.

»Drum.«

»Magst du was essen, hast du Hunger?«, fragte seine Mutter, schon auf dem Weg in die Küche.

»Nein!« Robert zog das Kreuzworträtselheftchen zu sich. »Habe was im Zug gegessen, Brote.«

»Magst du was trinken?«, erkundigte sich sein Vater, während er den Mantel auszog und auf einen Bügel an der Garderobe hängte. »Ich habe einen guten Rotwein. Wollen wir zusammen ein Glas trinken? Zur Feier des Tages, auf deine Medaille?«

»Muss nicht sein«, war Roberts Antwort.

Seine Mutter setzte sich auf die Eckbank links von Robert, sein Vater nahm auf dem Stuhl gegenüber Platz.

»Wirklich schön, dass du da bist.« Die Mutter wiederholte, was sie schon zur Begrüßung gesagt hatte. Denselben Satz, den auch Roberts Vater als Erstes gesagt hatte.

»Tut mir Leid, ging irgendwie nicht früher ...«, antwortete Robert mechanisch.

»Und du hast wirklich keinen Hunger?«

Robert kam sich vor wie in einer Falle, in einer Zeitschleife. Unterwegs auf einer Bahn, aus der es keinen Ausweg gab. Wie in den Jahren zuvor würden sich jetzt dieselben Fragen und Antworten abspulen. Wieder und immer wieder, und es gab keinen Ausweg. Bis er nach Silvester seinen Rucksack packen würde und dieses Haus wieder verlassen durfte. Seine Eltern würden ein weiteres Jahr auf dieser hausgewordenen Bahn verbringen und ihre Runden drehen. Kreuzworträtsel lösen, essen, ab und an ein Glas Wein trinken und darauf warten, dass Robert bei ihnen vorbeischauen würde. Robert spürte, dass es ihm die Kehle zuschnürte.

»Schlimm, wenn ich schlafen gehe?«, fragte er.

»Woher denn, wir sind auch müde.« Seine Mutter stand sofort auf. »War für dich sicher ein langer Tag. Dein Bett ist frisch bezogen. Ich leg dir noch zwei Handtücher raus.

»Gute Nacht.« Robert schob sich aus der Eckbank und sofort ließ der Druck um den Hals etwas nach. Er ging den Flur entlang in sein altes Zimmer.

»Schlaf gut«, rief ihm sein Vater hinterher.

»Du auch«, antwortete Robert und betrat einen halb leeren Raum. Vor dem Fenster stand ein Schreibtisch, auf dem nichts lag, daneben ein Bücherregal mit ein paar Büchern und alten Fahrradkatalogen, ein Schrank und das Bett.

In der linken Wand war eine zweite Tür und aus dem Raum dahinter zog es kalt. Robert öffnete die Tür, machte das Licht an und warf einen Blick in das Zimmer. Er sah, was er erwartet und befürchtet hatte, seine Eltern hatten darin immer noch nichts verändert. Es war Sophies Zimmer, in genau dem Zustand, in dem sie es zuletzt verlassen hatte: das gemachte Bett, der aufgeräumte Spieltisch und die Spielsachen in dem kleinen Regal, so wie Sophie sie am Tag des Unfalls eingeräumt hatte. Roberts Mutter sorgte dafür, dass der Raum sauber war, aber sie verrückte nichts. Wenn sie hier putzte, dann hob sie jeden Gegenstand hoch, wischte darunter und stellte ihn genau so, wie er gestanden hatte, wieder hin. Robert hatte ihr als Kind oft dabei geholfen, es jedoch gehasst.

Robert ging zurück in sein eigenes Zimmer und schloss die Tür hinter sich. Der Blick aus dem Fenster hinunter auf die Bahngleise war von dem neuen Haus gegenüber versperrt. Robert konnte in eine Küche sehen, die sich nur wenige Meter von ihm entfernt befand. Warm und hell war es dort, ein nicht abgeräumter Tisch mit Tellern und Gläsern stand darin.

Robert hätte alles dafür gegeben, wenn er jetzt dort drüben hätte sein dürfen und in sein Zimmer hätte herübersehen können.

Er zog sich aus und legte sich ins Bett. Das Licht aus der Küche nebenan fiel durch die Fenster und warf bunte Flecken an die Wand schräg vor seinem Bett. Das erinnerte Robert wieder an den Dia-Abend und er träumte von Südafrika.

Am nächsten Morgen entschuldigte sich Robert gleich nach dem Frühstück mit den Worten: »Ich muss trainieren!«, von seinen Eltern und kam erst zum Mittagessen zurück. Anschließend begleitete er seine Mutter in den Supermarkt, wo sie gemeinsam den Einkauf für die Festtage erledigten. Dabei erzählte Roberts Mutter, dass Torsten und dessen Vater an Heiligabend kommen würden.

»Eigentlich hätten dein Vater und ich gerne unsere Ruhe, gerade zu Weihnachten. Da ist man lieber unter sich in der Familie. Aber Oskar hat deinen Vater gefragt und da konnten wir schlecht Nein sagen. Schon allein wegen Torsten, der arme Kerl. Nicht mal zu Weihnachten kommt die zu ihrem Sohn. Wir wollten dich erst in Rechberg anrufen, aber das geht ja nur über das Sekretariat. Und das war uns peinlich«, erklärte seine Mutter, während sie langsam den Einkaufswagen durch den Gang des Supermarktes schob. »Außerdem, wahrscheinlich hättest du dir noch Sorgen gemacht, ist ja nicht unsere Art einfach so in deiner Schule anzurufen, würden wir ja nur im Notfall machen.«

»Ist schon okay.« Robert lief gelangweilt neben seiner Mutter her und sah ihr zu, wie sie Lebensmittel in den Wagen lud. »Torsten hat es mir gesagt.«

»Mit dem verstehst du dich gut?«

»Klar, ist mein Frischling«, sagte Robert.

»Wie Frischling?« Seine Mutter blieb stehen.

»Mensch, Mama, das kennst du doch, war ich doch im ersten Jahr auch.« Robert fragte sich, ob seine Eltern überhaupt irgendetwas von ihm und wie er lebte, wussten. »Alle Neuen müssen im ersten Jahr den Frischlingsdienst machen, spezielle Jobs erledigen und so. Später, in einer höheren Klasse, bekommst du dann zeitweilig selber einen. Erst dienen, dann bedient werden.«

»Ach ja.« Unwirsch schob seine Mutter den Wagen weiter. »Diesen Blödsinn habe ich nie verstanden, aber da stehen Jungs anscheinend nun mal drauf.«

»Es gibt auch Mädchen bei uns!«, rief Robert etwas beleidigt, mehr aber noch verwundert über diese Bemerkung seiner Mutter. Dass sie an etwas, was Robert betraf, Kritik übte, kam so gut wie nie vor.

»Selbst dran schuld!«, antwortete Roberts Mutter. »Wird dadurch aber nicht besser. Da versucht man sein Kind zu einem freiheitsliebenden Menschen zu erziehen, antiautoritär, wie man das früher nannte, und dann sucht sich das freiwillig so was aus.«

»Mama!« Robert traute seinen Ohren nicht. War das seine Mutter, die Frau, die immer zu allem Ja und Amen sagte? Ihr Standardspruch lautete immer: »Wenn du das tun musst, mach es.«

»Weißt du, ich war mir mit deinem Vater einig darüber, dass unsere Kinder nach ihren eigenen Vorstellungen leben sollten. Wir wollten dich zu nichts drängen, sondern ermuntern, die Welt kennen zu lernen. Und bitte versteh mich jetzt nicht falsch, ich bin stolz auf dich und deine Goldmedaille, wirklich. Nur, die Welt ist doch mehr als ein Fahrrad! Ach, ich weiß nicht, was ich sagen will.« Sie ging plötzlich einen Schritt schneller. »Du machst das schon richtig.«

Robert folgte ihr eingeschnappt. Die Worte seiner Mutter taten weh. Er wusste auch nicht, was sie an ihm und seinem Lebensstil zu kritisieren hatte. Er nahm keine Drogen, er war kein Versager, sondern Jugend-Europameister.

»Dann wäre es dir und Papa also lieber, ich wäre irgend so ein Problemkind, oder was?« Im Auto kam Robert auf das Thema zurück. Jetzt konnte ihm seine Mutter nicht mehr ausweichen.

»Natürlich nicht!« Ihre Finger umklammerten das Lenkrad. »Du verstehst das falsch. Natürlich sind wir stolz und wenn das dein Weg ist, dann ist das auch richtig so.«

»Das ist keine Antwort!«, beharrte Robert.

»Ach, Robert ...«, seufzte seine Mutter leise. »Vielleicht ist es ja, dass wir so gar nichts von dir mitbekommen. Dein Vater und ich wollten Kinder haben, weil wir mit ihnen leben wollten. Und das ist leider anders gekommen. Nicht du und was du tust ist das Problem. Sondern das, wie dein Vater und ich leben. Die letzten Jahre hatten wir unsere Ruhe. Nun die neuen Häuser in unserer Nachbarschaft. Plötzlich hört und sieht man überall Leben, Familienleben, Kinder – und der eigene Sohn ist weit weg, kommt einmal im Jahr über Weihnachten. Und den Rest der Zeit sitzen wir zwei alleine herum. Seitdem dein

Vater dieses Jahr in Frührente ging, ist das alles noch schlimmer geworden. Wusstest du, dass er sich deinetwegen eine Satellitenschüssel zugelegt hat. Dein Vater, der früher nie mehr als die Nachrichten gesehen hat. Und jetzt sitzt er jeden Tag vor der Glotze und sieht Sport. Alles, den ganzen Tag läuft der Fernseher, jeden deiner Auftritte in Rom hat er aufgenommen.«

»Das wusste ich nicht«, krächzte Robert.

»Wir wären gerne nach Rom gekommen, aber wir wussten nicht, ob dir das recht gewesen wäre.« Roberts Mutter fuhr langsamer und hielt schließlich mitten auf der Landstraße an.

»Daher saßen wir vor der Glotze. Bei jedem deiner Starts.« Roberts Mutter sah starr nach vorne. »Und dann war diese Rempelei auf der Bahn und du warst verletzt. Und dann ...«

»Was dann ...?« Robert schämte sich. Das hatte er nicht gewusst.

»Und dann ...« Seine Mutter zog tief Luft ein. »Dann musst du als Mutter mit ansehen, wie der eigene Sohn trotz zerquetschter Hand weiterfährt. Nicht aufhört und sich helfen lässt, sondern weiterfährt. Und dann sitzt du vor dem Bildschirm und fragst dich immer nur, warum? Warum!« Sie wandte ihr blasses Gesicht ihrem Sohn zu. »Warum, Robert?«

Robert hätte ihr gerne eine Antwort gegeben, aber er hatte keine. Er zuckte mit den Schultern. »Weiß nicht«, sagte er heiser.

»Da versucht man sich eben selbst eine Antwort zu geben«, flüsterte seine Mutter. »Und was liegt da näher, als dieses Sportinternat dafür verantwortlich zu machen. Mit all diesen komischen Regeln, diesem Ehrenkodex und diesem verfluchten Sportfanatismus.«

»Da liegst du falsch. Mein Ex-Coach hat mir über sechs Wochen Radfahrverbot wegen Rom erteilt«, verteidigte Robert die Schule in Rechberg.

»Siehst du, nicht mal das haben wir gewusst.« Seine Mutter fuhr sich mit dem Handrücken über beide Augen, legte den ersten Gang ein und sagte beim Losfahren: »Also liegt es nicht an der Schule. Wäre ja auch zu einfach gewesen.«

Robert schwieg den Rest der Fahrt. Es war nicht die Schule, die ihn in Rom hatte weiterfahren lassen, die ihn so radsportfanatisch gemacht hatte. Das wusste er genau, er war nie für Rechberg gefahren, sondern immer ganz allein für sich. Aber die Schule hatte ihm den Raum gegeben, hatte seinen Ehrgeiz unterstützt. Robert dachte an Torsten und korrigierte sich im Gedanken selbst. Nicht die Schule, die Menschen dort, die Schüler und Lehrer, waren es, die sich gegenseitig formten.

An Heiligabend kamen Torsten und sein Vater. Roberts Mutter hatte ein Fondue vorbereitet und nach dem Essen wurden neben dem Weihnachtsbaum die Geschenke ausgetauscht. Herr Thaddäus schob eine funkelnagelneue Bahnmaschine für Torsten ins Wohnzimmer.

»Hat etwas länger gedauert, aber immerhin ist sie überhaupt fertig geworden.« Herr Thaddäus stand stolz in der Tür und beobachtete Torsten, der das Rad aus der Berliner Versuchsanstalt eingehend untersuchte. »War ein teurer Spaß, aber wem sage ich das. Wir Rechberger wissen so was ja. Ich bin gespannt, welche Bestzeiten du damit fahren wirst. Der Schulrekord wäre doch eine lohnende Herausforderung, oder nicht?«

Für Robert hatte Herr Thaddäus einen kleinen Fahrradcomputer als Geschenk dabei. Natürlich den der Extraklasse, mit Tourenspeicher und Trittfrequenzmessung. »Ist momentan der absolute Verkaufsrenner im Laden. Es ist auch als kleines Dankeschön gedacht, weil du meinen Junior so gut auf die Bahn gebracht hast.«

Von seinen Eltern bekam Robert zum ersten Mal auch etwas fürs Fahrrad. Eine original Fahrradkuriertasche aus San Francisco. Robert freute sich wirklich über das Geschenk. Dann drückte ihm seine Mutter noch ein zweites Paket in die Hand. Noch während Robert es auspackte, entschuldigte sich seine Mutter schon für den Inhalt: »Nicht, dass du jetzt denkst, das wäre eine Verpflichtung uns gegenüber, aber fast jeder in deinem Alter hat doch inzwischen so ein Ding. Dein Vater hat auch eins.«

In der Schachtel fand Robert ein Handy.

Torsten hatte kein Geschenk für Robert und das war ihm offensichtlich peinlich, denn er versuchte mehrfach sich dafür zu entschuldigen

Nach der Bescherung wollte Torsten natürlich sein neues Fahrrad ausprobieren und auch Robert musste draußen eine Runde auf dem technischen Wunderwerk drehen. Er war wider Willen schwer beeindruckt. Das Fahrrad wog exakt neun Kilo und ging ab wie eine Rakete.

Herr Thaddäus und Roberts Vater saßen in der Essecke und waren bei der dritten Flasche Wein angekommen, als die beiden Jungen aus der Kälte zurückkehrten. Roberts Mutter sah fern im Wohnzimmer.

Robert und Torsten rutschten auf die Eckbank.

»Weißt du, Markus!« Herr Thaddäus hatte glänzende Augen. »Das ist alles nicht so leicht. Plötzlich bin ich ganz allein in dem großen Haus. Ich habe mir jetzt Internet zugelegt, besser als fernsehen oder lesen. Aber es ist so verflucht leer bei uns. Seitdem Torstens Mutter ausgezogen und der Junge in Rechberg ist ... «

»Wollen wir nicht langsam fahren?« Torsten unterbrach seinen Vater.

»Jetzt nicht!«, antwortete Herr Thaddäus gereizt. »Du siehst doch, dass ich mit Roberts Vater rede. Willst du nicht noch eine Runde mit dem neuen Bike fahren?«

»Zu kalt!«, beschied ihn sein Sohn. »Außerdem bin ich müde.«

»Ich aber noch nicht. Also geh entweder rüber fernsehen oder bleib hier und hör zu.«

Roberts Vater sah auf die Uhr. »Ist aber wirklich schon spät und eine Stunde wirst du sicher für die Fahrt brauchen!«

»Stören wir? Soll ich gehen?« Herr Thaddäus wurde laut. »Dann brauchst du nur einen Ton zu sagen!«

»Natürlich nicht, Oskar«, beruhigte ihn Roberts Vater. »Ist schön, dass du und dein Sohn da seid.«

»Danke, Markus!« Herr Thaddäus trank sein Glas leer. »Robert, im Kofferraum ist noch ein Kistchen Bordeaux, würdest du ein oder zwei Flaschen holen?«

»Ich bin aber müde!«, setzte Torsten erneut an.

»Morgen kannst du ja ausschlafen«, wiegelte sein Vater ab.

Robert schob sich aus der Bank und kam nach ein paar Minuten mit zwei Flaschen Wein zurück. Roberts Vater öffnete eine davon und goss seinem Freund ein.

»Robert, magst du auch einen Schluck?«, fragte Torstens Vater.

Der schüttelte den Kopf. »Bin doch im Training.«

»Guter Junge, so war ich früher auch.« Herr Thaddäus lallte inzwischen etwas. »Aber dann kommt manchmal doch alles ganz anders. Damals nach meinem Sieg in Frankfurt dachte ich, das ist der Anfang. Und dann war es das Ende meiner Karriere.«

»Wieso eigentlich? Waren sie verletzt?«, fragte Robert.

»Nicht jetzt!«, sagte sein Vater leise. »Bitte!«

»Wieso denn nicht, Markus. Der Junge ist alt genug!« Herr Thaddäus schenkte sich und Roberts Vater nach. »Das Leben ist hart. Verletzt ist das passende Wort, nur war nicht ich verletzt, sondern hatte ich angeblich die heiligen Regeln verletzt!«

»Papa, ich bin wirklich müde!« , wiederholte Torsten.

»Dann leg dich hin!«, blaffte sein Vater. »Das sollte Robert ruhig hören. Also, ich war im Team nicht der erste Fahrer, aber ich hätte das Zeug dazu gehabt. Bei dem Rennen in Frankfurt gab es die Stallorder, dass der Heinz gewinnen sollte. Nur war der tolle Heinz an dem Tag eben schlecht drauf. Wir, also besonders ich, haben ihn geschleppt, gezogen, aber wie es zum Ziel ging, war klar, Heinz hatte nicht den Hauch einer Chance zu gewinnen. Ich habe dann meinen Rennleiter um Freigabe gebeten, aber die wurde mir verweigert. Heinz blieb Nummer eins.«

Herr Thaddäus zog einen Zigarillo aus der Jackettinnentasche. »Ich hab's mir den ganzen Abend verkniffen, aber jetzt brauch ich den. Darf ich?«

Roberts Vater nickte.

»Also hab ich mir gesagt, was soll's! Wer für das Team gewinnt, der Heinz oder ich, wo ist der Unterschied?« Herr Thaddäus paffte gierig die ersten Züge. »Außerdem dachte ich auch, das wäre doch eine gute Chance auf mein Können aufmerksam zu machen.«

»Und dann haben Sie gewonnen«, sagte Robert.

»Genau.« Herr Thaddäus griff nach dem Glas. »Und das war der Anfang vom Ende. Mein Team hat mich gefeuert und auch für jedes andere Team war ich plötzlich auf der roten Liste.«

»Wieso?«, fragte Robert. »Nur weil Sie gewonnen hatten?«

»Nein«, antwortete Torsten für seinen Vater. »Weil er gegen die Regeln verstoßen hat. Mein Vater hatte nicht die Erlaubnis zu gewinnen. Er war nicht an Nummer eins gesetzt!«

»Was weißt du denn schon!«, rief Herr Thaddäus. »Ich war gut, ich hätte ganz nach oben kommen können!«

»Aber du hast es versaut!«, zischte Torsten kalt. »So wie auch mit Ma! Weil du nur an dich denkst.«

Herr Thaddäus erhob sich schwankend und streckte über den Tisch hinweg die Hand nach seinem Sohn aus. »Das ist nicht wahr!«

Torsten wich aus und lief den Flur entlang in Richtung Roberts Zimmer. »Doch, ist es! Du versaust alles!«, schrie er dabei, dann knallte eine Tür.

Herr Thaddäus fiel auf seinen Stuhl zurück und griff nach seinem Glas. Nach einem kurzen Moment des Schweigens, nur von nebenan aus dem Wohnzimmer war halblaut der Fernseher zu hören, sagte Roberts Vater: »Fahren kannst du jedenfalls nicht mehr. Und darüber gibt es keine Debatte. Das Sofa kann man ausklappen, da könnt ihr, du und Torsten, gut schlafen.«

»Tut mir Leid!« Herr Thaddäus saß zusammengesunken am Tisch. »Ich wollte euch Heiligabend wirklich nicht verderben.«

»Hast du nicht«, sagte Roberts Vater tröstend und rief dann zu seiner Frau: »Linda, machst du für die beiden bitte Bettzeug fertig. Ich denke, wir sollten alle schlafen gehen.«

Roberts Mutter kam aus dem Wohnzimmer, bog in den Flur ein und dann plötzlich fing sie an zu schreien. Keine Worte, es war eine Mischung aus Jaulen und Heulen. Robert sprang auf und rannte um die Ecke und da stand seine Mutter in der offenen Tür zu Sophies Kinderzimmer und schluchzte. Robert schob sie beiseite, um zu sehen, was los war. Auf Sophies Bett lag ein verängstigter Torsten. Das Zimmer selbst sah aus, als ob jemand darin herumgewütet hätte. Kein Ding war an seinem alten Platz, die Spielsachen lagen über dem Boden verteilt.

Roberts Vater zog die schreiende Frau von der Tür weg hinüber ins Elternschlafzimmer, dort verstummte das Weinen langsam.

»Was ist denn?«, lallte Torstens Vater aus dem Flur.

Robert beachtete ihn nicht und setzte sich zu Torsten ans Bett. »Hey, Frischling, keine Panik«, versuchte er den Jungen zu beruhigen. »Das hat nichts mit dir zu tun. Meine Mutter hat da eine Klatsche. Aber trotzdem, es wäre wahrscheinlich besser, du schläfst vorne bei deinem Vater auf dem Sofa. Ich muss nur noch das Bettzeug fertig machen, hilfst du mir?«

Torsten nickte und ließ sich von Robert aus dem Zimmer führen.

Eine Viertelstunde später – Roberts Mutter und Vater waren nicht wieder aufgetaucht – löschte Robert die letzten Lichter im Haus. Herr Thaddäus schnarchte bereits vorne auf dem Sofa und auch Torsten hatte sich wieder beruhigt.

Als er allein in seinem Zimmer war, verkniff sich Robert den Blick in die Küche von gegenüber. Er ließ das Rollo herunterrattern und ging ins Bett.

Am nächsten Morgen brach Herr Thaddäus zusammen mit seinem Sohn noch vor dem Frühstück zerknirscht auf und Robert wurde von seinem Vater zu sich gerufen.

»Ich werde heute Sophies Zimmer leer räumen und die Sachen in den Keller bringen«, verkündete der Vater. »Das hätte ich schon vor langer Zeit tun sollen. Hilfst du mir?«

Gemeinsam verpackten sie das Spielzeug in Kisten. Als sie bereits zwei Stunden wortlos herumgeräumt hatten, ging auf einmal die Schlafzimmertür auf und Roberts Mutter kam herüber. Sie öffnete den Kleiderschrank und begann die Kleidung ihrer verstorbenen Tochter herauszunehmen.

»Tragt ihre Sachen nicht in den Keller«, brach sie schließlich das Schweigen im Kinderzimmer. »Stellt sie einfach vorne an die Tür. Ich denke, die Nachbarskinder freuen sich darüber.«

Robert nickte, ging zu seiner Mutter und umarmte sie von hinten. »Ich vermisse sie auch, immer, jeden Tag«, flüsterte er.

»Das weiß ich«, antwortete seine Mutter und wischte sich mit einem kleinen grünen T-Shirt die Augen ab. Als sie merkte, womit sie sich die Tränen trocknete, musste sie lächeln. »Das hab ich ihr in Bremen gekauft.«

»Ich weiß!«, sagte Robert: »Da war ich dabei.«

Es flossen noch viele Tränen an diesem ersten Weihnachtstag, aber für alle Bergers waren das nicht nur Tränen des Schmerzes, sondern auch der Befreiung. Endlich wurde über Sophie gesprochen, endlich durften, konnten sie von ihr Abschied nehmen, endlich war sie in den Erinnerungen wieder bei ihnen.

Am zweiten Weihnachtstag schneite es am Vormittag. Robert und seine Eltern saßen im Wohnzimmer und sahen sich zusammen das Video vom Medaillengewinn in Rom an. Am Nachmittag gingen sie durch die verschneite Landschaft spazieren und Robert erzählte und erzählte. Von Rechberg, vom Trainingslager, von Rom und von seinem neuen Ziel, ein echter Teamfahrer zu werden.

Die Zeit zwischen den Feiertagen und Silvester flog nur so vorbei. Es erschien Robert, als wäre ihnen an Weihnachten ein Tor geöffnet worden und sie hätten endlich von der Bahn gedurft. Auf einmal gab es so viel zu erzählen, konnten sie einander das anvertrauen, was sie bewegte. Zum ersten Mal bedauerte Robert am Ende der Weihnachtsferien, dass er nach Rechberg zurückmusste.

Sein Vater fuhr ihn zum Bahnhof, die flache Landschaft war immer noch dick eingeschneit und auf dem Bahnsteig war es kalt.

»Danke, Robert!«, sagte der Vater, als der Zug einfuhr, und umarmte seinen Sohn.

»Wofür denn?«, fragte der.

»Dass du so bist, wie du bist. Dass du so viel aus dir gemacht hast. Ich bin stolz auf dich.«

»Ich auch auf dich«, antwortete Robert und hatte wieder diesen Kloß im Hals. »Das war gut mit Sophies Zimmer.«

»War überfällig!« Der Vater löste die Umarmung. »Und jetzt rein mit dir, sonst verpasst du noch den Zug.«

Robert stieg ein und ließ sich von seinem Vater das Fahrrad hochreichen. »Danke Papa. Grüß Mama.«

»Und das nächste Treffen bitte nicht erst wieder Weihnachten!«, rief der Vater.

Bevor Robert etwas antworten konnte, schlossen sich die Türen und der Zug fuhr los. Robert verstaute sein Fahrrad, suchte sich einen Fensterplatz und dann lächelte er. Er öffnete die Klappe seiner Kuriertasche, pulte das Handy aus dem hinteren Fach und begann eine SMS zu schreiben: »Wie wär's, habt ihr Lust im April zum Schulfest nach Rechberg zu kommen?« Er suchte im Speicher die Handynummer seines Vaters und schickte die Nachricht ab.

Keine fünf Minuten später klingelte es in Roberts Tasche. »Wir kommen ganz sicher, freuen uns, danke, deine Eltern«, war die Antwort seines Vaters.

Robert verstaute das Handy und nahm sich eins der belegten Brötchen, die seine Mutter ihm eingepackt hatte.

12.

Silvester fasste Robert zwei Vorsätze für das neue Jahr. Der erste betraf Torsten. Robert wollte es noch einmal mit seinem Frischling versuchen, denn etwas in ihm weigerte sich, den Jungen einfach abzuschreiben. Sie hatten doch in der ersten Zeit ein so gutes Verhältnis gehabt, da musste sich doch noch etwas bewegen lassen.

Der zweite Vorsatz hatte mir der Schule und dem Feld der Straßenfahrer zu tun. Als er seinen Eltern von sich und seinem Leben in Rechberg erzählt hatte, war ihm dabei selbst einiges klar geworden. Er mochte diesen Ort, er gehörte hierher und er war ein Teil dieser Schule. Daher hatte er auch das Recht mitzubestimmen, was hier passierte. Und es gab viel, was Robert störte. Die neuen Erfahrungen, die er seit seinem Wechsel ins Team gemacht hatte, die Erzählungen von Frau Schuster und die Veränderungen, die er bei Torsten beobachten musste, hatten etwas ausgelöst. Er war nicht länger bereit sich unter den Straßenfahrern zu verstecken. Das, was dort gelebt wurde, der Umgang miteinander und das Teamgefühl, empfand Robert inzwischen als den eigentlichen Geist von Rechberg. Das, was Radsport bedeuten konnte und worauf es im Sport generell ankam. Diese Werte wieder zu beleben, hatte sich Robert vorgenommen.

Doch das war leichter gesagt als getan. Bereits bei der

ersten Wertung im neuen Jahr sprach Robert Lara auf das Thema an, erntete jedoch wenig Zustimmung.

»Lass mal, ist doch wunderbar so. Wir machen unser Ding und die ihres«, sagte Lara. »Ich habe auf die anderen absolut keinen Bock. Wer von denen die Nase voll hat, kann ja gerne zu uns wechseln. Wenn er gut genug ist und wir ihn haben wollen.«

»Aber wir könnten doch versuchen hier an der Schule einiges nach unseren Vorstellungen zu verändern. Das wäre doch besser.«

»Was denn bitte?«, fragte Lara von oben herab.

Robert überlegte einen Moment. »Mehr Spaß, mehr Kameradschaft, mehr Austausch untereinander. Dein Diavortrag beispielsweise, der wäre sicher auch für die anderen interessant.«

»Ich habe keinen Bock, den vor der Lorenz und all den anderen zu machen«, erwiderte Lara. »Das war Fun, kein Referat.«

»Aber«, Robert gab nicht auf. »Anderes Beispiel: Ich habe mir überlegt, wie wäre es, wenn wir eine echte Schulmannschaft auf die Beine stellen würden. Um diesen blöden Qualis etwas entgegenzusetzen. Damit würden wir allen zeigen, was Straßenfahren bedeuten kann.«

»Keinen Bock, das würde doch nur heißen, dass wir genauso kontrolliert werden wie all die anderen Fahrer. Ist eh mein letztes Jahr hier, auf Stress habe ich keine Lust.«

Ähnlich wie Lara sahen die Angelegenheit auch die anderen seiner Teamkollegen. Keiner von ihnen wollte die Selbstständigkeit aufs Spiel setzen.

Auf Roberts Bemerkung, sie hätten eine Verantwortung der Schule gegenüber, sie müssten daher ihre Ideale öffentlich vertreten, reagierten seine Mitfahrer heftig.

»Ich bin niemandem etwas schuldig!«

»Keiner tut was für uns und man muss sich nehmen, was man braucht!«

»Ich fahre für mich, nicht für Rechberg!«

Die Argumente kamen Robert vertraut vor, trotzdem war er von seinen Teamkameraden enttäuscht. So sehr unterschieden sich die Straßenfahrer dann offenbar doch nicht von den anderen Schülern!

Eine noch deutlichere Abfuhr erhielt Robert von Torsten. Denn der ließ Robert einfach stehen, als er ihn eines Abends ansprach. Er sei mit seinem Training beschäftigt, wenn Robert einen Tipp für ihn habe, wie er seine Zeiten verbessern könne, gerne, aber er solle ihn mit seinem sentimentalen Geschwätz in Ruhe lassen. Weihnachten und das Gelalle seines Vaters hätten ihm gereicht. Er werde jetzt selbst dafür sorgen, dass er auf seine Kosten komme. Es sei schon bezeichnend, dass ihm Robert auf seine alten Tage plötzlich mit Kameradschaft und Freundschaft kommen wolle – jetzt, wo er seinen Zenit überschritten habe.

Robert wusste nicht, was er darauf antworten sollte. Natürlich hatte Torsten nicht ganz Unrecht. Aber er hatte dazugelernt. Er hatte eben seine Erfahrungen gemacht, und die wollte er seinem Freund ersparen.

»Ich war nie dein Freund!«, fertigte Torsten ihn ab. »Du warst mein Vorbild, mein Idol, aber das ist Geschichte. Robert, deine Zeit ist vorbei. Merkst du das nicht?«

Danach blieb die Tür zwischen den beiden Zimmer geschlossen.

Die einzige Person, die für Roberts Überlegungen ein offenes Ohr hatte, war Frau Schuster.

»Wäre schön, wenn so was möglich wäre«, seufzte sie, nachdem Robert ihr beim letzten Planungstreffen von seinen Versuchen erzählt hatte, Stimmung für eine Schulmannschaft zu machen. »Ich würde das ernsthaft begrüßen, aber ich glaube nicht daran, dass man viel verändern kann. Die Zeit lässt sich nicht zurückdrehen.«

»Wie zurückdrehen?«, fragte Robert.

»Na ja«, erklärte Frau Schuster. »Zu meiner Zeit gab es natürlich eine Schulmannschaft.«

»Wirklich?« Robert war überrascht.

»Aber sicher doch!« Frau Schusters Augen glänzten und ihre Wangen wurden ganz rot. »Und wir waren gut, ich war mit Lore zusammen im Damenteam und wenn ich mich recht erinnere ... Nein, Oskar, also Herr Thaddäus war nie in der Mannschaft. Er wollte immer, hat es aber nie geschafft, er war eher der Einzelfahrer. Die Mannschaften ... Das war ein wilder Haufen, eine echte Gemeinschaft. Und das nicht nur beim Radfahren. Wir waren die Crème de la Crème an der Schule, zu uns hat jeder aufgesehen. Wir Damen waren mehr als einmal Erste und unsere Herrenmannschaft war überall gefürchtet! Nicht nur wegen ihren Zeiten, das waren tolle Kerle. Partys ohne Ende ...«

»Ehrlich?« Robert biss vor Aufregung auf der Unterlippe herum. »Dann sollte ich vielleicht mal zur Direktorin gehen und das mit ihr besprechen, da müsste die doch sicher zustimmen.«

»Das lass lieber.« Frau Schuster schüttelte den Kopf. »Lore hat sich mit den Jahren sehr verändert. Ich weiß nicht, ob es daran liegt, dass sie die erste Frau auf dem Posten des Schulleiters in Rechberg ist. Oder vielleicht hängt das auch mit ihrer eigenen sportlichen Karriere zusammen. Aber ich weiß, sie hat die Schulmannschaft damals gegen den Widerstand der Ehemaligen abgeschafft und ausschließlich die Einzeldisziplinen gepuscht. Da wird sie kaum deine neuen Mannschaftsambitionen unterstützen.«

»Aber warum hat sie das getan? Was ist so schlecht am Mannschaftsfahren?«, rief Robert.

»Keine Ahnung. Vielleicht hat sie erkannt, dass später im Leben nach der Schulzeit eher diese neuen Qualitäten, Einzelkämpfer gefragt sind.«

»Aber Sie haben doch selbst gesagt ...«, regte Robert sich auf, wurde jedoch von Frau Schuster unterbrochen.

»Ja, habe ich. Und ich habe darüber nachgedacht. Sicher, die Gieseler-Schule in Rechberg hatte diesen besonderen Glanz – ein Sportinternat, in dem eigene Regeln galten, eine Zauberwelt, an die man sich gerne zurückerinnert, eine Nische. Und diesen Glanz hat sie immer noch, nur anders als früher. Denn der Gegensatz zu der Zauberwelt in der Schule, das ist die wahre Welt. Wenn du so willst, diese Schule und Rechberg, alleine das sind schon zwei verschiedene Welten.«

Robert schwieg. Er wusste, was Frau Schuster meinte. Und vielleicht war es ja so, dass es einem erst auffiel, wenn man älter wurde. Es waren wirklich zwei Welten. Die Schule mit ihren eigenen Ritualen und Regeln und, im Gegensatz dazu, der Ort Rechberg, Chillo Loco, die normalen Menschen, die echte Probleme hatten, so wie Roberts Eltern auch. Früher hatte er die Welt außerhalb der Schule kaum wahrgenommen. Hatte gedacht, das Leben würde wirklich nur aus Unterricht, Radfahren und Training bestehen.

»Dann muss man das also alles einfach hinnehmen?«, fragt er mutlos.

»Wenn man es offensichtlich nicht ändern kann, ja.«

»Und wenn man das alles nicht mehr erträgt?«, schob Robert nach.

»Dann sollte man gehen oder so wie du sich rechtzeitig eine Nische suchen, in der man anders leben kann«, sagte Frau Schuster traurig. »Denn ich glaube nicht, dass ein Einzelner die Zeiten ändern kann.«

»Was wäre, wenn man alle, die in ihren Nischen sitzen, dazu bewegen könnte, mitzumachen?« Robert wollte einfach nicht aufgeben.

»Das haben vor vielen Jahren schon andere versucht.« Frau Schuster sah aus dem Fenster in die Dunkelheit hinaus. »›Bürger lasst das Glotzen sein, kommt herunter, reiht euch ein‹, haben sie gerufen. Dann sind sie letzten Endes doch alleine dagestanden. Einer der Wortführer von damals ist heute Fahrradkurier. Und glücklich dabei.«

»Ist doch schön für ihn. Es gibt schlimmere Berufe, immerhin kann er weiter Rad fahren«, sagte Robert trocken.

»Ich meine damit keinen der Rechberger Schüler«, erklärte Frau Schuster. »Der, den ich meine, war ein politischer Kämpfer.«

»Und was wäre, wenn etwas passieren würde, was sie alle aufrüttelt?«, erwiderte Robert.

»Ich weiß nicht, ob ihr das im Unterricht schon durchgenommen habt.« Frau Schusters Stimme wurde müde. »Viele, die das damals versucht haben sind Terroristen geworden. Sie haben am Ende Menschen getötet und gar nichts erreicht. Die Welt ist ungerecht und gemein. Was vorbei ist, ist vorbei. Was bleibt, ist die Erinnerung.«

Robert, der nur eine vage Ahnung hatte, wovon die ehemalige Rechberg-Schülerin sprach, antwortete: »Das war vor meiner Zeit.«

»Sei froh. Und gleichzeitig ist es schade!« Frau Schusters Blick löste sich von dem Fenster und suchte die Augen von Robert. »Kann sein, dass du oder ich das einmal bereuen werden, aber ich rate dir, auch wenn ich damit meinen bisherigen Worten widerspreche: Wenn du glaubst, etwas bewegen zu können oder zu müssen, dann versuche es. Denn es ist so, wie meine alte Freundin Lore immer sagt: In Rechberg wird die spätere Elite herangezogen. Nach eurer sportlichen Karriere werdet ihr in Vereinen, Verbänden oder in der Industrie verantwortungsvolle Führungspositionen übernehmen. Du wirst später vielleicht einmal die Möglichkeit haben, die Welt zu prägen. Also überlege dir früh genug, welche Werte dir dabei wichtig sind.«

»Sie meinen, wenn ich es einmal ins Olympische Komitee schaffen sollte, dann ...«, überlegte Robert laut.

»... dann wäre es gut, wenn du wüsstest, für was du

dich dort einsetzen willst«, vollendete Frau Schuster den Satz.

»Das ist ein dickes Paket, das Sie mir da in die Fahrradtasche packen!« Robert grinste.

»Aber du kannst es zustellen, Fahrradkuriere finden immer einen Weg.«

Die Worte von Frau Schuster gingen Robert in den nächsten Wochen nicht mehr aus dem Kopf. Vor allem die Bemerkung über die Schulmannschaft beschäftigte ihn.

Eines Nachmittags ging Robert in den Leseraum und begann die alten Jahrbücher der Schule zu durchforsten. Er brauchte nicht lange zu suchen. Seit dem Jahr 1902 gab es eine Mannschaft, im Jahr 1935 kam die Damenmannschaft hinzu. Frau Schuster hatte nicht übertrieben, besonders die Herrenmannschaft hatte Jahr um Jahr große Erfolge eingefahren.

Im Jahr 1980 hatte Frau Lorenz die Schulleitung übernommen und 1981 wurde die Schule umbenannt in Gieseler-Schule, zu Ehren von Dieter Gieseler, einem Rechberger Schüler, der 1960, erst 19 Jahre alt, bei den Olympischen Spielen in Rom die Silbermedaille gewonnen hatte. 1982 kam das Aus für die zuletzt sieglosen Mannschaften. Ab dem Jahr 1983 wurde bei Wettkämpfen nur noch in den Einzeldisziplinen angetreten, dies allerdings sehr erfolgreich. Martin Maltus eröffnete die Namensreihe der Sieger, Roberts Name war bislang der letzte.

Im Jahrbuch von 1982 fand Robert außerdem einen Artikel, der ihn überraschte. Bereits in diesem Jahr hatten die Fahrer der damaligen Herrenmannschaft eine Fahrtechnik entwickelt und ausprobiert, die heute als die Belgische Reihe oder der Belgische Kreisel bezeichnet wird. Dabei fährt die Mannschaft in einer Art Ringformation. Zwei gegeneinander versetzte Einzelreihen bilden einen Kreis, in dem es nur einen Führenden gibt. Die rechte Reihe fährt nach vorne, bis der Fahrer an der Spitze mit seinem Hinterrad am Vorderrad des Führenden der linken Reihe vorbeigezogen ist. Dann schert der Vordermann der rechten Reihe nach links aus, setzt sich so an die Spitze der linken Reihe und wird anschließend selbst wieder überholt. Die Fahrer lösen sich in der Führung kreisförmig ab. Jeder Fahrer hat so lange Windschatten, bis er kurzzeitig selbst führen muss.

In dem Artikel wurde diese heute gängige Technik als ein Experiment beschrieben. Als eine Formation, welche die Fahrer ausprobiert hätten und von deren Renntauglichkeit sie überzeugt seien. Sie müsse jedoch im Training noch gründlich eingeübt werden, bevor sie unter Rennbedingungen erfolgreich eingesetzt werden könne. Denn wie ein Kreisel müssten die einzelnen Fahrer gleichförmig rotieren, absolut harmonisch aufeinander eingespielt sein und sich vertrauen. Dann jedoch könne wahrscheinlich eine höhere Mannschaftsgeschwindigkeit erreicht werden als mit jeder anderen Technik. Robert war fasziniert. Er kannte den Belgischen Kreisel von Sportübertragungen. Aber wie konnte es sein, dass diese Technik in Rechberg entdeckt wurde und Jahre später in Belgien erfolgreich zum Einsatz kam?

Robert arbeitete sich durch die Radlexika im Lesesaal und richtig, seine erste Vermutung bestätigte sich. Der Trainer Simon de Fres, der in den 90er Jahren diese elegante,

Kraft sparende Gruppentechnik in Belgien zum Erfolg brachte, war einer der Fahrer aus der Rechberger Mannschaft von 1982. Robert war platt, dann war die Belgische Methode, die Technik, mit der das Team Armstrong bei der Tour geglänzt hatte, in Wahrheit eine Rechberger Entwicklung und müsste eigentlich Rechberger Kreisel heißen.

Robert nahm das Jahrbuch von 1982 und noch ein paar andere sowie das Lexikon mit dem Artikel über den Belgischen Kreisel mit auf sein Zimmer. In seinem Kopf reifte ein Gedanke, über den er gründlich nachdenken wollte.

Später am Abend, Robert lag auf dem Bett und las in den alten Jahrbüchern, klopfte es an der Verbindungstür. Robert rief laut: »Komm rein!«

Torsten betrat den Raum und fragte: »Störe ich?«

»Keineswegs«, antworte Robert.

»Ich wollte fragen ...« Torsten war die Situation unangenehm. Seine linke Hand suchte im Nacken vergeblich eine Locke, um daran herumzufingern, und wich auf das Bündchen des Sweatshirts aus. »Tut mir Leid, wenn ich so blöde war in letzter Zeit ... aber ich weiß nicht, wen ich sonst fragen kann. Ich hänge im Moment etwas und vielleicht hast du eine Idee, was ich machen kann.«

»Wie meinst du das?«

»Ich bin an meinem Limit. Die neue Maschine hat noch was gebracht, aber mehr geht nicht!«, beklagte sich Torsten.

»Eine kleinere Übersetzung?«, schlug Robert vor, froh wieder etwas von der alten Vertrautheit mit Torsten zu verspüren.

»Geht nicht! Ich habe schon die 6,10 Meter drauf, kleiner darf ich in der U 13 nicht.«

»Krafttraining?«

»Vergiss es. Was glaubst du, was Coach Walther mich den ganzen Tag machen lässt.« Torsten drückte sich an der Wand entlang zum Fenster. »Die Kraft ist da, glaube ich zumindest, ich kriege sie nur nicht aus den Beinen auf die Bahn!«

»Ich denke, ich weiß, was du meinst!« Robert legte das Buch zur Seite. »Ich war bekannt dafür, dass ich nach Belieben in den roten Bereich fahren konnte. Deshalb war ich so weit oben. Ich hab einfach nichts gespürt. Das ist Mist auf der Straße, aber Gold auf der Bahn.«

»Genau das meine ich!« Torsten schien erleichtert und die Finger ließen das Bündchen los. »Gibt es etwas, wie man das lernen kann? Ich nehme automatisch Druck raus, wenn es beginnt wehzutun.«

»Du meinst Abhärten oder so?« Robert schüttelte bedauernd den Kopf. »Glaube ich nicht.Würde ich auch keinem raten das zu machen. Ist nicht gut, wenn du den Kontakt zu deinem eigenen Körper verlierst. Ich muss das gerade wieder mühsam erlernen.«

»Du hast mir mal erzählt ...«, Torsten zögerte einen Moment, bevor er weitersprach. »Damals, als du in diesem Club warst, da hast du doch was genommen und danach hast du nicht mal mehr gemerkt, dass du stundenlang getanzt hast ...«

»Vergiss es!« Robert richtete sich auf. »Das haben die Idioten mir untergejubelt und wenn du glaubst, mit Doping könntest du ...«

»Ich rede nicht von Doping, ich will nichts nehmen

oder so. Ich dachte nur, wenn ich einmal betäubt in den roten Bereich komme, dann schaffe ich das vielleicht danach auch so.«

»Vergiss es!« Robert war aufgestanden, packte Torsten bei den Schultern und zwang ihn, ihn direkt anzusehen. »Lass die Finger davon! Das ist ein Frischlingsbefehl, ich gehe direkt zu Coach Walther, der Lorenz und zu deinem Vater, wenn ich mitbekommen sollte, dass du auch nur noch einmal an diesen Schwachsinn denkst! Klar?«

»Klar!« Torsten drehte sich aus der Umklammerung und meinte beim Rausgehen. »War ja nur so eine Idee!«

»Eine Scheißidee! Ich warne dich!«

»Hey, ich mach keinen Scheiß. Versprochen!«

»Versuch es einfach weiter mit Training, irgendwann platzt schon der Knoten«, gab Robert Torsten als Tipp.

»Klar, mache ich.«

Torsten zog die Tür hinter sich zu und Robert griff wieder nach seinem Buch.

13.

Ende Januar war aus Roberts Idee ein echter Plan geworden, den er gründlich vorbereitete. Er besorgte sich Videoausschnitte von der Tour, kopierte den Artikel von 1982 zwölfmal und erarbeitete ein richtiges kleines Referat. Dann lud er zum ersten Februarwochenende die anderen Straßenfahrer zu sich auf das Zimmer ein. Bis auf zwei, die nach Hause fahren mussten, sagten alle ihr Kommen zu.

Robert hatte lange überlegt, wie er sein Anliegen am besten vorbringen konnte, und er entschied sich, es durch die Hintertür zu versuchen. Er war kein Revolutionär, er war glücklich in seiner Nische, aber vielleicht gab es ja den goldenen Mittelweg, um seinen Wunsch nach Veränderung zu realisieren.

»Wie ihr wisst, habe ich euch ja in den letzten Wochen mehrfach mit meiner Idee von einer Schulmannschaft genervt!«, begann Robert am Samstagnachmittag in seinem Zimmer den Vortrag. Er stand am Fenster. Um die Stimmung zu heben, hatte er zwei Sixpacks Bier besorgt und die Flaschen an seine Zuhörer verteilt.

»Ihr habt mir ja klipp und klar gesagt, dass ihr dazu keinen Bock habt, und das respektiere ich. Was bleibt mir auch anderes übrig. Aber wie ihr vielleicht wisst, bin *ich* der Schüler, der das Schulfest dieses Jahr zusammen mit dem Verein der Ehemaligen organisiert. Also, ich möchte dieses Ereignis nutzen, um das Straßenfahren zumindest zu zeigen. So nach dem Motto: Übrigens, uns gibt es auch noch, auch wenn wir ... na ja, wem sage ich das. Einfach so eine Wertung ist natürlich daneben, die Leute sind an der Bahn, was sollen wir da durch die Landschaft gurken. Und da habe ich überlegt ... und ich habe etwas Erstklassiges gefunden.«

Robert trank einen Schluck aus seiner Flasche schaltete den Videorecorder ein, den er aus dem Medienraum geholt hatte. Auf dem ebenfalls geliehenen Fernseher erschien das Team US-Postal, wie es in einer lang gezogenen Kreisformation fuhr.

»Den Belgischen Kreisel, auch Belgische Reihe genannt, kennt ihr ja alle«, erklärte Robert das Bild auf dem Fernseher. Seine Zuhörer brummten gelangweilt als Zeichen der Zustimmung.

»Aber wahrscheinlich wisst ihr nicht, dass diese Technik hier an unserer Schule entwickelt wurde. Und zwar im Jahre 1982 von der damaligen Herrenmannschaft. Einer der damaligen Fahrer, er machte noch im selben Jahr den Abschluss und sein Name ist Simon de Fres, ist später Trainer in Belgien geworden. Und dort hat er dann auch diese wunderschöne Kreiseltechnik weiterentwickelt und erstmals in einer Wertung eingesetzt, daher der Name Belgischer Kreisel. Nun, meiner Recherche nach müsste er aber Rechberger Kreisel heißen.«

Zehn Sportler hörten Robert inzwischen gespannt zu.

»Ich werde euch gleich den betreffenden Artikel aus dem Jahrbuch von 1982 als Kopie geben. Und bevor ich mich jetzt irgendwie verfahre, eine Kurzversion: Für mich ist der Belgische Kreisel das Schönste, was ich bislang auf der Straße gesehen habe. Dieses Drehen, dieses perfekte uhrwerkartige Zusammenspiel von Radfahrern hat mich fasziniert. Und gleichzeitig ist der Kreisel auch ein Abbild von dem, was wir in unserer Gruppe schon immer wollten: zusammen starten und ankommen, die jeweiligen Stärken nutzen und sich gegenseitig helfen – eine Art Organismus aus Rädern und Fahrern. Jeder fährt mal vorne und wird anschließend von der Gruppe gezogen. Wie ein Kreisel! Und was wäre besser – und damit würden wir niemandem auf die Füße treten, da gingen wir überhaupt kein Risiko ein – wenn wir das als Überraschung auf dem Sportfest demonstrieren würden. Einfach zwei, drei Runden auf der Bahn in Kreiselformation. Das käme doch gut! So einfach mal zeigen, was eine Straßenfahrermannschaft bieten kann.«

Robert beendet seine Ansprache und verteilte die Kopien des Artikels. Dann wartete er gespannt, bis alle den Bericht aus dem Jahrbuch gelesen hatten.

»Gefällt mir, die Idee!« Natürlich war Lara die Erste, die sich zu Wort meldete. »Hat irgendwie was. Und wenn ich mir vorstelle, wir gleiten so locker über die Bahn, die würden Augen machen.«

»Sag ich doch!«, rief Robert aufgeregt. »Noch dazu, weil es ja in Wahrheit hier entwickelt wurde. Das wäre doch ein Zeichen!«

»Das mit dem Zeichen ist mir egal«, meinte Daniel aus der elften Klasse. »Aber das wäre cool!«

»Sag ich doch!«, wiederholte Robert.

»Bedeutet allerdings zusätzliches hartes Training«,

stöhnte der kleine Nils. »So, wie die hier schreiben, ist das 'ne Menge Arbeit.«

»Na und, was wir trainieren, kriegt doch sowieso keiner an der Schule mit«, sagte Lara. »Und ich habe auch schon eine Idee, wo wir das völlig ungestört machen könnten.«

»Ich auch.«

»Meine ist besser.«

»Abwarten, bis du meine hörst.«

Alle sprachen aufgeregt durcheinander und erst als der kleine Nils rief: »Ich hätte eine stillgelegte Autobahn anzubieten!«, trat schlagartig Stille ein. Sie sahen einander fragend an, dann brach einer nach dem anderen überrascht in Lachen aus.

»Du kennst die?«

»Ich dachte, das wäre mein Geheimtipp.«

»Da bin ich fast jeden Samstag.«

»Ich manchmal sonntags.«

»Wahnsinn.«

Es dauerte, bis sich die Gruppe in Roberts Zimmer beruhigt hatte, und dann war es wieder die Älteste, die rief: »Abstimmung! Wo wir das üben könnten, darüber herrscht ja wohl Einigkeit. Die Frage ist, ob wir das überhaupt wollen. Zuerst Ja, Arme hoch!«

Elf Arme gingen in die Höhe.

»Damit entfällt die Gegenprobe, Antrag einstimmig angenommen.« Lara trat an Robert heran und schüttelte ihm die Hand. »Klasse Idee, schöner Abschluss für mein letztes Jahr. Dann zeigen wir den Bahnfahrern auf dem Schulfest mal, was eine Harke ist.«

Das hatte Robert eigentlich nicht beabsichtigt, aber darüber wollte er sich nicht den Kopf zerbrechen. Wichtig war, dass sie das, was sie leisteten, endlich vorführen würden. Jetzt musste Robert das nur noch der Schuldirektorin und dem Verein der Ehemaligen klar machen.

Gleich am Sonntag noch klärte Robert die Sache mit Frau Schuster. Sie war von der Idee begeistert und versprach sich darum zu kümmern, dass auch Herr Thaddäus und Herr Dünker, die beiden anderen Vorstandsmitglieder im Verein der Ehemaligen, zustimmen würden. Sie hoffte Robert bereits am Abend grünes Licht geben zu können.

So war es auch, kurz nach halb neun klingelte Roberts Handy und Frau Schuster sagte nur: »Ihr habt Startfreigabe!«

Robert war glücklich.

Am nächsten Tag klopfte er nach Unterrichtsende bei Frau Lorenz an die Tür und die Schulleiterin bat ihn in ihr Büro.

Robert verzichtete darauf, sein Vorhaben näher zu begründen, und sprach Dinge wie Mannschaftsgefühl oder den Geist von Rechberg absichtlich nicht an. Er beschränkte sich darauf, dass es eine Art Schaulaufen, eine sportliche Demonstration werden solle. Der Kreisel sei doch eine Rechberger Entwicklung und es sei daher passend, ihn im Rahmen des Schulfestes in voller Perfektion vorzuführen.

»Mein lieber Robert«, beschied ihn die Direktorin nach kurzem Überlegen und mit bekümmertem Gesichtsausdruck. »Es schmerzt mich wirklich zu sehen, wie du dich immer weiter verrennst. Wäre jemand anderes aus der Gruppe der Straßenfahrer mit dieser Idee zu mir gekommen, dann hätte ich vielleicht sogar einen Moment gezögert, bevor ich es abgelehnt hätte. Aber da dieser Plan augenscheinlich von dir ausgeht, kann ich auch aus pädagogischen Gründen gar nicht anders, als direkt Nein zu sagen.«

»Aber warum denn? Was habe ich denn getan?«, fragte Robert überrascht.

»Das kann ich dir gerne sagen.« Frau Lorenz' Miene verfinsterte sich. »Das ist das typische Verhalten eines entthronten Kindes. Du wirst anscheinend nicht damit fertig, nicht länger der Held der Schule zu sein. Du hast feige gekniffen, dich im wahrsten Sinne des Wortes von der Bahn geschlichen und jetzt, wo du in der trauten Harmonie der Straßenfahrer Unterschlupf gefunden hast, stellst du fest: Kein Hahn kräht mehr nach dir. Und da hast du eben so lange gegraben, bis du etwas gefunden hast, mit dem du dennoch auf dem Schulfest glänzen könntest. Ich weiß genau, wie du dir das vorstellst: Du drehst unter tobendem Beifall mit deinen Kumpels eine Runde Kreisel auf der Bahn und schon bist du wieder der Held!«

»Das ist nicht wahr!«, rief Robert tief getroffen. »Darum geht es mir nicht! Wenn Sie wollen, fahre ich den Kreisel gar nicht mit. Dann trainiere ich die anderen nur ...«

»Merkst du denn nicht, was du tust?«, unterbrach ihn die Direktorin. »Jetzt willst du schon der Trainer sein, dich nicht mal mehr anstrengen und trotzdem die Ernte einfahren. Als Nächstes wirst du die Sache so drehen, dass es dein Verdienst ist, dass es den Belgischen Kreisel überhaupt gibt!«

»Sie spinnen doch!«, schrie Robert. »Sie drehen mir jedes Wort im Mund um!«

»Zwanzig Stunden Arbeitsdienst, Streichung aller Vergünstigungen!« Frau Lorenz erhob kaum die Stimme. »Und du kannst mir noch dankbar sein, dass du nicht deine Sachen packen musst. Du kannst gehen. Das Zimmer darfst du ausnahmsweise bis Ende des Schuljahrs behalten. Aber, Robert, noch ein derartiger Vorfall und du bist draußen.«

Robert schlich wie ein getretener Hund aus dem Büro der Direktorin. Wie konnte sie ihn nur so missverstehen. Robert erschien es fast, als interpretierte sie seine Worte mit Absicht so falsch, als hätte sie nur auf eine Gelegenheit gewartet, um ihm eins auszuwischen.

Oben in seinem Zimmer hielt er es nicht aus. Er musste hinaus, etwas tun, seine Wut abreagieren. Er nahm seine Jacke und die Handschuhe, rannte hinunter zu den Fahrradständern, schwang sich auf sein Rad und raste in Richtung Landstraße.

Nach einer halben Stunde sah er vor sich die anderen Straßenfahrer. Bevor sie ihn bemerken konnten, bog er an der nächsten Kreuzung ab. Einsam arbeitete er sich durch die verschneite Landschaft und mehr als einmal stürzte er. Aber das war ihm heute egal, Robert spürte den Schmerz nicht.

Es war dunkel, als er zurückkehrte. Robert parkte das Rad im Ständer und ging die Treppe hinauf zu seinem Zimmer. Im ersten Stock passte ihn Dennis ab.

»Na, Rob, wieder bei den Normalsterblichen angekommen?«, rief er hämisch grinsend. »Robert, Robert, was machst du nur für Dinge! Erst auf der Bahn kneifen und dann die Lorenz beleidigen.«

Robert wollte sich schon auf ihn stürzen, da rief Torsten

von oben herunter. »Nicht! Das will er, denn dann fliegst du garantiert!«

Robert senkte die Arme und spuckte vor Dennis auf den Boden. »Der Frischling hat Recht. Das sieht dir ähnlich. Auf der Bahn hast du mich nie schlagen können, doch jetzt glaubst du, kommt deine Stunde. Feigling! Abwarten, abgerechnet wird am Schluss!«

Robert war kaum in seinem Zimmer, da klopfte es an die Verbindungstür. Ohne eine Antwort abzuwarten, schob sich Torsten ins Zimmer und bevor Robert reagieren konnte, sagte der Junge: »Ich weiß nicht, warum du dich mit der Direktorin gestritten hast, aber du hattest sicher einen Grund. Es tut mir Leid, wenn sie dich jetzt alle fertig machen wollen. Das habe ich ja selbst erlebt. Und was ich noch sagen wollte ... ich bleibe dein Frischling, egal was die Lorenz sagt. Also wenn du was brauchst, ruf mich.«

Torsten verschwand wieder in seinem Zimmer.

Robert legte sich auf sein Bett und blieb darin liegen bis zum nächsten Morgen. Bei seinem derzeitigen Kontostand machten die zehn Strafpunkte für Nichterscheinen beim Abendessen auch nichts mehr aus.

Nachdem Robert am nächsten Tag Frühstück, Unterricht und Mittagessen und damit all die dummen Bemerkungen über seinen neuen Status überstanden hatte, tat es ihm gut, von seinen Feldkollegen voller Mitgefühl empfangen zu werden.

Lara nahm ihn in den Arm und jeder aus dem Feld versicherte ihm, dass sie hinter ihm stünden.

»Für diese Aasgeier bist du doch ein gefundenes Fressen, ein Europameister, dem man ungestraft ans Bein pinkeln darf«, empörte sich Alex.

»Aber da sollen die sich mal nichts drauf einbilden, denn, hin oder her, ich bin dafür, wir fahren trotzdem den Kreisel beim Schulfest!«, rief Lara trotzig. »Und die Lorenz kann uns ja schlecht alle feuern!«

»Das lass mal lieber, denn genau das würde sie tun.« Robert war für die Unterstützung dankbar, aber er glaubte die Direktorin inzwischen besser zu kennen. Ein paar Straßenfahrer mehr oder weniger, was kümmerte Frau Lorenz das. Wären sie Bahnfahrer gewesen, Sportler mit messbaren Spitzenzeiten, dann hätten sie vielleicht ein Druckmittel in der Hand gehabt, aber so? Jemand, der eine Trainerin, von der alle an der Schule wussten, dass sie Alkoholikerin ist, und die nur sporadisch bei ihren Schützlingen auftaucht, gewähren ließ, konnte kein echtes Interesse an dieser Disziplin haben.

»Aber trainieren können wir ihn doch!«, schlug der kleine Nils vor. »Das bekommt keiner mit und vielleicht ändert die Lorenz ja noch ihre Meinung.«

Diesem Vorschlag stimmten alle zu und so machte sich das Feld auf zu der Autobahn. Aber woran keiner von ihnen gedacht hatte, das stillgelegte beziehungsweise nie in Betrieb genommene Autobahnstück war dick eingeschneit und natürlich wurde hier auch nicht geräumt.

Frustriert begann die Gruppe daher eine kleine Wertung zu fahren, das Standardprogramm bei diesen eisigen Temperaturen.

14.

Es dauerte bis Ende Februar, bis sie zum ersten Mal den Belgischen Kreisel ausprobieren konnten. So lange verhinderte der Schnee jedes Training auf der Autobahn. Als sie dann endlich das erste Mal versuchen konnten, in dieser neuen Technik zu fahren, wurde es ein Desaster. Sie verursachten zwei Stürze und als sie die Abstände zwischen den einzelnen Fahrern vergrößerten, riss das Feld auseinander.

»Schwieriger als gedacht!«, kommentierte Philipp trocken, als sie nach dem Training frustriert nach Hause fuhren. »Ich kann die Jungs von damals verstehen, dass sie das wieder gelassen haben.«

»Die haben das nicht einfach hingeworfen, sondern die sind aufgelöst worden!«, korrigierte ihn Lara. »Und wenn du jetzt schon nach dem ersten Versuch kneifen willst …«

»Wer spricht denn davon, ich meine nur, es wird nicht leicht werden.« Philipp schwenkte aus dem Spitzenfeld aus und ließ sich ans Ende zurückfallen.

»Glaubst du, wir schaffen das?«, wandte sich die große schlanke Lara an den jüngeren Robert.

»Ich denke, ja. Nur wieso das Ganze, frage ich mich.« Robert hatte sich von dem Gespräch mit der Direktorin noch immer nicht erholt. Zwar hatten sowohl Frau Schuster als auch seine Straßenkameraden versucht ihn wieder aufzumuntern, doch Robert hatte seinen Mut und seinen Kampfgeist verloren. Er kümmerte sich zwar weiterhin ernsthaft um die Schulfestvorbereitung und auch sein persönliches Training behielt er bei, aber all die guten Vorsätze waren Schnee von gestern. Torsten ging ihm immer noch aus dem Weg und Roberts Ideen, die Schule zu verändern, waren tief in seinem Herzen begraben. Er plante nun seine Zeit bis zum Abitur hier abzusitzen und danach endlich nach seinen Vorstellungen Rennen zu fahren.

Doch ein Mittwochnachmittag in der zweiten Märzwoche veränderte alles.

Robert war mit seinem Team auf der Autobahn beim Kreiseltraining. Sie fuhren nicht schnell, sie arbeiteten daran, den richtigen Abstand zueinander, die richtige Formation zu finden. Es war mühsame Kleinarbeit. Sie mussten versuchen, möglichst nahe mit dem eigenen Vorderrad an das Hinterrad des Vordermanns aufzuschließen, jedoch die Räder nicht zu überlappen und es auf gar keinen Fall zu einer Berührung kommen zu lassen. Nach etlichen Stürzen hatten sie herausgefunden, dass es sicherer war, jeweils links vom Vordermann zu fahren, so konnte man sich nicht am Schaltwerk verhaken. Genauso wichtig war, dass man beschleunigte, kurz bevor man aus dem Sattel ging. Beim Wechsel in den stehenden Wiegetritt schob sich das Hinterrad etwas nach hinten und so konnte es leicht passieren, dass man an den Hintermann rempelte. Doch als das größte Problem stellte sich heraus, dass sie beim Fahren in der Reihe einander blind vertrauen mussten. Nur der Vorderste hatte freie Sicht, die anderen sahen lediglich den Rücken des Fahrers vor sich.

All diese Probleme waren für sie nicht ganz neu, sie fuhren ja immer im Feld, waren bei Gegenwind manchmal in die Reihenformation gewechselt und wussten daher, dass sich so zwar hohes Tempo erreichen ließ, es aber auch hohe Konzentration erforderte – selbst auf einer völlig flachen Piste wie einer Autobahn, ohne Kurve, Schlaglöcher oder Ähnliches. Der Kreisel stellte noch größere Anforderungen, die Fahrer mussten zusätzlich gleichmäßig rotieren. Seitenwind oder gar eine Böe erhöhte die Schwierigkeit, aber auch so simple Details wie eine korrekte Position des Schnellspannhebels waren wichtig. Zeigte der nach vorne, konnte er sich in den Speichen des nachfolgenden Rades verhaken und die Fahrer stürzten. Und: Stürzte einer, stürzten alle – wie Dominosteine.

Robert ließ sich gerade aus der Führungsposition nach links zurückfallen, da klingelte es in seiner Nierentasche. Robert scherte aus dem Kreisel aus, ließ sich rollen und pulte das Handy aus der kleinen Tasche an seiner Wetterjacke.

Sein Vater meldete sich und schon allein das war ein schlechtes Zeichen.

»Robert?«

»Ja, Papa?«

»Ich habe gerade einen Anruf von Oskar bekommen, er ist auf dem Weg nach Rechberg. Torsten ist im Krankenhaus, kannst du zu ihm fahren? Es sieht ernst aus!«

»In welchem Krankenhaus?«, fragte Robert schon wieder tretend.

»Rechberg hat, glaube ich, nur eins«, antwortete sein Vater.

»Bin unterwegs!« Ohne dem Feld Bescheid zu geben, beschleunigte Robert mit voller Kraft und raste die Autobahn entlang. Nach den ersten 100 Metern ärgerte er sich darüber, dass er völlig vergessen hatte seinen Vater zu fragen, was überhaupt passiert war.

Robert brauchte eine Viertelstunde, bis er an der kleinen Klinik im Norden Rechbergs ankam. Er ließ sein Rad neben die Pförtnerloge ins Gebüsch fallen und rannte in das Gebäude. Dort lief er einen langen Gang entlang und stellte erst nach einer Weile fest, dass er gar nicht wusste, wo er Torsten eigentlich finden würde – so durcheinander war er. Also eilte er zurück zum Pförtner und keuchte: »Thaddäus, Torsten, wo?«

»Thaddäus, Thaddäus ...« Der Pförtner ging seine Namensliste durch. »Hab ich noch nicht drauf, ein Unfall?«

»Weiß ich nicht!«, antwortete Robert, völlig außer Atem.

»Versuch es in der Notaufnahme! Erdgeschoss, links!«

»Danke!«

Robert rannte zurück in das Gebäude. Die Tür zur Notaufnahme war verschlossen, Robert hämmerte dagegen, dann fiel ihm die Klingel neben der Milchglastür auf.

»Ja, bitte?« Eine Krankenschwester öffnete nach wenigen Sekunden.

»Ich, ist ... ich suche Torsten Thaddäus«, schnaufte Robert.

»Der ist hier«, antwortete die Frau.

»Kann ich zu ihm?«

»Nein! Noch nicht. Warte bitte bei den anderen drüben im Warteraum.«

Die Milchglastür ging zu, für einen Moment überlegte Robert, ob er noch einmal klingeln sollte. Dann ging er jedoch folgsam hinüber zu der Tür mit der Aufschrift Warteraum.

Dort saß Coach Walther, der noch älter aussah als sonst, und neben ihm, ebenfalls bleich im Gesicht, Frau Lorenz.

»Was ist passiert?«

»Wir wissen es nicht.« Coach Walther blickte kurz auf und sprach mit tonloser Stimme weiter. »Wir waren auf der Bahn. Torsten fuhr eine neue Spitzenzeit und dann plötzlich geriet er ins Taumeln und stürzte. Als wir bei ihm waren, stellten wir fest, dass er bewusstlos war. Und dann plötzlich atmete er nicht mehr. Ich habe ihn beatmet, bis der Rettungswagen kam und seitdem sitze ich hier.«

»Die Ärztin sagte nur, sie kämpften um sein Leben«, ergänzte flüsternd die Direktorin.

Robert wurde schwindelig und er ließ sich auf den freien Stuhl neben dem Trainer fallen.

»Wenn ich doch nur wüsste, was passiert ist!« Es war nicht klar, zu wem der Trainer sprach. »Alles lief ganz normal. Torsten war in der dritten Gruppe und er bestand darauf, heute gestoppt zu werden. Keine Ahnung, wieso und warum, er wollte eine Messung. Da habe ich natürlich Ja gesagt. Und dann kam er ins Taumeln, da muss er wohl unglücklich gestürzt sein.«

»Jetzt heißt es erst mal abwarten«, sagte die Direktorin. »Sie haben getan, was sie konnten. Und die Ärztin machte auf mich einen sehr kompetenten Eindruck.«

»Warten Sie schon lange?«, fragte Robert leise.

Coach Walther sah hoch zu der Uhr über der Eingangstür. »Ich sitze jetzt anderthalb Stunden hier.«

»Und da wissen Sie noch nicht mehr?«

»Nein!«

Unendlich langsam verstrichen die Minuten und die drei im Warteraum saßen in sich versunken da. In unregelmäßigen Abständen sah einer von ihnen hoch zur Uhr, um anschließend wieder auf den Boden zu starren.

Nach genau 28 Minuten öffnete sich die Tür und eine ältere Frau in weißem Kittel betrat den Raum.

»Frau Lorenz, könnte ich Sie kurz sprechen?«, fragte sie. Die Schulleiterin stand von ihrem Stuhl auf und folgte der Ärztin in den Flur. Robert hatte ein Gefühl, wie wenn jemand einen Gurt um seinen Brustkorb gelegt hätte und ihn unerträglich eng zusammenzöge. Er bekam kaum noch Luft.

Sieben Minuten später kehrte die Direktorin zurück und nachdem sie Robert kurz nachdenklich gemustert hatte, sagte sie: »Folgendes: Torsten hat einen totalen Kreislaufkollaps erlitten. Und das führte zu multiplem Organversagen durch Schock. Er muss irgendetwas genommen haben. Was, wissen sie noch nicht. Jedenfalls, es sieht nicht gut aus. Wenn sein Zustand stabil bleibt, wird er nach Erlangen in die Uniklinik verlegt. Der Hubschrauber ist angefordert. Wenn man genau wüsste, was er genommen hat, würde das sehr helfen.«

Robert war froh, dass er auf dem Stuhl saß, denn ihm sackte das Blut aus dem Kopf. Einzelne Gesprächsfetzen kamen ihm in den Sinn. »Hängt dein Frischling neuerdings mit Nils herum?«, hatte Jannis ihn nebenbei vor ein paar Tagen gefragt und Robert hatte ebenso beiläufig geantwortet: »Wieso nicht, ist doch sein Ding!«

Robert hatte angenommen, Jannis hätte vom kleinen Nils gesprochen, aber da hatte er sich wohl getäuscht. Robert dachte an das Gespräch mit Torsten neulich in seinem

Zimmer. Auf einmal hatte Robert einen sauren Geschmack im Mund und ohne dass er es aufhalten konnte, musste er sich übergeben. Aufs Klo schaffte er es nicht mehr, deshalb benutzte er den Papierkorb in der Zimmerecke.

Dann presste Robert, dem immer noch ganz schwindelig war, hervor: »Fragen Sie den großen Nils. Der wird wissen, was Torsten eingeworfen hat.«

»Nils Glaser?«, hakte die Direktorin nach.

Robert nickte.

Die Direktorin zog ihr Handy aus der Handtasche und verließ den Warteraum.

»Hast du das gewusst?«, fragte der Trainer Robert.

»Nein.« Robert würgte erneut. »Aber ich hätte es wissen müssen!«

Die beiden schwiegen, bis Frau Lorenz zurückkam.

»Sein Klassenlehrer wird ihn befragen. Robert, gibt es sonst noch etwas, was du dazu zu sagen hast?«

Robert schüttelte den Kopf. »Nils wird alles ableugnen, da bin ich mir sicher!«

»Wenn an deiner Anschuldigung nur irgendetwas dran ist, wird er fliegen.« Frau Lorenz setzte sich wieder.

»Es geht mir nicht um Nils, sondern um Torsten«, sagte Robert kleinlaut.

Coach Walther räusperte sich. »Vielleicht sollte sich nicht nur der Klassenlehrer mit Nils beschäftigen, sollte da nicht auch die Polizei eingeschaltet werden?«

»Ich hatte eigentlich vor, das intern zu klären«, antwortete die Schulleiterin.

»Dazu ist es wohl zu spät!« Coach Walther stand von seinem Stuhl auf. »Und nicht nur weil Torsten da drüben um sein Leben kämpft. Wenn Sie der Polizei nicht Bescheid geben, mache ich es.«

»Setzen Sie sich wieder, Sie haben Recht!« Frau Lorenz hatte sich ebenfalls erhoben und legte dem Trainer müde die Hand auf die Schulter. »Ich habe nur gehofft, wir könnten noch etwas länger auf unserer Insel bleiben.«

Die Direktorin verließ erneut den Warteraum.

»Wie meint Sie das mit der Insel?«, fragte Robert.

»Verstehst du das nicht?« Coach Walther sah Robert überrascht an. »Deine Direktorin führt seit ihrem Antritt einen aussichtslosen Kampf. Sie versucht Rechberg zu erhalten, diesen Anachronismus, ein Sportinternat, ein Stück heile Welt inmitten einer überkochenden Leistungsgesellschaft.«

»Aber gerade sie redet doch nur von Leistung«, rief Robert vorwurfsvoll.

»Das habe ich am Anfang auch gedacht.« Der Trainer vergrub das Gesicht in den Händen. »Aber indem sie Rechberg nach den Prinzipien der Leistungsgesellschaft führt, konnte sie all das andere, was diese Schule auszeichnet, erhalten.«

»Und was bitte blieb davon noch übrig?«, fragte Robert bitter. »Das sind doch nur noch Äußerlichkeiten. Oder warum sitzen wir jetzt hier?«

»Du bist verdammt hart geworden!«

»So sind die Zeiten nun mal.«

Dann schwiegen sie. Es kam ihnen unerträglich lange vor, bis die Direktorin zurückkehrte.

»Die Polizei weiß Bescheid und der Hubschrauber ist auch da. Torsten wird weiter beatmet und nach Erlangen verlegt. Sein Vater fährt direkt dorthin. Wir müssen zurück in die Schule, hier können wir nichts mehr für Torsten tun.«

Robert verließ als Letzter das Krankenhaus. Frau Lorenz und der Trainer bestiegen ein Taxi, Robert zog sein Fahrrad aus dem Gebüsch.

Das Taxi fuhr los in die Stadt und auch Robert schwang sich auf den Sattel, doch er schlug die entgegengesetzte Richtung ein. Er suchte den Hubschrauberlandeplatz. Auf der Rückseite des Krankenhauses fand er ihn und in dem Augenblick, als Robert sein Rad abstellen wollte, schoben zwei Sanitäter Torsten auf einer Trage vorbei. Verschiedene Kästen lagen darauf, Robert konnte Kabel und Schläuche erkennen. Er sah regungslos zu, wie sie den Jungen in die Öffnung am Heck des Hubschraubers einluden. Die Klappen wurden geschlossen und dann begannen die Rotoren sich langsam zu drehen. Es wurde laut, der Hubschrauber schaukelte, dann hob er ab und flog in einer lang gezogenen Kurve Richtung Norden.

Robert stieg auf sein Fahrrad und fuhr zum Bahnhof. Der nächste Zug nach Nürnberg und von da weiter nach Erlangen würde erst in vier Stunden fahren, so lange konnte und wollte Robert nicht warten. Also kaufte er sich am Bahnhofskiosk zwei Tafeln Schokolade und machte sich dann auf den Weg.

Eine harte Wertung stand ihm bevor. Bis Nürnberg waren es 210 Kilometer und von dort bis Erlangen noch einmal über 40.

Es war dunkel und kalt. Aber das war ihm egal, er musste fahren, nicht nur weil er zu Torsten wollte. Mit jedem Kilometer, den er ohne Licht an hupenden Autos vorbei zurücklegte, kam er Torsten auch innerlich näher. Robert fuhr wie in einem Rausch, er spürte die Angst um seinen Frischling nicht mehr, er spürte sich selbst kaum noch. In seinem Kopf war nur ein Gedanke: Torsten darf nicht sterben.

Etwa 50 Kilometer vor Nürnberg begannen die Berge der Fränkischen Schweiz und oben auf den Höhen lag noch Schnee. Die Straße war streckenweise vereist. Ohne jede Rücksicht auf seine inzwischen verhärteten Waden ging Robert immer wieder aus dem Sattel und nahm jede Steigung im stehenden Wiegetritt. Die Abfahrten waren lebensgefährlich, ohne Licht, in den Kurven die schwarzen Eisplatten. Mehr als einmal kam das Rad ins Schlingern, doch selbst dann hörte Robert nicht auf zu treten. In seiner Nase hing der säuerlich fade Geruch von nasser Fahrbahn und in seiner Stirn wehrte sich ein pochender Schmerz gegen die Anstrengung. Irgendwann musste Robert eine Pause einlegen. Er verschlang die erste Tafel Schokolade, massierte seine Arme und Beine, dann ging es erneut auf den Sattel.

Endlich leuchteten die Lichter von Nürnberg vor ihm auf, Robert gelangte auf die Umgehungsstraße und strampelte weiter in Richtung Erlangen.

Die letzten Kilometer fuhr er nicht mehr im roten Bereich, sondern er befand sich im Farbspektrum dahinter. Seine Lippen bluteten und seine Lungen verrichteten ihre Arbeit nur noch rasselnd. Obwohl er seine Beine schon längst nicht mehr spürte, traten sie immer weiter. Die Bewegungen erfolgten ganz mechanisch. Robert war nicht müde, er war jenseitig. Mit seinen nur noch halb geöffneten Augen übersah er fast den Wegweiser zur Uniklinik. Dann endlich war er da.

Klitschnass, zitternd und aschfahl im Gesicht taumelte Robert, das Rad hatte er auf den Stufen einfach fallen gelassen, an die Glasscheibe, hinter der der Pförtner saß.

»Ich möchte zu Torsten Thaddäus!«, stammelte Robert, dann sackte er zusammen.

Als er wieder die Augen aufschlug, lag er in einem abgedunkelten Zimmer, in seinem rechten Arm steckte eine Infusionsnadel und er war allein.

Robert zog vorsichtig die Nadel heraus, krabbelte aus dem Bett und bewegte sich mit schwankenden Schritten zur Zimmertür. Im Spiegel über dem Waschbecken sah er einen hageren Jungen mit blassem Gesicht und grauen Ringen um die Augen in einem weißen Kliniknachthemd. Es dauerte einige Sekunden, bis er kapierte, dass er das im Spiegel war.

Der Flur war leer, ganz hinten fiel Licht aus einer geöffneten Tür. Der Weg dorthin erschien im unglaublich lang. Robert wankte um die Ecke, eine Krankenschwester, die vorüberging, zuckte erschrocken zusammen.

»Du solltest schlafen!«, rief sie.

»Wo ist Torsten?« Robert ging nicht auf sie ein. Er wollte nur eins, zu Torsten.

»Du gehörst ins Bett, an den Tropf, du bist zu erschöpft! Es ist drei Uhr nachts!«

»Entweder sie bringen mich jetzt zu meinem Freund oder ich mach hier Randale, dass es nur so kracht!« Roberts entschlossener Gesichtsausdruck ließ die Nachtschwester einlenken.

»Ich bringe dich zu ihm, sein Vater ist auch da.«

Sie drückte ein paar Knöpfe auf dem Schaltpult an der Wand, holte aus einem Schrank einen gestreiften Bademantel und Pantoffeln hervor und gab sie Robert. Sie half ihm beim Anziehen, dann hakte sie sich bei ihm ein und führte Robert zu einer Glastür. Dahinter begann wieder ein langer Flur und endlich blieben sie vor einer Tür mit der Aufschrift: »Intensivstation – Eintritt nur nach Aufforderung«, stehen.

Die Schwester öffnete die Tür und schob Robert in die halbdunkle, mit mattgrünlichem Licht erleuchtete Welt dahinter.

Torsten lag in einem Bett links an der Wand, hinter und neben ihm waren Geräte aufgetürmt. Sein Gesicht war bleich, die kurz geschorenen rotblonden Haare ließen ihn schmal aussehen. Ein Schlauch führte durch den Mund in seinen Hals, ein gleichmäßiges Pumpen war zu hören.

Neben dem Bett saß Torstens Vater, die linke Hand seines Sohnes fest umklammert.

»Wie geht es ihm?«, fragte Robert.

Herr Thaddäus blickte kurz zu ihm auf. »Sie wissen nicht, ob er es schafft. Wenn er die Nacht übersteht, hat er gute Chancen.«

Robert stand stumm neben dem Vater, den Blick starr auf den sich langsam hebenden und senkenden Brustkorb von Torsten gerichtet. Der Junge sah aus, als ob er schlafen würde.

»Darf ich einen Moment seine Hand halten? Bitte!«, sagte Robert nach einer langen Weile.

Herr Thaddäus stand auf. »Natürlich, ich gehe nach draußen eine rauchen. Danke, Robert, dass du gekommen bist!«

Robert ließ sich auf dem angewärmten Stuhl nieder und nahm vorsichtig, als hätte er Angst, etwas kaputtzumachen, die linke Hand seines Frischlings. Sie war kalt und feucht. Robert wollte Torsten so viel sagen. Doch er wusste nicht, womit er anfangen sollte.

Als er einige Minuten neben dem Bett gesessen hatte, bemerkte Robert, dass er bereits begonnen hatte zu dem Jungen zu sprechen. Es war so, als würde er sich selbst von ferne reden hören. »... ich verstehe, wenn du keine Lust mehr hast, wenn du müde bist und jetzt gehen willst. Das wird nicht leicht, was du vor dir hast. Das Leben ist schon Scheiße und du musst eine ziemlich dicke Haut entwickeln ... Aber wenn du jetzt gehst, dann verpasst du eine Menge. Und dann sind da ja auch noch ich, dein Vater ... Ich glaube, du hast Sophie nie richtig kennen gelernt, aber sie war dir verdammt ähnlich. Der große Unterschied zwischen euch war nur, sie hatte das mit dem Dreiradfahren sofort raus.« Robert musste lächeln und begann langsam und zärtlich die Hand Torstens zu streicheln. »Du hättest sie jedenfalls gemocht, sie wäre jetzt so alt wie du. Torsten, jetzt auch noch den jüngeren Bruder zu verlieren, dass packe ich nicht. Ich brauche dich.«

Robert machte eine kleine Pause und holte dann tief Luft.

»Es ist nicht so, dass ich dir in Rechberg geholfen habe, du hast mir geholfen. Erinnerst du dich an unsere Wertung? Dank dir bin ich den Berg hochgekommen. Du warst, du bist mein Kompass. Wenn du bei mir bist, weiß ich, wo es langgeht, was wichtig ist. Du hast mir damals eine neue Welt eröffnet. Die einer Mannschaft. Nicht nur, indem du mich den Berg hochgelotst hast. Mehr durch das, was du bei unserer Rast gesagt hast. Ich hab eine Weile gebraucht das zu kapieren. Und das Schlimme ist, in dieser Zeit hast du meine damalige Überzeugung angenommen.«

Robert stand auf, beugte sich über das Bett und versuchte den Jungen auf dem Bett trotz der Schläuche und Kabel zu umarmen. Die Hand hielt er dabei weiterhin fest. »Aber Radfahren ist mehr als nur den eigenen Schmerz auszublenden, man kann seinen Problemen nicht davonfahren. Im Ziel sind sie wieder da, größer noch. Das habe ich kapiert. Meine Mutter hat vor kurzem gesagt, die Welt ist mehr als ein Fahrrad. Und da hat sie Recht und nicht Recht. Denn es kommt darauf an, wie du fährst, wo du hinfährst und was du aus deinem Rennen machst. Und wir könnten so viel daraus machen, du und ich! Ich verspreche dir etwas. Ich weiß, du hast bei Laras Diavortrag heimlich mitgehört. Wenn du wieder gesund wirst, dann fahren du und ich, wir beide, ganz allein nach Südafrika. Ich weiß nicht, wie und woher wir das Geld nehmen werden. Aber das schaffen wir schon. Erinnerst du dich an die Bilder? Unsere Reise wird auch so werden. Kaum Gepäck, nur mit unseren Rennmaschinen, so werden wir die Küste entlangdonnern. Und in den Dörfern werden sie zusammenkommen und uns beneiden. Wir werden ihnen sagen, dass wir Brüder sind. Und das ist nicht einmal gelogen. Du bist mein Bruder, mehr noch, mein Freund.«

Robert war wieder auf seinen Stuhl gesunken und lehnte kraftlos neben Torsten. Von seinem Gesicht lief es salzig warm auf die Hand Torstens herunter, die er fest umklammerte. »Tut mir Leid, wenn ich dich gerade mit Sophie verglichen habe. Sophie ist tot, du aber lebst. Torsten, bitte, lass mich in Rechberg nicht allein. Du hast allen Grund, auf mich sauer zu sein. Ich habe dich am Anfang nicht ernst genommen. Du warst der kleine Zwerg, der nicht einmal richtig Dreirad fahren konnte. Und dann hast du angefangen mir Dinge zu sagen, die ich nicht hören wollte. Die mir wehtaten, weil sie gestimmt haben. Ich Idiot habe versucht dich vom Gegenteil zu überzeugen. Dich auf meine beschissene Bahn zu setzen. Und was ist dabei herausgekommen? Die Bahn hat dich gefressen.«

Robert merkte nicht, dass Herr Thaddäus wieder hinter ihm stand.

»Ich habe als Tutor versagt, so sieht es aus. Du hattest so Recht mich Schweinepriester zu nennen, Torsten, aber es geht hier jetzt nicht um mich, es geht um dich! Bitte, gib mir eine Chance meinen Mist wieder auszubügeln.«

»Darum habe ich ihn auch gebeten!«, flüsterte Torstens Vater.

Robert sah sich überrascht zu ihm um und wollte aufstehen.

Doch Herr Thaddäus hielt ihn zurück. »Lass nur, ich hole noch einen Stuhl, hier ist Platz für zwei.«

»Danke!«

»Du siehst schlecht aus, Junge«, sagte Herr Thaddäus, nachdem er neben Robert Platz genommen hatte.

»Ist schon okay.«

»Ich denke, du hast keinen Grund dir Vorwürfe zu machen.« Herr Thaddäus legte Robert die Hand tröstend auf die Schulter. »Wenn sich einer Vorwürfe machen muss, dann ja wohl ich.«

»Von wegen, Herr Thaddäus.« Roberts Körper begann zu zucken und er schluchzte. »Sie haben ja keine Ahnung.

Torsten wollte aus Rechberg weg, er wollte nicht in die Mühle, er wollte nie auf die Bahn. Ich habe ihn davon überzeugt, ich habe ihm zugeredet, ihn auf die Bahn gesetzt! Ich, ich bin an allem schuld!«

»Blödsinn!« Herr Thaddäus versuchte den Jungen zu beruhigen. »Dass so was passieren würde, konntest du unmöglich wissen!«

»Doch!« Roberts Schluchzen ging in ein asthmatisches Schnaufen über. »Denn anders als Sie ... habe ich gewusst, was in Rechberg abgeht ... Was es heute heißt, auf die Bahn zu gehen ... Einzelfahrer zu sein ... von Coach Walther trainiert zu werden! Ich kenne den Druck, verstehen Sie ... und Torsten ist viel zu sensibel dafür gewesen ... Daher habe ich die Schuld, ich ... ich bin schuld ...« Roberts Stimme versagte, er hatte keine Kraft mehr zum Sprechen und auch keine Tränen mehr zum Weinen.

Den Rest der Nacht saßen die beiden wortlos an Torstens Bett und als draußen langsam die Sonne aufging, war Robert auf seinem Stuhl eingeschlafen.

15.

Als Robert aufwachte, lag er wieder in seinem Krankenzimmer. Noch mit geschlossenen Augen spürte er, dass er nicht allein war.

Er drehte sich auf die Seite und richtig, das Bett neben ihm war belegt. Robert hob den Kopf etwas an, da hörte er ein mattes »Tag, Schweinepriester!« zur Begrüßung. Roberts Kopf fiel zurück auf das Kissen und seine Hände ballten sich unter der Decke vor Freude zu Fäusten. Torsten hatte es geschafft.

»Tag, Frischling«, flüsterte er.

»Von wegen Tag, alte Pennbacke«, kam es heiser aus dem anderen Bett. »Es ist schon wieder Abend, du hast den ganzen Tag verpennt!«

»Ach was!«, rief Robert glücklich.

»Ich hab gehört, du bist mit dem Fahrrad hier«, sagte Torsten mit schwacher Stimme. »Wohl kein Geld für den Zug gehabt?«

»Genau!«

»Und welche Zeit?«

»Weiß nicht.« Robert genoss jedes einzelne Wort aus dem anderen Bett. »War niemand da, der mich gestoppt hat. Waren alle anderweitig beschäftigt.«

»Unverschämt!«

»Du sagst es.«

Eine kleine Pause trat ein, dann sagte Robert leise: »Mach das nie wieder!«

»Das musste ich meinem Vater auch schon versprechen.«

»Was deine Versprechen wert sind, weiß ich inzwischen«, entgegnete Robert.

»Auf Frischlingsehre?«, schlug Torsten vor.

»Akzeptiert!«

Nach einer Weile des Schweigens sagte Torsten: »Ich muss aber auch eine echt gute Zeit gefahren sein ...«

»Du Schwachkopf!« Robert schwang sich aus dem Bett und stürzte sich auf den Jungen, der noch kleiner als sonst wirkte. Vorsichtig, aber mit wilden Gesten tat er so, als wolle er Torsten würgen.

»Euch geht es wohl wieder gut?« Herr Thaddäus stand im Türrahmen und grinste zufrieden. »Aber Robert, wärst du so freundlich und würdest Torsten heil lassen? Hat die Ärzte hier 'ne Menge Arbeit gekostet.«

Die drei mussten lachen und ohne ein Wort darüber zu verlieren, wussten sie, dass sie noch einmal mit einem blauen Auge davongekommen waren.

Am nächsten Morgen wurde Robert schon wieder entlassen. Torsten, so hieß es, müsse noch bis Anfang der kommenden Woche in der Klinik bleiben.

Insgeheim rechnete Robert damit, die Schule verlassen zu müssen. Aber es kam zu seiner Überraschung anders.

»Strafe muss sein: Du bekommst 200 Stunden Arbeitsdienst!«, begann Frau Lorenz, die Robert gleich nach seiner Rückkehr nach Rechberg zu sich gebeten hatte. »Und eventuell erhöht sich die Zahl auch noch. Doch das hängt nicht von dir ab. Eigentlich müsste ich dich von der Schule verweisen, aber ich nehme davon Abstand. Und weißt du, warum? So idiotisch und regelwidrig du dich auch verhalten hast, *dass* du dich so verhalten hast, spricht nur für dich.«

Robert war sprachlos und die weiteren Worte seiner Schulleiterin trugen nicht gerade dazu bei, diesen Zustand zu verkürzen.

»Eigentlich müsste ich auch Torsten von der Schule verweisen. Was Doping angeht, sind die Regeln in Rechberg eindeutig. Aber ich nehme auch davon Abstand, weil ich der Überzeugung bin, dass ein elfjähriger Junge unmöglich allein für sein Handeln verantwortlich gemacht werden kann. Denn hier haben auch Lehrer, Eltern, Trainer und auch du als Tutor versagt. Daher darf Torsten bleiben. Er steht jedoch bis Ende des Schuljahres unter Bewährung. Und Gleiches gilt auch für dich, denn du wirst Torstens Bewährungshelfer – dabei wirst du auch deine Arbeitsstunden ableisten. Robert, auf ausdrücklichen Wunsch von Herrn Thaddäus übergebe ich Torsten zum zweiten Mal in deine Verantwortung. Und wenn ich deinen Frischling nur ein Mal alleine irgendwo sehe, bekommst du es mit mir zu tun. Klar?«

Robert nickte.

»Noch eins, Torsten hat bis zu meinem ausdrücklichen Widerruf Bahnverbot. Wenn er wieder fit ist, dann soll er den Rest des Schuljahrs bei euch Straßenfahrern trainieren. Aber ohne jede Wertung, klar?«

»Danke«, sagte Robert.

»Dann nimmst du deine Strafe an?«

»Mit dem größten Vergnügen.« Robert wäre seiner Schulleiterin am liebsten um den Hals gefallen.

»Dann kannst du jetzt gehen. – Moment noch!« Frau Lorenz wurde sehr ernst. »Da wäre noch die Angelegenheit mit Nils Glaser.«

»Ja?«

»Nils streitet alles ab.«

»Nils dealt, ich bleibe dabei«, erwiderte Robert.

»Kannst du deine Anschuldigung untermauern, belegen, irgendwelche Zeugen benennen?«

»Könnte ich«, erklärte Robert seiner Direktorin. »Werde ich aber nicht machen, denn damit würde ich Schulkameraden verpetzen.«

»Das hat nichts mit Petzen zu tun!«, rief Frau Lorenz gereizt. »Wenn du früher was gesagt hättest, wäre das mit Torsten vielleicht nicht passiert. Willst du, dass so was wieder geschieht?«

»Ich habe Ihnen gesagt, von wem das Zeug kommt.« Robert stand auf. »Dafür zu sorgen, dass keiner so was nimmt, ist ihr Job.«

»Dann wird deine Aussage gegen die von Nils stehen.«

»Lässt sich leider nicht ändern.«

»Damit wäre wohl alles gesagt!« Frau Lorenz griff wütend nach dem Telefon und machte Robert ein Zeichen, dass er zu gehen hatte.

Alle Blicke richteten sich auf Robert, als er das Kasino betrat. Kaum hatte er seinen Platz am Tisch eingenommen, rief Timothy: »Wahnsinn, das war ja fast wie Hannibal über die Alpen!«

»Du hattest wirklich nicht mal Licht?«, fragte Jannis

und Luise schob, bevor Robert überhaupt den Mund öffnen konnte, nach: »Bist du echt in Erlangen an der Pforte umgefallen?«

Robert holte tief Luft und antwortete: »Kein Licht, ja. Und ich bin auch umgefallen. Aber da ich keinen Elefanten dabeihatte, bin ich kein Hannibal.«

»Aber das war die Hammerwertung! 250 Kilometer, bei Dunkelheit und Eis, alleine ... « Jannis konnte vor lauter Aufregung den Satz nicht zu Ende sprechen.

»Jetzt hört mal!« Robert wurde laut. »Was ich da gemacht habe, war Schwachsinn und überflüssig, da bin ich nicht gerade stolz drauf. Ich wollte einfach nur zu meinem Freund und da habe ich nicht groß nachgedacht. Ich wäre notfalls auch quer durch den Ärmelkanal geschwommen. Das war keine Wertung.«

»Ja, ja, aber von deiner Nicht-Wertung-Wertung wird man trotzdem an dieser Schule noch in Jahrzehnten sprechen«, entgegnete Luise spitz.

»Rob, du bist unsterblich geworden«, sagte Jannis ergriffen.

»Das habe ich so ähnlich schon mal gehört!«, antwortete Robert ruhig. »Und die Halbwertszeit betrug nicht mal ein paar Wochen.«

Robert beugte sich über seinen Teller und begann seine Nudeln zu essen. Enttäuscht über seine Reaktion taten es ihm die anderen nach.

Draußen im Flur vor dem Kasino wurde Robert von Nils erwartet.

»Du hast mich verpfiffen!«

»Ohne zu zögern und jederzeit wieder!«, antwortete

Robert. »Was Bert und Corinna und was weiß ich wer von deinen Dingern schlucken, ist mir egal. Die sind alt genug. Aber einem Frischling ... «

»Hast du dafür Beweise?«, ging Nils ihn an.

»Die brauche ich nicht!« Robert wich keinen Zentimeter zurück. »Aber ich warne dich, wenn ich dich noch einmal auch nur in der Nähe von Torsten sehe, dann bist du fällig.«

»Ach, und was willst du machen?«, höhnte Nils.

»Es gibt auch andere Quellen für das Zeug«, flüsterte Robert. »Hast du wirklich Lust, bei jedem Essen, bei jedem Getränk, das du zu dir nimmst, Schiss zu haben, dass da was drin sein könnte?«

»Bist du bekloppt?«

Robert konnte förmlich sehen, wie es in Nils' Kopf arbeitete.

»Du drohst mir mich zu vergiften?«

»Wer redet denn von Gift?« Robert lächelte mehrdeutig. »Aufbaustoffe, Fitmacher, es gibt ja so viele gute Dinge. Aber auch die können einem schlecht bekommen, oder? Also, lass die Finger von dem Kleinen.«

»Du bist verrückt!« Nils bebte vor Entrüstung. »Du bist ja völlig durchgeknallt!«

»Ich sehe, du hast mich verstanden.« Robert drehte sich um und ging hoch auf sein Zimmer.

Am Nachmittag stand bei Robert wieder Straßentraining auf dem Stundenplan. Anders als seine Tischgenossen empfanden seine Teamkollegen die halsbrecherische Aktion nicht als heroisch, sondern sie machten Robert Vorwürfe.

»Schwachkopf! Hättest du einen Ton gesagt, wir wären mitgefahren!«, brachte Lara die Stimmung auf den Punkt. »Plötzlich warst du weg, glaubst du, wir haben uns keine Gedanken gemacht? Dann noch Polizei an der Schule, wir haben wer weiß was gedacht.«

Robert entschuldigte sich bei allen und damit war die Sache für ihn und die anderen erledigt.

»Torsten wird in Zukunft bei uns mitfahren.« Robert erwähnte das eher nebenbei. »Anordnung von der Lorenz. Ich wäre dankbar, wenn ihr euch in seinem Falle die Begrüßungswertung verkneifen würdet. Der Junge hat genug eingesteckt.«

»Wenn es sein muss«, stöhnte Alex.

»Geil, dann bin ich ja nicht mehr der Jüngste!«, rief der kleine Nils.

»So langsam werden wir hier ein Auffanglager für gefallene Bahnfahrer, oder wie?«, grummelte Daniel.

Doch bevor Robert fragen konnte, wie er das meinte, rief Lara: »Genug gequatscht, wir haben eine Aufgabe zu erledigen. Auf die Räder!«

Die Aufgabe war der Belgische Kreisel, für den sie endlich wieder trainieren mussten.

Aber an diesem Nachmittag wollte rein gar nichts gelingen und es hagelte nur so von Stürzen. Egal welches Tempo sie anschlugen, sie kamen nicht auf eine gleichmäßige Geschwindigkeit, sie hatten Probleme feste Abstände einzuhalten und mit der Rotation klappte es überhaupt nicht.

Frustriert kehrten die Fahrer in die Schule zurück und zum ersten Mal wurde laut überlegt, ob man das Ganze nicht besser abblasen sollte.

Auch an den folgenden Tagen lief das Kreiseltraining nicht viel besser. Das Schulfest Ende April rückte bedrohlich näher – die Zeit wurde allmählich knapp. Besonders für Robert, denn auch die Planung und Vorbereitungen gingen in die heiße Phase und ebenso wollte er für seinen Freund da sein.

Torsten hatte sich nach seiner Rückkehr in die Schule völlig problemlos ins Team der Straßenfahrer eingefügt. Meist hielt er sich in der Nähe von Robert oder vom kleinen Nils auf. Das Feld hatte auf das Begrüßungsritual am Berg verzichtet und Torsten war einfach nur Nummer 14 im Team. Er sprach kaum noch vom Bahnfahren und wenn, dann wenig positiv. Der Bahnfahrer Torsten, den es die letzten Monate gegeben hatte, existierte nicht mehr. An seine Stelle war wieder der Junge getreten, den Robert damals beim Ausflug schätzen gelernt hatte. Und darüber war Robert glücklich.

Roberts brennendstes Problem war nach wie vor das Schulfest. So viele Fragen waren ungeklärt. Sollte Robert die Direktorin noch einmal auf den Kreisel ansprechen? Wie würde sie reagieren und was wäre, wenn sie das Schaufahren wieder verbieten würde?

Bei einem ihrer Vorbereitungstreffen erzählte Robert Frau Schuster von seinen Grübeleien.

»Du hast dich verändert«, meinte Frau Schuster. »Merkst du das?«

»Wieso verändert?«, fragte Robert, der überrascht war über diese Bemerkung, hatte er doch von seinen Problemen mit der Direktorin erzählt.

»Anscheinend merkst du das nicht.« Frau Schuster lächelte. »Ist oft im Leben so. Veränderungen fallen zuerst anderen auf!«

»Was fällt Ihnen denn auf?«, fragte Robert weiter.

»Ach 'ne ganze Menge. Du bist irgendwie pragmatischer geworden!«

»Was heißt pragmatisch?«

»Sachbezogen, aufs praktische Handeln bezogen«, erklärte Frau Schuster. »Du überlegst, was du willst und wie du es umsetzen kannst.«

»Habe ich das früher nicht?«

»Nicht so nüchtern.«

»Kommt hin. Was ist Ihnen noch aufgefallen?«, erkundigte sich Robert nach einer kurzen Denkpause.

»Du setzt andere Prioritäten, andere Schwerpunkte.«

»Mach ich das?« Robert überlegte laut. »Doch, mache ich. Am wichtigsten ist mir momentan Torsten, meine Familie, dann das Feld. Und auch wenn sich das jetzt komisch anhört, Rechberg ist irgendwie kaum noch wichtig. Ich werde meine Zeit hier absitzen und dann in eine richtige Mannschaft wechseln. Wenn ich von der Schule fliegen sollte, mach ich eben woanders meinen Abschluss. Rad fahren kann ich überall.«

»Na siehst du, das ist ein anderer Robert als der, den ich vor einem halben Jahr kennen lernte.« Frau Schuster sah zufrieden auf den Jungen, der ihr gegenübersaß.

»Seitdem ist ja auch viel passiert«, sagte Robert ruhig.

»Aber verhärte dich trotzdem nicht, Robert«, warnte Frau Schuster.

»Ich verhärte mich nicht ... Die Schule verhärtet mich.«

Frau Schuster stand auf, ging in die Küche und kam mit

einer Flasche Mineralwasser zurück. »Ich mache Diät, daher momentan kein Wein. Sobald ich was trinke, esse ich immer so viel und ich habe keine Lust, wenn ich die anderen Ehemaligen treffe, die Dickste zu sein. Auch ein Glas?«

»Gerne!«

»Um jetzt aber auf deine Frage zurückzukommen.« Frau Schuster zögerte einen Moment. »Das ist jetzt wieder so ein Moment, wo man nicht genau weiß, ob es das Richtige ist oder nicht ... Aber wie heißt es doch so schön ... Nein, keine kluge Bauernregel. Jedenfalls, ich rate dir, vergiss das mit dem Kreisel. Netter Versuch, aber dieses Ding ist, was Rechberg angeht, sehr negativ belastet. Denn es gab einen Streit zwischen Simon de Fres und Lore, also deiner Schulleiterin. Simon hatte ungefähr die gleichen Argumente wie du, Teamgeist und so weiter, konnte sich aber nicht durchsetzen. Er hat gekniffen. Dass er später dann den Kreisel als Belgische Methode verkauft hat, als seine Erfindung, und jeden Bezug zu Rechberg verschwiegen hat, schmerzt nicht nur die Lorenz. Viele Ehemalige empfinden das als eine späte Rache Simons an Rechberg und seiner Direktorin. Daher, vergiss den Kreisel, da ist die Lore einfach sehr schlecht drauf zu sprechen. Ein Teil der Fachwelt weiß vermutlich sowieso, wo das entwickelt wurde, und es hat letztlich ja auch keine Bedeutung. Vielleicht hätte ich dir das alles früher erzählen sollen. Tut mir Leid.«

Frau Schuster beugte sich vor. »Aber du hast neulich davon gesprochen, dass du deinen Kollegen vorgeschlagen hast wieder eine Schulmannschaft zu gründen. Der Gedanke gefällt mir. Was würdest du von einer Mannschaftswertung beim Schulfest halten? Würde das nicht viel mehr für das stehen, was dir inzwischen so wichtig geworden ist? Noch wäre Zeit Anmeldeformulare rauszuschicken. Wenn wieder eine Rechberger Schulmannschaft antreten würde, wäre das nicht mehr wert als der Kreisel?«

Robert überlegte einen Moment. »Mag sein, sicher, aber wenn Frau Lorenz vor Jahren die Schulmannschaft abgeschafft hat, warum sollte sie jetzt wieder eine zulassen?«

»Genau aus dem Grund habe ich gezögert, dir den Vorschlag überhaupt zu machen.« Frau Schuster goss sich ein weiteres Glas Wasser ein. »Aber als du gesagt hast, dass du notfalls auch ohne Rechberg leben könntest ... Wir müssen sie gar nicht fragen. Der Ehemaligen-Verein richtet das Fest aus und was wir da machen, entscheiden nur wir. Die Direktorin hat dabei kein Mitspracherecht!«

»Ich verstehe ...« Robert nahm nachdenklich einen Schluck aus seinem Glas. »Aber das wäre eine offene Kriegserklärung an die Schulleitung.«

»So würde ich das nun aber nicht nennen wollen!«

»Die Lorenz wird es aber als genau das auffassen und ich stehe auf Bewährung«, erwiderte Robert.

»Du sagst es.«

»Das könnte dann bedeuten, dass ich fliege.«

»Könnte!«, rief Frau Schuster erregt. »Du sagst es, könnte! Denn eigentlich kann sie dir nichts vorwerfen, denn es ist ja unser Ding! Du ständest quasi unter dem Schutz der Ehemaligen.«

»Wenn sie will, dass ich fliege, werde ich auch fliegen«, beharrte Robert.

»Ein gewisses Risiko bleibt immer, aber ich glaube nicht, dass sie so reagieren würde«, versuchte Frau Schuster Robert zu beruhigen.

»Warum haben Sie damit auf mich gewartet«, fragte Robert und Frau Schuster wurde knallrot im Gesicht.

»Wie meinst du das?«, rief sie.

»Warum brauchen Sie mich, um wieder eine Mannschaft einzuführen?« Robert versuchte die Frage möglichst unverfänglich klingen zu lassen. »Das hätten Sie doch schon früher machen können. Wenn es denn Ihr Ding ist, wie Sie sagen.«

»Vielleicht ist mir das erst klar geworden, seitdem ich dich und deine Geschichte kenne! Vielleicht habe ich einfach auf die passende Gelegenheit gewartet«, antwortete Frau Schuster vage.

»Vielleicht«, wiederholte Robert.

»Jedenfalls, überleg es dir!«

Frau Schuster stand auf und begann die beiden Gläser abzuräumen. »Wenn wir eine Mannschaftswertung fahren wollen, müssten wir schleunigst die Einladungen rausschicken.«

Robert musste erst einmal über vieles nachdenken, als er mit dem Fahrrad zurück in die Schule gefahren war. Eins stand fest, zwischen Frau Schuster und der Schulleiterin lief etwas, was nichts, aber auch rein gar nichts mit Robert zu tun hatte.

Dennoch, der Gedanke eine Schulmannschaft aufzustellen, gegen den Willen von Frau Lorenz und unter dem Schutz des Vereins der Ehemaligen, hatte etwas außerordentlich Verführerisches …

»Stimmt!« Torsten saß neben Robert auf dem Bett und musste, als er Roberts Bericht über das Gespräch mit Frau Schuster gehört hatte, nicht eine Minute überlegen. »Wenn es dir um die Mannschaft geht, warum der Umweg über den Kreisel? Dann mach doch lieber gleich das Original! Nur, das Problem ist die Lorenz ...«

»Wenn sie mich rausschmeißt, dann täte mir das um dich und die anderen aus dem Team Leid. Aber sonst, sonst wäre mir das so ziemlich egal.« Robert zuckte mit den Schultern. »Was ich hier lernen konnte, habe ich gelernt. Ich habe es hier geschafft und ich schaffe es überall.«

»Wenn du das so siehst, auf was wartest du dann noch?« Torsten sah Robert herausfordernd an. »Denn noch einmal wirst du keine so tolle Gelegenheit bekommen. Wenn du hier was verändern willst, dann nur jetzt, in diesem Jahr. Oder glaubst du, dass du nächstes Jahr noch einmal das Schulfest organisieren darfst?« Torsten grinste. »Außer natürlich, du wechselst auf die Bahn zurück und wirst noch einmal Jugend-Europameister.«

Robert verzog sein Gesicht zu einer Grimasse. »Nee, danke!«

»Und vielleicht wäre es auch nicht schlecht, mit den anderen aus dem Team mal darüber zu sprechen. Geht die ja schließlich auch an, oder?«

Robert stöhnte auf. »Ja doch, werde ich machen.«

»So, und was machen wir nun?« Torsten streckte sich auf Roberts Bett aus und räkelte sich. »Du bist für mich verantwortlich. Schlag was vor, sonst könnte ich ja auf dumme Gedanken kommen.«

Robert kam nicht mehr zu einer Antwort, denn in diesem Moment klopfte es an der Tür und Jannis schob sich in das Zimmer.

»Störe ich?«, fragte er.

Robert schüttelte den Kopf. »Nicht wirklich.«

»Dann würde ich gerne etwas mit dir bequatschen«, begann Jannis.

»Ich kann auch rübergehen«, schlug Torsten vor, der noch immer auf Roberts Bett lag.

»Nee, ist schon okay.« Jannis setzte sich auf den Stuhl neben dem Schreibtisch. »Also, ja, was ich fragen wollte ... Was meinst du, Rob, wäre das für dich okay, wenn ich zu euch auf die Straße wechsle?«

»Was sollte ich dagegen haben?«, antwortete Robert erstaunt.

»Na ja, ihr seid ja so ein eigener Haufen ...«, Jannis rutschte auf seinem Stuhl hin und her, »... ein eigenes Team und da wusste ich nicht ...«

»Machen wir echt den Eindruck, als ob wir niemanden bei uns haben wollen? Hey, Jan, wir sind doch eine offene Disziplin!«

»Wenn du so fragst, nein, ihr seid ein geschlossener Club!«, widersprach Jannis. »Für mich und die meisten jedenfalls. Du hast einfach so reinwechseln können, weil du der Star bist. Dich mussten sie nehmen und daher frage ich ja auch dich, ob du für mich ein gutes Wort einlegen kannst. Torsten hast du ja auch reingebracht. Meinst du, du könntest mir ebenfalls dabei helfen?«

»Brauch ich nicht!« Robert war die Situation peinlich. »Sag deinem Coach Bescheid und komm dann einfach zu uns zum Training.«

»Und die werden mich nicht stehen lassen?«

»Garantiert nicht. Da brauchst du dir keine Gedanken machen.«

Jannis strahlte. »Danke. Echt, danke, Rob. Da hast du was bei mir gut. Weißt du, ich wäre schon immer lieber in der Gruppe gefahren. Aber ich wusste nicht, wie ich da reinkommen sollte. Cool, echt cool. Bis bald.«

Kaum war Jannis aus dem Zimmer gegangen, meinte Torsten trocken: »Also Rob, wenn du jetzt noch immer nicht kapiert hast, was du tun musst, dann kann dir wirklich keiner mehr helfen. Das versteht ja sogar ein Frischling wie ich.«

Robert nickte. »Haben wir echt den Eindruck gemacht, eine geschlossene Veranstaltung zu sein?«

»Klar!«

»Schräg, sehr schräg.« Robert blickte aus dem Fenster. »Ich hatte eher das Gefühl, wir wären die Außenseiter und ein Wechsel auf die Straße wäre ein Abstieg.«

»Vielleicht wären mehr gerne bei den schrägen Außenseitern, als du denkst.«

»So herum habe ich das noch nie betrachtet.«

»Also steht deine Entscheidung?«, fragte Torsten.

»Ich denke ja.« Robert stand vom Bett auf und trat ans Fenster. »Wir werden wieder eine Mannschaft in Rechberg haben. Offen für jeden. Keine Kreiseldemonstration, kein elitäres Gehabe mehr. Rechberg ist eine Schule, wir sind alle ein Feld und so sollten wir uns auch präsentieren. Dafür werde ich sorgen.«

»Wenn du fliegst, kannst du später ja Pfarrer werden«, machte sich Torsten über die salbungsvollen Worte seines Tutors lustig. »Das Talent dazu hast du.«

»Idiot!« Robert drehte sich um und musste lachen.

»Schweinepriester!«

»Sag das noch einmal!«

»Gerne. Schweineprie…«

Weiter kam Torsten nicht, denn da hatte sich Robert schon auf ihn gestürzt.

16.

Die Straßenfahrer reagierten ganz anders auf die neuen Pläne, als Robert erwartet hatte.

»Jetzt reicht es, wieso soll alles nach deiner Pfeife tanzen!«, schrie Alex. »Erst machst du uns heiß auf den Kreisel, wir Idioten trainieren das über Wochen und dann plötzlich kein Kreisel mehr! Denn der große Robert hat entschieden, dass er lieber eine Mannschaft haben möchte.«

»Und was mich noch viel mehr aufregt, Rob, was soll der Scheiß mit Jannis?«, rief Daniel erregt. »Wenn wir neue Fahrer brauchen, dann suchen wir uns die selbst aus. Und da nehmen wir nicht jeden!«

»Genau!« Selbst Lara stellte sich gegen Robert. »Ich habe keinen Bock hier plötzlich mit der halben Schule rumzugurken. Seit Jahren machen wir unser eigenes Ding und das soll gefälligst auch so bleiben.«

»Dann habt ihr Torsten nur aufgenommen, weil ich ...« Robert war platt.

»Hättest du wohl gerne. Aber so wichtig bist du auch nicht«, widersprach ihm Alex. »Das war ein Befehl der Lorenz. Sorry, Kleiner!« Alex warf Torsten einen entschuldigenden Blick zu. »Ohne diese Order hätten wir dich sicher rausgefahren.«

»Ihr hättet es ja mal versuchen können, aber ob ihr das geschafft hättet?« Torsten blieb ruhig.

»Wir können jeden rausfahren«, behauptete der Junge mit dem grünen Stern auf dem Hinterkopf.

»Darum geht es nicht, Alex! Aber, Rob, du kannst nicht einfach so kommen, alles auf den Kopf stellen und das zerstören, wofür wir jahrelang gekämpft haben!« Lara fing an hektisch ihre Schaltung am Fahrrad zu bearbeiten. »Wir wollten unsere Ruhe haben, und die hatten wir! Weil hier in Rechberg doch alle nur auf die Bahnidioten stieren.«

»Und weiter?«, rief Robert herausfordernd. Er wollte, dass die Karten offen auf den Tisch gelegt wurden.

»Weiter?« Alexander sprang für Lara ein. »Wir haben keinen Qualistress, wir sind unsere, wie sagt man doch so schön, unsere eigenen Herren. Wir haben einen gewissen Anspruch, wir wollen keine Hinterradlutscher dabeihaben, aber wir lassen es easy angehen. Trotzdem muss man bei uns was draufhaben. Selbst der Zwerg Nils kann am Berg führen. Klar?«

Der fühlte sich prompt angesprochen und rief: »Wir sind nämlich die heimlichen Helden an dieser Schule.«

»Genau!« Lara hatte sich wieder beruhigt und ihre alte Coolness aufgelegt: »Und das werden wir auch bleiben. Daher schmink dir das mit deinem alten Bahnfahrerkumpel ab. Falls er wirklich auftaucht, werden wir ihn platt fahren. Und was die Schulmannschaft angeht: Ich schlage eine Abstimmung vor!«

»Einverstanden. Aber davor möchte ich auch noch mal was sagen dürfen.« Robert war sauer. »Ihr seid keinen Dreck besser als die Bahnfahrer, über die ihr euch so lustig macht. Und wenn ihr denkt, die sind nicht gut genug für euch, dann habt ihr euch aber geschnitten! Die nehmen den Qualistress auf sich, fahren und trainieren hart, mindestens so hart wie ihr. Und immer allein gegen alle. Das zum Thema Helden! So sieht es doch aus! Im Feld könnt ihr die Klappe aufreißen, da seid ihr groß, könnt andere platt fahren, die ihr nicht wollt. Aber wer von euch könnte denn schon allein gegen eine Gruppe antreten? Hä? Wer von euch? Gibt es hier *den* kompletten Fahrer?«

Keiner sagte dazu etwas, alle schwiegen betreten.

Dann fuhr Robert noch fort: »Wenn ihr so gut seid, warum machen wir nicht mal ein echtes Rennen? Lassen wir doch eine Qualifikation darüber entscheiden, wer überhaupt in die Mannschaft darf! Nur weil jetzt nicht die tolle Kreiseldemonstration gefahren wird, sondern unter euch die besten sechs oder sieben ausgewählt werden müssten, macht euch das Schiss. Ist doch wahr! Die Lorenz hatte verdammt Recht, der Kreisel ist eins dieser beschissenen Egodinger und hat nichts mit einer Mannschaft zu tun. Danke, Jungs, dass ihr mir das klar gemacht habt. Und soll ich euch noch was sagen? Ihr könnt mich mal. Ich werde die Mannschaft machen, notfalls schmiere ich einen Aufruf in die Duschen und wenn es das Letzte ist, was ich hier mache.«

Robert atmete lange aus. »So, und wenn ihr mich jetzt auch platt fahren wollt: Bitte!«

Robert schwang sich auf sein Rad und fuhr Richtung Schultor. Torsten folgte ihm und mit etwas Verzögerung auch die anderen aus dem Team.

Nach ein paar Kilometern auf der Straße – sie fuhren nicht in Richtung Autobahn – schob sich Lara neben Robert an die Spitze des Feldes. »Okay, ein Deal! Mach deine Mistmannschaft, aber lass uns den Kreisel. Bei der Tour ist Armstrong beim Mannschaftszeitfahren den Kreisel gefahren, weil er schnell sein wollte.«

Natürlich war der Belgische Kreisel nicht der Schönheit wegen entwickelt worden, sondern um hohe Geschwindigkeiten zu erzielen. Warum sollte die Schulmannschaft nicht in dieser Formation fahren?

»Einverstanden«, sagte Robert deshalb. »Aber das heißt doppeltes Training: erst normale Wertung und dann auf die Autobahn.«

»Das ist klar, denn wenn wir antreten, dann wollen wir auch gewinnen!« Lara drehte sich auf ihrem Rad um und schrie den anderen zu: »Haben das alle mitbekommen? Wir machen beides: Mannschaft und Kreisel!«

»Stopp!«, befahl Daniel. Das Feld kam mitten auf der Landstraße zum Stehen.

»Was denn?«, fragte Lara.

»Keinen Bock!« Daniel sah die junge Frau, die zwei Jahrgänge über ihm war, herausfordernd an. »Ich hab die Nase voll. Das mit dem Kreisel, okay, da habe ich noch mitgemacht. Aber jetzt reicht es. Auf Wettkampfstress habe ich keine Lust. Und damit bin ich sicher nicht allein.«

»Wer noch?« Lara blickte fragend in die Runde.

»Abstimmung!«, schlug Daniel vor.

»Wenn es sein muss!« Lara sah zu Boden. »Arme hoch, wer keinen Bock mehr hat.«

Daniel streckte den Arm hoch. Auch Patrick, Philipp, Sandy und Martina entschieden sich dafür, auszusteigen.

»Gut!« Lara schaute hoch und dann wirkte sie plötzlich sehr müde. »Schade, das ist dann das Ende unserer Gruppe. Philipp, du bist der Älteste, du übernimmst die Leitung eures Teams. Viel Erfolg. – Der Rest mir nach.«

Sie setzte sich wieder auf den Sattel und fuhr los. Robert, Torsten, der kleine Nils, Anja, Alex, Dirk, und Sonja schlossen sich ihr an. Als Robert in der nächsten Kurve einen Blick zurückwarf, standen die anderen fünf noch immer auf der Landstraße.

»Ich hoffe, dass es das wert war«, brach Lara einige Kilometer später das Schweigen. »Wir waren ein guter Haufen.«

»Ich hoffe es auch«, sagte Robert.

»Hey, keine Sentimentalitäten«, rief Alex dazwischen. »Wer Rad fährt, sollte nach vorne sehen, sonst fällt er auf die Fresse.«

»Warum bist du überhaupt mit zu uns gekommen?« Torsten sah ihn plötzlich erstaunt an.

»Ich?« Alexander schien auf diese Frage keine Antwort zu haben, denn er schwieg eine Weile. Doch dann sagte er auf einmal: »Weißt du, ich hab einfach Lust, den Leuten zu zeigen, was ich draufhabe. Und du?«

»Ich wollte schon immer in einem Team sein. Und wo Robert fährt, fahre auch ich.« Torsten musste für seine Antwort keine Sekunde überlegen.

»Ich finde es einfach geil.« Der kleine Nils grinste breit. »Hey, was für ein Aufstieg! Letztes Jahr noch Frischling und nun fahre ich in der Rechberger Schulmannschaft.«

»Ich bin dabei, weil ich will, dass sich hier was ändert.« Anja, die sonst eher zu den Stillen gehörte, meldete sich zu Wort. »Ich habe diesen ganzen Mist satt. Ich will ernst genommen werden und ich will Spaß haben. Ich will Fahrrad fahren und ich will echte Freunde haben. Leuten, denen ich vertrauen kann. Vielleicht geht all das in der Mannschaft.«

»Ich glaube, dass es höchste Zeit wird, aus unserer Nische herauszukommen.« Sonja war an der Reihe. »Ich fand das immer ganz nett und so. Aber ich bin hier, weil ich Leistungssport machen will. Ich will damit später mal Geld verdienen und Radfahren zu meinem Beruf machen! Nichts gegen dich, Lara, aber wir brauchen auch mal einen richtigen Trainer. Und außerdem geht es mir wie Alex. Ich will endlich zeigen dürfen, was ich kann.«

Dirk schüttelte den Kopf. »Das kann ich so nicht sagen. Aber ich bin dabei, weil ... Ja, eigentlich weil ich denke, dass Robert von Anfang an Recht hatte. Es geht darum, ein Team zu werden, sich gegenseitig zu helfen. Ich muss nicht gleich mit allen befreundet sein. Aber auf die Leute, mit denen ich zusammen fahre, möchte ich mich verlassen können.«

»Ich überlege, warum ich dabei bin, aber ich weiß es nicht. Komisch. Ich musste einfach!« Lara klang etwas ratlos.

»Das Ganze ist mehr als die Summe seiner Teile!«, philosophierte Robert, nachdem sie ein langes Stück schweigend zurückgelegt hatten. »Ich bin ja mal gespannt, was bei uns als Summe unten rauskommt.«

»Halt die Klappe und geh nach vorne!« Lara wies ihn grinsend zurecht. »Ab jetzt alle 500 Meter Führungswechsel und achtet auf die Trittfrequenz. Und die Berge werden heute nicht unter 28 km/h gefahren! Das ist ein Befehl. In vier Wochen haben wir ein Rennen. Also los, quält euch, ihr Säue!«

»Na klasse, Sonja, du hast Lara gereizt! Danke, dafür werden wir lange büßen müssen!« Alex ging aus dem Sattel und löste Robert an der Spitze ab. »Ich gehe jetzt mal nach vorne! Lieber Gegenwind als neben einer wütenden Lara zu fahren.«

Vier Stunden, 110 Kilometer und drei mittlere Berge später kamen sie ausgelaugt, aber zufrieden auf der Autobahn an. Sie machten eine kleine Pause und arbeiteten einen ersten provisorischen Trainingsplan für die kommenden Wochen aus.

»Ausdauer haben wir, das war ja auch zu erwarten.« Alex trank einen großen Schluck aus seiner Flasche. »Bleiben die zwei anderen Probleme. Zum einen der Speed, zum anderen die Technik.«

»Das ist *ein* Problem«, sagte Sonja. »Hast du die Technik, bist du auch schnell.«

»Stimmt«, seufzte Lara. »Ich schlage vor, jeder von uns geht pro Tag eine Stunde lang auf die Rolle, am besten gleich morgens vor dem Unterricht. Ziel dabei ist, die Trittfrequenz auf 100 zu bringen. Die anderen Teams werden sicher bis zu 40 oder 50 km/h fahren. Wenn wir da nicht abgehängt werden wollen, müssen wir ... «

»Moment mal«, unterbrach sie Robert. »Reden wir vom selben Rennen? Ich dachte an ein Mannschaftszeitfahren!«

»Wie Mannschaftszeitfahren?«, rief Sonja. »Keine Fahrt im Feld?«

»Wie willst du da einen Kreisel fahren?«, fragte Lara gereizt. »Natürlich Mannschaftszeitfahren!«

»Das habe ich auch anders verstanden«, erklärte Anja beleidigt. »Ich dachte, wir gehen nur als eine Mannschaft an den Start, helfen uns im Feld ... «

»… und du kannst dann mit deinen Sprinterqualitäten den Rahm abschöpfen!«, warf Alex ihr vor.

»Wenn hier einer ein Sprinter ist, dann ja wohl Robert!«, giftete Anja zurück.

»Genau!«, sagte der trocken.

»Wie?!« Alex war perplex. »Willst du echt hier wieder deine Egonummer abziehen?«

»Natürlich nicht«, versuchte Robert seinen Klassenkameraden mit dem grünen Stern zu beruhigen. »Natürlich können wir nur ein Mannschaftszeitfahren machen. Bei einem normalen Rennen hätte keiner, weder ich noch Anja noch sonst wer aus Rechberg, eine Chance. Da sind uns die anderen alle haushoch überlegen! Die fahren doch nur solche Rennen. Und wann bitte hat das letzte Mal ein Rechberger bei so was gewonnen?«

»Mein Vater, aber auch erst nach der Schule!«, sagte Torsten. »Ihr habt keinen blassen Schimmer, wie es im Wettkampf läuft. Mein Vater hat erzählt, da geht es ähnlich rabiat zu wie beim Handball.«

»Ich kenne das Gerempel von der Bahn. Seien wir ehrlich, bei einem Schlusssprint würden wir platt gefahren werden. Außerdem haben wir null Renntaktik drauf.«

»Also bleibt nur das Mannschaftszeitfahren.« Lara nickte zur Zustimmung und Sonja fragte: »Welche Distanz? 70 Kilometer?«

»Wir haben den Heimvorteil, den sollten wir nutzen«, antwortete Alex. »In welcher Wertung sind wir am besten?«

»Es sollten Berge dabei sein«, sagte Anja. »Aber was ich schon die ganze Zeit fragen wollte, geht das überhaupt?

Wir sind aus unterschiedlichen Jahrgängen, Mädchen und Jungen, haben wir da überhaupt irgendwelche Aussichten?«

»Wie Alex sagt«, erwiderte Robert. »Wir haben das Heimrecht, wir laden ein, wir setzen die Bedingungen.«

»Gut.« Lara lächelte. »Also sollten wir so unfair sein und uns eine Strecke genau auf unsere Bedürfnisse zurechtbasteln. Nicht zu lang …«

»… mit einigen kleinen Hügeln …«, nahm Nils den Faden auf.

»… aber nicht zu giftige, am besten welche, die man sich gut einteilen muss …« Alex feixte.

»… und natürlich einer Autobahn, damit wir den Kreisel ohne Sturz hinbekommen können. Start und Ziel ist die Schulbahn«, vollendete Robert. »Damit dürfte die Strecke schon klar sein!«

Alle nickten. Im Kopf hatte jeder dieselbe Routenführung vor Augen. Ihre Lieblingsstrecke, leicht gekürzt, ergänzt durch die Autobahn.

»Und das schlucken die anderen?« Der kleine Nils wirkte skeptisch.

»Das müssen sie!«, antwortete Robert. »Ich bin gespannt, wer überhaupt unsere Einladung annimmt. Wäre schon peinlich, wenn wir jetzt hier so einen Trubel machen und dann stehen wir alleine am Start.«

»Glaubt ihr eigentlich wirklich, wir können gewinnen?«, fragte Nils unsicher.

»Keine Ahnung. Aber so ist das eben, was du wert bist, weißt du erst, wenn du dich dem Vergleich stellst.« Alex grinste bei seinem Kommentar. »Aber ich bin überzeugt, wir sind besser, als wir aussehen.«

»Genug geschwafelt.« Lara hob ihr Rad auf. »Los, auf zum Kreiseltraining!«

»Warum habe ich bloß meinen Mund aufgemacht?«, stöhnte Sonja.

»Tja, damit musst du jetzt leben!«

Noch am gleichen Abend klingelte Robert bei Frau Schuster und teilte ihr bereits an der Tür mit, dass er und sein Team sich geeinigt und für ein Mannschaftsrennen entschieden hatten.

»Super! Wunderbar!«, rief Frau Schuster mit roten Wangen. »Ich schreibe noch heute die Einladungen, dann gehen sie morgen schon raus. Ich rufe auch meine Bekannte beim *Rechberger Anzeiger* an, damit sie das Ganze publik macht. Und Lore bleibt nichts anderes, als die Kröte zu schlucken. Endlich!«

Dass Frau Schuster so überschwänglich reagierte, überraschte Robert.

»Wir haben an ein Mannschaftszeitfahren gedacht.« Er ging schnell zu den Fakten über, um sie auf den Boden zurückzubringen. »Strecke etwa 70 bis 80 Kilometer, offene Mannschaft, sowohl Männer als auch Frauen und jahrgangsübergreifend.«

»Einverstanden. Alles, was ihr wollt. Hauptsache eine Mannschaft! Das wird der Hammer!« Frau Schuster war nicht zu beruhigen. »Ich würde zu gerne das Gesicht von Lore sehen, wenn sie die Zeitung aufschlägt und das liest.«

Robert war bei dem Gedanken sehr mulmig zumute. »Ich fahre dann mal wieder.«

»Mach das, ich werde mich gleich ans Telefon hängen

und die Neuigkeit verbreiten. Wir sehen uns!« Frau Schuster schob ihn aus ihrer Wohnung.

Ein sehr nachdenklicher Robert fuhr langsam zur Schule zurück.

Was wird hier eigentlich gespielt?, fragte er sich immer und immer wieder.

17.

In der Nacht wälzte Robert sich im Bett ständig von einer Seite auf die andere. Die Sache mit der Schulmannschaft ging ihm nicht aus dem Kopf. Dann fällte er eine Entscheidung, die er gleich am nächsten Morgen umsetzen wollte. Schon vor dem Frühstück klopfte er deshalb an die Tür zu Frau Lorenz' Privatwohnung oben in der Schule. Noch nie, so wurde erzählt, war ein Schüler in diesen Räumen gewesen.

»Bitte?« Frau Lorenz öffnete im Morgenmantel. »Was ist?«

»Ich muss Sie sprechen!«

»Um was geht es?« Die Direktorin stand im Türrahmen und machte keinerlei Anstalten Robert hereinzulassen.

»Bevor Sie es von anderer Seite erfahren, sage ich es Ihnen lieber selbst.« Robert schluckte und fuhr fort: »Wir haben eine Schulmannschaft gegründet. Und wir haben beschlossen, dass beim Schulfest auch ein Mannschaftszeitfahren stattfindet. Ich denke, das sollten Sie wissen.«

Frau Lorenz' Gesichtszüge wurden hart. »Das will ich nicht und das untersage ich!«

Roberts Magen krampfte sich zusammen. Er musste all seinen Mut zusammennehmen, um weiterzusprechen. »Tut mir Leid, aber das Schulfest wird vom Verein der

Ehemaligen ausgerichtet und der unterstützt uns. Sie können uns da nichts verbieten.«

»Du meinst, Frau Schuster unterstützt euch.«

»Genau!«

»Das letzte Wort in dieser Angelegenheit ist noch nicht gesprochen.«

Die Tür wurde zugeknallt.

Robert ging zurück in sein Zimmer. Kaum hatte er sich auf sein Bett gesetzt, klopfte es an der Verbindungstür und Torsten kam herein. Er trug nur eine dunkelblaue Hose und die kurzen roten Haare waren noch nass.

»Alle wissen es!«, sprudelte es aus ihm heraus. »Es steht sogar in der Dusche an den Spiegeln. Warst du das?«

Robert schüttelte den Kopf.

»Hab ich mir gedacht!« Torsten war ganz durcheinander und begann mit dem Handtuch seine Haare trockenzurubbeln. »Denn warum solltest du schreiben: ›Nur die besten Rechberger in die Mannschaft!‹?«

»Das steht da?«

»Wenn ich es dir sage!« Torsten lief aufgebracht im Zimmer hin und her. »Woher wissen die das? Und was soll dieser blöde Spruch?«

»Da will uns jemand ans Bein pinkeln.«

»Steckt da die Lorenz dahinter?«, fragte Torsten.

»Nein!«, antwortete Robert. »Bei der war ich nämlich gerade und die wusste noch nichts, bis ich es ihr sagte!«

»Und?«

»Wie zu erwarten. Sie ist stinksauer.« Robert war über sich selbst verwundert, aber er wurde von Minute zu Minute ruhiger. Die Katze war aus dem Sack, es gab kein Zurück mehr. »Und was den Spruch angeht: Ist ja irgendwie wahr. Wenn wir wirklich für Rechberg fahren wollen, dann darf es nicht wieder so eine Klüngelei geben – jeder kann mitmachen, wenn er gut genug ist. Außerdem sind wir eh noch zu wenig, wir brauchen mindestens neun oder zehn Fahrer. Und es ist schon richtig, was am Spiegel steht, in einer Schulmannschaft sollten auch die Besten der Schule fahren.«

»Das kann aber bedeuten, dass einige von dem bisherigen Team rausfliegen könnten!«, warf Torsten ein. »Vielleicht auch du oder ich!«

»Erstens glaube ich das nicht«, hielt Robert dagegen. »Und zweitens, wenn schon, dann ist es eben so. Dann waren wir eben nicht gut genug.«

»Klingt hart!«

»Ist es auch. Aber ist es außerhalb der Schule in einer echten Mannschaft anders?«

»Na, da bin ich mal gespannt.« Torsten verschwand wieder in sein Zimmer.

Beim Frühstück wurde Robert von allen an seinem Tisch aufgeregt erwartet. Als er endlich kam, sagte Jannis sofort: »Du, Rob, ich glaube aber nicht, dass ich jetzt schon fit genug für eine Mannschaft bin! Darf ich trotzdem zu euch?«

»Logisch! Und was den Wettkampf angeht, du musst nicht antreten, wenn du nicht willst«, antwortete Robert. »Kein Zwang, nur wer Bock hat, macht mit.«

»Gut!« Jannis war erleichtert.

»Hattet ihr auch diese Tageslosung über die Schulmannschaft in eurer Dusche?«, fragte Robert Luise. Die nickte und fügte spitz hinzu: »Und sie trifft ja auch ins Schwarze!«

»Genau das denke ich auch«, sagte Robert zu Luises Verblüffung und stand auf. Er ging hinüber zu Laras Tisch und kniete sich neben sie. Alle im Kasino beobachteten ihn dabei gespannt.

»Lara, entweder wir sehen einfach zu, wie sich alle gegen uns richten«, flüsterte Robert seiner Teamkollegin ins Ohr, »die Schule und die Schulleitung, oder wir greifen an. Am besten, jemand verkündet das mit der Mannschaft offiziell und sagt auch, dass wir noch Fahrer suchen. Du bist die Älteste im Team, willst du oder soll ich?«

Lara schwieg einen Moment, nickte und antwortete ebenfalls flüsternd: »Ich denke, das ist mein Job.«

»Danke!« Robert ging zurück zu seinem Platz. Kaum hatte er sich gesetzt, erhob sich Lara und rief: »Einen Moment Ruhe bitte!«

Schlagartig verstummten die Tischgespräche, auch an den Lehrertischen.

»Es dürfte ja schon allgemein bekannt sein, wir haben mit Unterstützung des Vereins der Ehemaligen eine Schulmannschaft gegründet.« Laras Stimme war laut und klar. »Und: Es wird beim Sportfest ein Mannschaftszeitfahren geben. Die Mannschaft, die wir bis dahin aufbauen wollen, soll natürlich unsere gesamte Schule vertreten. Übrigens, diese Mannschaft braucht noch Fahrer – und ein Trainer wäre auch nicht schlecht. Jeder ist eingeladen. Wo wir uns treffen, wisst ihr ja. Danke!«

Lara setzte sich wieder und sofort brach Unruhe im Kasino aus. Alle redeten durcheinander und immer wieder wanderten die Blicke hinüber zur Schulleiterin.

Frau Lorenz saß an ihrem Tisch und war kreidebleich.

An normalen Unterricht war erst einmal nicht zu denken. In allen Klassen gab es nur das eine Thema: die Schulmannschaft. Schon recht bald kristallisierten sich zwei Lager heraus. Die meisten, über drei Viertel der Schüler, fanden die Idee einfach lächerlich. Man zerstöre den Ruf der Schule mit einem solchen Amateurhaufen, meinten sie. Der Rest fand das Vorhaben zumindest im Ansatz gut. Doch auch unter ihnen bezweifelten viele, ob die Mannschaft, die zustande kommen würde, den Anspruch einer Schulmannschaft erfüllen könne.

Obwohl viele insgeheim mit dem Gedanken spielten, sich beim Team zu melden, fanden sich am Nachmittag nur fünf neue Fahrer am Treffpunkt ein: Götz aus der zehnten Klasse, Johanna aus der siebten, Beate – eine der Älteren, die damals mit Robert im Chillo Loco waren –, Marlene wie Lara aus der 13. Klasse und Florian, ein Klassenkamerad vom kleinen Nils. Außerdem war Jannis erschienen, der jedoch immer wiederholte, dass er noch nicht reif genug für ein Rennen wäre. Zwei der Neuen kamen von der Bahn, waren Verfolger. Die anderen drei waren Crossfahrer.

»Schön!«, begrüßte Lara die Truppe. »Willkommen in der Mannschaft. Am besten fahren wir einfach mal los. Jeder der Neuen klemmt sich bei einem der andern ans Hinterrad und dann sehen wir weiter.«

»Das wird nichts!«, zischte sie Robert im Vorbeifahren zu.

Der antwortete nur: »Abwarten!«

Es war eine merkwürdige Wertung, die an diesem Nachmittag veranstaltet wurde. Die Fahrer wechselten ständig ihre Formation und unterhielten sich dabei die ganze Zeit über die neue Schulmannschaft. Jeder wollte vom anderen wissen, warum er mitfahre. Ohne es vorher abgesprochen zu haben, setzten sich auch die Neuen hin und wieder an die Spitze. Ansonsten orientierten sie sich an denen, die schon länger in dieser Disziplin fuhren.

Eigentlich legten sie keinen besonderen Wert darauf, ein hohes Tempo zu erreichen. Aber als sie schließlich auf der Autobahn ankamen, stellten sie überrascht fest, dass sie nur wenige Minuten langsamer waren als sonst.

»Also, wenn ich ein Kompliment machen darf!« Lara sah zufrieden aus. »Fürs erste Mal nicht schlecht. Zwei Probleme sehe ich. Das eine ist, die von der Bahn müssen alles daransetzen, ihre Trittfrequenz zu erhöhen. Ihr seid das Sprinten gewöhnt, aber ich bezweifle, dass ihr so eine längere Wertung durchstehen könnt. Andererseits könnt ihr so anfangs Tempo machen und das würde dem Feld gut tun. Und wenn ihr irgendwann aussteigt, kein Problem. Nur fünf Fahrer müssen ins Ziel kommen, die Zeit des fünften zählt. Zweiter Punkt, und der ist vielleicht problematischer: Unser Team ist ein planloser Haufen. Da muss Ordnung rein, System, sonst verballern wir viel zu viel Energie.«

»Sehe ich auch so«, mischte sich Alex ein. »Daher machen wir jetzt unser Kreiseltraining, das ist auch für die Gruppendynamik gut. Unsere Trainingsstrecke ist die Autobahn hier, wie ihr wisst *das* Geheimnis der Schule, kennt niemand!«

Die meisten im Feld mussten lachen und Alex begann mit der rechten Hand Kringel in die Luft zu malen. »Was ihr dagegen garantiert kennt, ist die Belgische Reihe. Aber wusstet ihr, dass die einmal hier in Rechberg entwickelt wurde?«

Die Neuen warfen einander ungläubige Blicke zu.

»Wurde sie aber.« Alex zeigte auf Robert. »Wer Genaueres darüber erfahren möchte: Dieser junge Mann dort ist Fachmann über die Entstehung und so. Aber nun zur Praxis. Wenn wir den Kreisel bis zum Rennen draufhaben, können wir mit ihm enorm Kraft sparen und Ausdauerprobleme ausgleichen. Wie heißt es doch so schön: Technik vor Schnelligkeit vor Kraft vor Ausdauer.«

Zwischen Praxis und Theorie liegen jedoch manchmal Welten, das mussten Robert und die anderen auch feststellen. Denn ihr Versuch, den Kreisel zu fahren, scheiterte wieder einmal kläglich. Ständig riss die Reihe auseinander oder die Fahrer stießen aneinander, sodass sie stürzten. Mit einem eleganten Kreisel, so wie ihn Lance Armstrong und sein Team bei der Tour de France präsentiert hatten, hatte das nichts gemein.

Johanna, eine der Crossfahrerinnen, verkündete nach einer halben Stunde knapp: »Dann könnte ich auch gleich einen Kurs in Synchronschwimmen besuchen!«, und verabschiedete sich. Um nicht zu riskieren, dass noch mehr absprangen, beendete Lara für diesen Nachmittag das Training und sie fuhren zurück zur Schule.

Zu Roberts Erleichterung versprachen die übrigen vier Neuen am nächsten Tag weitertrainieren zu wollen.

Während des Abendessens stand Frau Lorenz plötzlich auf und rief: »Ruhe! Bitte Ruhe!«

Eine weitere Sensation lag in der Luft, umgehend verstummten sämtliche Tischgespräche.

»Liebe Schülerinnen und Schüler der Gieseler-Schule. Heute hat sich etwas ereignet, das ich unerhört finde und das ich so auch nicht hinnehmen kann. Gegen meinen erklärten Willen wurde eine so genannte Schulmannschaft gegründet. Es gibt jedoch an dieser Schule keine Schulmannschaft und es wird auch keine geben. Das zuerst. Wenn ein paar Schüler und Schülerinnen in Mannschaftsformation beim Schulfest antreten wollen, dann missbillige ich das. Außerdem ist diese Mannschaft nicht, ich wiederhole, nicht die offizielle Repräsentanz der Schule. Unser Radsportgymnasium wird nach außen ausschließlich von den Einzelfahrern vertreten. Leider kann ich das Mannschaftsrennen nicht mehr verhindern – eine maßgebliche Rolle spielt dabei der Verein der Ehemaligen. Aber ich werde Konsequenzen daraus ziehen. Ab dem nächsten Jahr unterliegt die Ausrichtung des Sportfestes ausschließlich der Schulleitung und ich kann jetzt schon sagen, einen Mannschaftswettkampf wird es dann nicht wieder geben. Zudem werden sämtliche Schüler, die sich an dieser Pseudomannschaft beteiligen, während ihrer weiteren Zeit an dieser Schule für alle anderen Wettkämpfe gesperrt. Und das meine ich in vollem Ernst. Wer glaubt, in dieser inoffiziellen Mannschaft fahren zu müssen, sollte sich daher über die Folgen klar sein. Ich baue noch jedem eine Brücke zurück in die Gemeinschaft. Heute können sich die Abtrünnigen noch zur Umkehr entscheiden, ohne dass sie Konsequenzen fürchten müssen. Aber ab morgen gibt es dann kein Pardon mehr. Und so Leid es mir tut, ich muss das in aller Entschiedenheit durchführen – auch im Interesse all der Einzelfahrer, die hier Tag für Tag hart trainieren. Ich danke für eure Aufmerksamkeit.«

Robert war wie vor den Kopf geschlagen. Mit einer so heftigen Reaktion hatte er nicht gerechnet. Obwohl, hatte er nicht prophezeit, eine Mannschaft käme einer Kriegserklärung gleich? Letztlich war Frau Lorenz nur darauf eingegangen und der Kampf hatte begonnen.

Robert suchte den Blickkontakt zu seinen Teamkollegen. Lara, Torsten, Alex und Götz wirkten zu allem entschlossen, in ihren Augen konnte er Wut lesen. Bei den anderen konnte Robert nicht einschätzen, was in ihnen vorging.

Robert war gespannt. Morgen Nachmittag war der Moment der Wahrheit. Wer würde wieder zum Training antreten?

Später am Abend, Torsten und er hatten vergeblich darauf gewartet, dass jemand bei ihnen vorbeikommen würde, rief Robert bei Frau Schuster an. Er wollte ihr von der neuen Entwicklung berichten.

Sie wusste aber bereits Bescheid und fertigte Robert kurz ab. Die Entscheidung der Direktorin sei bedauerlich und wenn sie mit einer derartigen Überreaktion hätte rechnen können, wäre sie niemals auf Roberts Vorschlag eingegangen. Nun könne man aber nichts mehr daran ändern, die Einladungen seien verschickt.

Robert war sprachlos. Der Vorschlag, eine Mannschaftswertung zu machen, stammte doch ursprünglich von Frau Schuster und nicht von ihm! Robert hatte ihre Idee aufgenommen und jetzt stellte sie es so dar, als sei er an allem schuld und habe sie mit hineingezogen.

Torsten musste dreimal nachfragen, bis Robert auch diesen Tiefschlag verdaut hatte und ihm antworten konnte.

»Diese hinterhältige Kuh!«, keuchte er wütend. »Uns drohen harte Strafen durch *ihren* Vorschlag und sie spielt das arme Opfer. Was für eine fiese Tour!«

»Mein Vater mochte sie noch nie, sie ihn aber auch nicht«, meinte Torsten nur dazu. »Da muss es mal Zoff in der Mannschaft gegeben haben.«

»Hättest du mir das nicht früher sagen können?«, stöhnte Robert. »Wäre vielleicht ganz hilfreich gewesen!«

»Fiel mir erst gerade wieder ein«, entschuldigte sich Torsten. »Mein Vater schwafelt so viel von seiner Zeit hier, das kann ich unmöglich immer alles behalten.«

»Könntest du ihn trotzdem mal fragen, was da damals passiert ist?«, fragte Robert aufgeregt.

»Klaro. Aber erst Anfang nächster Woche, denn er ist auf Geschäftsreise und ich habe keine Ahnung, wo.«

18.

Den ganzen Tag schon, am Morgen, am Vormittag und beim Mittagessen, lag über der Schule eine Spannung wie eine düstere Gewitterwolke. Alle warteten auf den Moment der Entscheidung. Welche Schüler würden wieder zum Mannschaftstraining antreten? Wer würde es wagen, sich gegen die Direktorin zu stellen?

Wie sonst nur bei den Qualis hatten sich sämtliche Schüler an der Bahn versammelt. Es wurde kaum gesprochen, sie standen schweigend da und beobachteten einander.

Robert ging zu den Fahrradständern und hob seine Rennmaschine herunter. Seine Haltung wirkte sehr steif. Die Blicke der anderen bohrten sich wie Pfeile in seinen Rücken. Torsten folgte ihm, gemeinsam schoben sie ihre Räder zur alten Buche, dem Sammelpunkt der Straßenfahrer. Lara und Alex waren die Nächsten, die dazustießen. Es folgten einen Moment später Götz und dann der kleine Nils, der jedoch ohne Fahrrad.

»Ich komm mir zwar mies vor«, sagte er leise, »aber das pack ich nicht. Ich fange hier doch gerade erst an. Ich würde ja gerne, aber meine Eltern ...«

»Ist okay!«, versuchte Lara den schluchzenden Jungen zu beruhigen. »Das verstehen wir alle. Hut ab, dass du kommst, um uns das zu sagen.«

»Stimmt.« Robert klopfte dem Zwölfjährigen anerkennend auf die Schulter. »Ich bin stolz auf dich.«

Nils drehte sich um und rannte in Richtung Schulgebäude.

»Torsten, wenn du auch gehen willst, verstehe ich das voll und ganz.« Robert blickte seinen Freund fragend an.

»Schweinepriester!« Torsten versuchte zu grinsen. »Einen Zwerg braucht ihr im Team, sonst wird das doch 'ne Seniorenrunde. Außerdem, wo du fährst, fahre ich auch.«

Plötzlich kam Bewegung in die Reihen der umstehenden Schüler. Svenja, eine Klassenkameradin von Lara, ging zum Ständer, nahm ihr Mountainbike und kam zur Buche.

»Ist eh mein letztes Jahr hier, was habe ich also groß zu verlieren?«, sagte sie achselzuckend.

Damit waren sie sechs.

»Scheiße!«, fluchte eine Stimme halblaut hinter ihnen. Dirk schien noch mit seiner Entscheidung zu ringen. »Warum mache ich das? Ich weiß genau, ich werde das später bereuen. – Trotzdem: Ich bin dabei!«

»Danke!« Robert lächelte schwach.

»Das ist ernst, ist euch das klar?«, sagte Dirk. »Wenn wir jetzt losfahren, dann sollte sich jeder seiner Sache sicher sein. Und ab jetzt wird trainiert bis zum Umfallen. Denn den Preis zahle ich nicht einfach so just for fun.«

Die anderen nickten.

Plötzlich öffnete sich die Tür der Trainerbaracke neben der Bahn und Coach Walther trat heraus. Er warf einen prüfenden Blick über das Gelände und zur Verblüffung aller ging er hinüber zu den Radständern, nahm das erstbeste Fahrrad, setzte sich darauf – noch nie hatte jemand

Coach Walther Rad fahren gesehen – und ließ sich zu den inzwischen sieben Mannschaftsfahrern rollen.

»Ihr werdet einen Trainer brauchen. Und auch wenn ihr das nicht vermutet, ich habe mit Mannschaften 'ne Menge Erfahrung.« Der ältere, kleine Mann lächelte entschuldigend. »Hat etwas gedauert, aber ich habe mich entschieden. Danke für den Anstoß!«

Robert spürte, wie sich seine Anspannung löste. Ein echter Trainer war ein Geschenk des Himmels, mit dem er nicht gerechnet hatte. Man konnte über Coach Walthers Methoden geteilter Meinung sein, aber der Erfolg sprach für ihn.

Dann tauchten auch noch Sonja, Jannis und Benita mit ihren Fahrrädern auf.

Die Gruppe wollte schon losfahren, da hörten sie einen Schrei: »Wartet!« Völlig aufgelöst kam der kleine Nils angerannt. »Ich, ich will doch. Ist mir egal, was meine Eltern sagen werden, ich kann nicht anders.«

Lara umarmte den Jungen. »Keine Angst, das ist nicht das Ende!«

Dann ging es los. Coach Walther setzte sich an die Spitze und schlug den Weg nach Rechberg ein. Vor der Pizzeria an der Hauptstraße stoppte er und sagte: »Erste Lagebesprechung! Darf ich euch auf einen kleinen Imbiss einladen? Ich muss nach solchen Aufregungen immer was essen.«

Sie setzten sich an den großen Tisch im Garten und bestellten für alle das Gleiche: insgesamt zwölf große Portionen Spaghetti mit Tomatensoße.

»Gut, dann fange ich an.« Coach Walther beugte sich nach vorne über den Tisch und verschränkte die Hände.

»Bedankt habe ich mich ja schon und jetzt will ich ganz kurz loswerden, warum ich zu euch gestoßen bin. Ich war schon früher Mannschaftstrainer. Oder sagen wir besser, ich war der Trainer der Schulmannschaft. Über zehn Jahre, bis sie aufgelöst wurde. Vielleicht war es richtig, das zu tun. Aber genauso richtig ist es, dass diese Schule jetzt wieder eine Mannschaft bekommt. Deshalb möchte ich euch trainieren.«

»Warum wurde die Mannschaft damals aufgelöst?«, fragte Robert.

»Gute Frage …«, erwiderte der Trainer. »Der Hauptgrund war … Nun, es war im Grunde keine Mannschaft mehr, sondern ein Club. Es gab keine verbindlichen Aufnahmekriterien, keine Qualifikationen. Die Mannschaft bestimmte selbst, wer mitmachen durfte. Es gab allerlei Intrigen und viele aussichtsreiche Talente wurden einfach abgelehnt.«

Der Trainer wandte sich Torsten zu. »Ich weiß nicht, was dein Vater dir darüber erzählt hat. Er war jedenfalls ein guter Fahrer und hätte es verdient gehabt, in der Mannschaft mitzufahren. Aber sie haben ihn ausgebootet und draußen gehalten. Er passte vom Typ her nicht zu ihnen. Das war das einzige Argument damals. Die Mannschaft war eine geschlossene Clique, die sich für die Elite hielt. Und Frau Lorenz empfand das als undemokratisch – war es ja auch, ungerecht.«

Der Trainer trank einen Schluck aus seinem Glas und warf einen kurzen Blick zu Robert hinüber, der aufmerksam zuhörte.

»Alle Versuche, die Gruppe zu reformieren, scheiterten. Der Verein der Ehemaligen stellte sich quer – denn darin haben auch die Mannschaftskameraden von damals das Sagen. Daher blieb Frau Lorenz nur der knallharte Schnitt: Abschaffung der Mannschaft und neuer Schwerpunkt in den Einzeldisziplinen. Transparente, verlässliche Leistungskontrolle, gleiche Chancen für jeden, keine Bevorzugung. Nur … eins war anders, in der Mannschaft herrschte ein Gemeinschaftsgefühl, das es so in Rechberg nicht mehr gibt. Lange Rede, kurzer Sinn, wenn ich euch sehe, dann denke ich, ihr seid gefeit gegen dieses elitäre Gehabe …«

»Von wegen«, flüsterte Lara Alexander zu, die daran denken musste, was Robert ihnen noch vor zwei Tagen vorgeworfen hatte.

»Ihr seid offen, bei euch kann jeder mitfahren, in euren Reihen sind Ältere und Jüngere, Jungen und Mädchen vertreten und ihr wollt zusammen Rad fahren.«

Zwei Kellner brachten die Teller mit den dampfenden Spaghetti.

»Frau Schuster war doch auch in der Mannschaft, oder?«, fragte Robert.

»Äh, ja, wieso fragst du?«, gab Coach Walther zur Antwort.

»Nur so«, wich Robert aus.

»Glauben Sie, wir werden bis zum Rennen ein echtes Team werden?«, wollte Lara von dem Trainer wissen.

»Ihr wollt eine Mannschaft sein und darum seid ihr eine«, antwortete der Trainer lächelnd. »So einfach ist das. Also, wollt ihr mich als Trainer?«

»Abstimmung!«, rief Lara. »Wer ist dafür?«

Elf Arme gingen in die Luft.

»Na dann.« Coach Walther lehnte sich zufrieden zurück. »Lasst es euch schmecken. Und könnte mir bitte jemand den Parmesan reichen?«

Nach dem Essen ging es endlich auf die Räder. Doch die erste Wertung der frisch gebackenen Mannschaft hatte eher den Charakter eines Ausflugs. Vielleicht lag das an den gefüllten Mägen, dem sonnigen Wetter und dem strahlend blauen Himmel.

Als sie sich wieder der Schule näherten, setzte sich Lara neben Coach Walther und rief: »Wir machen noch einen Abstecher zur Autobahn.«

Dort angekommen verkündete sie: »Neben der Mannschaft haben wir noch einen zweites Projekt in Arbeit ... «

»Kurz: Wir werden das Rennen im Belgischen Kreisel fahren«, unterbrach sie Alex. »Und das trainieren wir jetzt – das wolltest du doch sagen, oder?«

»Ja.« Lara verdrehte die Augen. »Und Coach Walther ist zwar noch etwas skeptisch, ob wir das hinbekommen. Aber er will uns trotzdem dabei helfen.«

Der Trainer nickte. »Am Kreisel haben sich schon viele Mannschaften die Zähne ausgebissen. Aber wenn ihr es dennoch versuchen wollt, bitte. Das Wichtigste dabei ist, dass ihr euch gegenseitig absolut vertraut.« Coach Walther musste lächeln. »Und Vertrauen ist auch das Rückgrat einer jeden Mannschaft. Also los! Habt ihr schon eine bestimmte Vorstellung, wer hinter wem fährt?«

»Brauchen wir denn unbedingt feste Positionen?«, fragte Dirk. »Ich habe keine Lust immer nur Götz' Hintern vor mir zu sehen.«

»Wenn du damit Probleme hast, setzt dich hinter Sonja«, antwortete Götz trocken.

»Ich denke, diese Entscheidung sollte nicht nach der Sympathie oder Antipathie einem Hintern gegenüber getroffen werden.« Coach Walther klopfte auf den Sattel seines Rades. »Etwas mehr Ernst bitte. Ich schlage aus taktischen Gründen folgende Reihenfolge vor: Lara, dahinter Jannis, dann Benita, dann Nils, dann Götz, dann Alex, dann Svenja, dahinter Robert, dahinter Torsten, im Nacken Sonja und Dirk. Habe ich jemanden vergessen?«

Jeder suchte mit Blicken seinen Vordermann oder seine Vorderfrau.

»Gut. In dieser Aufstellung sind Neulinge und Fahrer, die schon mehr Erfahrung auf der Straße haben, optimal gemischt. Wollen wir mit einer einfachen Reihe anfangen?« Der Trainer klatschte auffordernd in die Hände.

Alle schwangen sich auf ihre Räder und fuhren langsam los, nach 100 Metern hatten sie die richtige Reihenfolge gefunden.

»Und jetzt Lara nach hinten!«, rief Coach Walther, während er neben ihnen herfuhr. »Lasst euch Zeit, kein Tempo, aber versucht die Köpfe unten zu lassen. Nur auf das Hinterrad des Vordermannes schauen!«

Lara musste kurz beschleunigen, um zu Dirk aufschließen zu können, während Jannis das Feld führte.

»Links hinterm Hinterrad bleiben!«, rief der Coach. »Nicht überlappen, sonst wirft jeder kleine Schlenker den Nachfolgenden um. – Jetzt, Jannis, kurz beschleunigen, dann nach links ausscheren und Benita führt!«

So ging es langsam, jedoch ohne Sturz die zwei Kilometer der Autobahn hoch und wieder zurück.

»So und jetzt einen Schwierigkeitsgrad höher. Das Ganze jetzt in zwei Reihen!

Bereits nach knapp 400 Metern kam es zum ersten Unfall. Benita stieß an Nils und löste damit einen Sturz des kompletten Feldes aus.

»Kann passieren, mach dir keinen Kopf«, tröstete der Trainer Benita.

Bis sie endlich zurück zur Schule fuhren, hatte fast jeder im Feld einen Sturz ausgelöst, viele sogar zwei oder drei. Alle waren ziemlich frustriert und da half es wenig, dass Coach Walther immer wieder betonte: »Gut, wirklich gut gemacht. Das schaffen wir schon. In dieser Mannschaft steckt Potenzial.«

Bei den Radständern sagte der ältere Mann: »Und nach dem Abendessen möchte ich euch alle im Rollenraum sehen. Aber keine Angst, kein weiteres Training heute. Ich möchte nur mit euch den Zeitplan durchsprechen.«

Beim Abendessen herrschte eine merkwürdige Stimmung. Jeder wartete darauf, dass etwas passieren würde. Doch nichts geschah. Frau Lorenz saß schweigend neben Coach Walther am Lehrertisch und verlor kein Wort über die Vorgänge vom Nachmittag.

Erleichtert verließen die Mitglieder der Mannschaft das Kasino, um sich anschließend in der Sporthalle bei den Rollen zu treffen.

»Schön.« Coach Walther betrat den Raum, in der Hand eine große Papierrolle, die er mit Klebeband an der Wand neben dem Klettergerüst befestigte. »Der Trainingsplan!«

Trainingskurven, Zeitpläne und andere Diagramme waren darauf zu sehen.

»Wir haben nicht ganz vier Wochen Zeit. Daher vergessen wir all den theoretischen Krempel lieber gleich wieder.« Coach Walther riss den Plan mit einer raschen Handbewegung von der Wand und zerknüllte ihn. »Wir machen das ganz einfach: Montags 100 Kilometer, dienstags 120 Kilometer, mittwochs und donnerstags 150 Kilometer auf der Straße. Nicht zu schnell, mittleres Tempo, ein paar Steigungen, aber alles so, dass ihr euch dabei noch unterhalten könnt. Die Geschwindigkeit soll schließlich das Ergebnis des Trainings sein. Freitags ist dann frei, das heißt abgesehen von der täglichen Stunde hier auf der Rolle und der Technikarbeit auf der Autobahn. Samstags fahren wir dann eine echte kleine Wertung, schnell und hart. Sonntags frei, nur eine kleine REKOM-Wertung zur Erholung – ein bis zwei Stunden, ohne Tempo, ganz locker und spaßbetont.«

Coach Walther sah seine Mannschaft erwartungsvoll an. »Einverstanden?«

»Und wann üben wir den Kreisel?«, fragte Lara.

»Gut, dass du fragst.« Der Trainer nickte. »Da gibt es eine wichtige Änderung zu eurem bisherigen Training. Wir starten jeden Tag auf der Autobahn mit dem Kreiseltraining und erst dann geht es auf die Straße. Techniktraining vor dem Grundlagentraining. Alles andere bringt nichts. Ist man müde, klappt es mit der Technik nicht.«

Damit war für heute alles gesagt und mit gemischten Gefühlen verschwanden die Schüler auf ihre Zimmer. Sie hatten, jeder für sich, eine wichtige Entscheidung getroffen. Alles andere würde sich zeigen.

Robert lag schon im Bett, da klopfte es an der Verbindungstür und Torsten kam herein.

»Störe ich?«

»Blöde Frage«, gab Robert zur Antwort.

Torsten setzte sich neben Robert aufs Bett. Er zog die Knie unter das Oberteil seines Schlafanzuges, begann mit den Fingern das Bündchen zu bearbeiten und sah auf seine Zehen. »Was meinst du?«, fragte er nach einer Weile.

»Weiß nicht. Irgendwie habe ich das Gefühl, dass da noch was kommt.«

»Geht mir auch so.«

»Ich komme mir momentan vor wie ein Bauer auf dem Schachbrett. Ich mache meine Züge, aber hab keine Ahnung, was hier wirklich gespielt wird.« Robert wirkte nachdenklich.

»Hmm, ist 'ne echt merkwürdige Geschichte«, sagte Torsten. »Die Schuster, die Lorenz, der Walther ...«

»Ganz klar läuft zwischen denen irgendein Ding von früher«, Robert setzte sich in seinem Bett auf. »Aber das kann uns doch eigentlich egal sein.«

»Stimmt. Was geht uns das an?« Torsten überlegte einen Moment und fragte dann: »Bist du nun eigentlich zufrieden?«

»Wie meinst du das?«

»Du weißt genau, wie ich das meine«, antwortete der Jüngere. »Du hast deine Mannschaft und nun?«

»Um es mal so zu sagen ...« Robert grinste. »A ist es nicht meine Mannschaft und B ... Ja, irgendwie bin ich schon zufrieden. Also nicht dass ich nun stolz darauf bin. Aber ich denke, es könnte wirklich ein Signal sein.«

»Dass nun alles besser wird, oder was?«, wollte Torsten wissen.

»Das nicht.« Robert schüttelte den Kopf. »Aber es kann doch sein, dass wir damit ... Anders gesagt: Wenn wir wirklich eine Mannschaft werden sollten, also ein richtiges Team, dann denke ich, hat das schon eine Wirkung.«

»Und welche?«

»Du nervst!«, antwortete Robert. »Wahrscheinlich die, dass alle einander lieben, Frieden auf Erden herrscht und alle Menschen glücklich sind. Wolltest du das hören?«

»Ja.« Torsten stand auf. »Genau das wollte ich hören. Ich liebe es, vor dem Zubettgehen Märchen zu hören.«

»Dann wirst du jetzt sicher gut einschlafen können.«

»Du wirst lachen«, sagte Torsten schon im Türrahmen stehend. »Das werde ich wirklich.«

»Gute Nacht und lass die Tür auf«, rief Robert. »Die Lorenz hat mir befohlen immer ein Auge auf dich zu haben.«

19.

Nach der ersten Trainingswoche hatte die neue Mannschaft das Gefühl, ihre Geschwindigkeit auf der Straße gesteigert zu haben. Das bestätigte auch die erste Messung am Samstagvormittag. Doch was die Technik des Gruppenfahrens, ob in Reihe oder im Kreisel, anging, waren keine Fortschritte erkennbar. Woran das lag, brachte ihr Trainer am Montag auf den Punkt.

»Ihr müsst lernen einander blind zu vertrauen!« Nach dem dritten Sturz auf der Autobahn war Coach Walther sauer geworden. »Gut, ihr fahrt erst eine Woche zusammen, wo soll es herkommen? Aber ihr seid doch alle Rechberger! Ihr kennt euch doch! Warum vertraut ihr euch nicht?«

»Erwarten Sie darauf wirklich eine Antwort?« Svenja, die den letzten Crash verursacht hatte, fühlte sich angesprochen. »Über acht Jahre habe ich gelernt nur mir selbst zu vertrauen und plötzlich soll ich ... Ach, ist doch alles Mist!«

»Okay, okay!« Coach Walther hob beschwichtigend die Hände. »Ist schon klar. Aber ich hab schon viele Mannschaften trainiert und Vertrauen ist nun mal der Grundstock. Die letzte Mannschaft, also die, die den Kreisel entwickelt hat, die hat einander vertraut. Blind vertraut, im wahrsten Sinne des Wortes. Die waren ein verschworener Haufen, die hätten den Kreisel notfalls mit verbundenen Augen gefahren. Sportlich, also vom Fahrerischen, von der Ausdauer und so, hätten die euch nicht das Wasser reichen können. Aber sie waren eine Familie …«

»Na toll, dann sollten wir uns gegenseitig adoptieren, oder wie?«, spottete Lara. »Vielleicht sollten wir das alles doch vergessen und einfach Rad fahren!«

»Oder absagen!«, schlug Dirk vor.

»Dazu ist es zu spät. Zum einen haben bereits drei Mannschaften zugesagt, zum anderen …« Robert musste schlucken, bevor er weitersprechen konnte. »Frau Lorenz hat es ganz klar gesagt: Es gibt kein Pardon. Und damit auch kein Zurück.«

»Und wenn wir diesen Kreiselmist vergessen!«, schlug Alex vor. »Warum machen wir es uns so schwer? Wir fahren einfach wie alle ganz normal in Reihe und fertig.«

»Das war mein Plan von Anfang an!« Coach Walther nickte. »Und wenn wir dann noch die Mannschaft richtig einteilen …«

»Wie einteilen?«, erkundigte sich Robert.

»Wie wohl?« Coach Walther sah auf das Team und überlegte. »Ein paar Hasen am Anfang, die Tempo machen, Sonja, Benita und Torsten … Die steigen dann nach vielleicht 30, 40 Kilometern aus. Dann geht es in die Berge, da gehen dann Nils, Götz und Jannis nach vorne. Und dann bringen die restlichen fünf die Zeit ins Ziel.«

»Meinen Sie das ernst?«, fragte Robert.

»Natürlich!« Coach Walther hielt Roberts Blick stand. »Ihr wollt doch gewinnen. Darum geht es, vergesst den Kreisel. Nur wenn ihr gewinnt, habt ihr eine Chance auf der Schule zu bleiben. Nur dann gibt es mit viel Glück auch im nächsten Jahr eine Mannschaft.«

»Dem Sieger hört jeder zu!«, meinte Torsten trocken.

»Du sagst es.« Coach Walther. »Also, teilen wir euch so ein, dass die stärksten fünf im Ziel ankommen. Denn beim Mannschaftszeitfahren zählt nur die Zeit des Fünften, aber wem sage ich das.«

»Sind damit alle einverstanden?«, fragte Lara.

»Das ist keine Frage mehr, das ist eine Tatsache!« Coach Walther würgte jede weitere Diskussion ab. »Ich bin euer Trainer, ihr habt mich gewählt und daher bestimme ich die Renntaktik. Auf die Räder!«

Keiner widersprach, alle gingen in den Sattel und fuhren los. Robert musste sich vor Wut auf die Lippe beißen. Coach Walther hatte sie eingelullt und es war klar, in welche Richtung es mit der Mannschaft gehen würde. Kein Wort mehr von Kameradschaft – gemeinsam starten und ankommen! Unter Coach Walthers Regie formierte sich nun eine Mannschaft aus Einzelfahrern und nur die Besten würden ankommen.

Nach den ersten Kilometern versuchte Robert mit Lara über seinen Verdacht zu sprechen, blitzte jedoch ab. »Der Coach hat Recht, entweder wir gewinnen oder alles war umsonst. Was soll der Mistkreisel, hast du nicht selbst gesagt, das wäre ein Egoding? Also motz hier nicht herum und fahr.«

Wie schon so oft in diesem Schuljahr, immer wenn Robert gedacht hatte, das sei das K.o., gab es noch einen Tiefschlag. Diesmal kam er von Frau Schuster, mit der Robert am Abend wieder einmal ein Vorbereitungstreffen hatte.

»Robert, halt dich fest!«, begrüßte sie ihn. »Ich habe eine tolle Neuigkeit für dich!«

Sie schob ihren Gast ins Esszimmer, auf dem Tisch standen schon eine entkorkte Flasche Wein und zwei Gläser. Frau Schuster goss ungefragt ein.

»Also, ein Ehemaliger, genauer einer aus der alten Mannschaft«, erklärte sie aufgeregt, »arbeitet als Sportberichterstatter beim Fernsehen. Und als er erfahren hat, dass Rechberg wieder eine Schulmannschaft hat, war er so begeistert, dass er gleich eine Liveübertragung angeleiert hat. Das Mannschaftszeitfahren wird im Sportkanal übertragen! Ist das nicht der Hammer?«

Robert musste sich setzen.

»Wahnsinn, oder? Tja, was so ein Ehemaligen-Verein alles auf die Beine stellen kann.« Frau Schuster prostete Robert zu. »Damit hat Lore nicht gerechnet. Vom Walther habe ich gehört, ihr wärt echt gut, hättet eventuell wirklich Chancen zu gewinnen. Dann *muss* sie einfach wieder eine Mannschaft zulassen!«

Nun hob auch Robert sein Glas.

»Tja, Robert, damit hast du auf der ganzen Linie gewonnen. Also, so gut wie gewonnen. Was sagst du?«

Langsam wurde Robert so einiges klar. Aber er wusste auch, dass er gerade mit Frau Schuster besser nicht darüber sprechen sollte. Deshalb antwortete er nur: »Damit habe ich nicht gerechnet.«

»Nein, damit hat wirklich niemand gerechnet, am allerwenigstens Lore.« Frau Schuster hatte ein Funkeln in den Augen. »Der Verein mietet für den Wettkampftag eine Videoleinwand an. Die wird an der Bahn aufgestellt. Ich kann es kaum noch erwarten!«

»Geht mir auch so. Aber könnten wir trotzdem bitte kurz die anderen Dinge besprechen?«, bat Robert betont freundlich.

»Natürlich!« Eilig stellte Frau Schuster ihr Glas ab und griff nach dem Ordner, der neben der Flasche stand.

»Also, hier die Zusage aus Italien und hier die aus Polen. Beide Teams kommen mit je neun Fahrern.«

»Wie sind die Mannschaften zusammengesetzt?«, fragte Robert.

»Jeweils reine Männermannschaften. Ich habe schon mit Coach Walther gesprochen, ob das nicht ein Fehler war, ein gemischtes Team für Rechberg auf die Beine zu stellen. Die anderen sind sicher stärker! Lässt sich aber nicht mehr ändern und wir hatten ja keine Wahl. Wir können von Glück reden, dass überhaupt so viele trotz Lores Drohung angetreten sind.«

Robert überlegte, ob er etwas sagen sollte, entschied sich aber dafür, den Mund zu halten. Die Sache hatte eine Eigendynamik bekommen, er konnte nur noch zusehen.

»Ja und dann hat überraschend Rostock zugesagt.«

Robert blickte erstaunt auf. »Echt, die kenne ich ja zum Teil!«

»Sind die stark?«, erkundigte sich Frau Schuster.

»So oberes Mittelfeld. Gemischt?«, fragte Robert.

»Nein, nur Jungs.« Frau Schuster reichte Robert den Anmeldungsbrief. »Alle sind zwischen 17 und 19 Jahre alt.«

Robert überflog die Namen. Es würde ein echt hartes Rennen werden, so viel war sicher.

Robert hatte keine Lust, den Abend unnötig in die Länge zu ziehen, und kam schnell auf das Wesentliche zurück:

»Das mit den Unterkünften geht klar. Wir müssen nur noch die Verpflegungsstationen an der Strecke organisieren, sonst steht das Programm!«

»Prima!« Frau Schuster hatte wieder ihr Glas in der Hand. »Und ich muss es einfach sagen, Robert, du warst wirklich der rechte Mann am rechten Ort zur rechten Zeit! Auf ein erfolgreiches Schulfest und eine große Zukunft für die Mannschaft! Prost!«

»Lieber nicht«, wich Robert aus. »Ich bin im Training!«

»... und daher denke ich, da läuft ein abgekartetes Spiel. Und wir können einfach nur noch zusehen«, beendete Robert am nächsten Tag beim Training schnaufend seinen Bericht. Er und Torsten hatten sich die beiden Rollen in der äußersten Ecke ausgewählt.

»Das passt zu dem, was mein Vater erzählt hat«, war Torstens Kommentar. »Ich habe ihn gestern Abend endlich erreicht.«

»Und?« Robert beschleunigte seinen Tritt vor Anspannung.

»Alles noch viel übler als gedacht.« Torstens Stimme ging in ein Flüstern über. »Mein Vater sagte ...«

»Sprich lauter«, keuchte Robert. »Ich verstehe dich nicht, die Mistrollen rattern so laut ...«

»Mein Vater hat bestätigt, was der Coach gesagt hat«, wiederholte Torsten in normaler Lautstärke. »Er hat jahrelang versucht in die Mannschaft reinzukommen, ist aber gescheitert. Obwohl er gut war und einer der ...«

»Dann verstehe ich, dass dein Vater versucht hat, beim Rennen um den Henninger Turm ...«, unterbrach Robert den strampelnden Jungen neben sich.

»Weiß ich inzwischen selbst!« Torsten nickte. »Er wollte endlich auch mal zeigen, was er draufhat, und wieder haben sie ihn dafür fertig gemacht. Aber bei der Schulmannschaft, da war für ihn erst gar kein Reinkommen. Die Damenmannschaft, in der deine Schuster und die Lorenz fuhren, war auch so ein geschlossener Club, noch mehr aber die Männermannschaft. Zeiten oder so, das war egal. Und die Schuster und noch ein paar andere Frauen haben die Lorenz aus dem Team gekickt. Wie, wollte mein Vater nicht sagen, nur dass es ein ganz mieses Spiel war.«

»Ich fasse es nicht!« Robert musste das Tempo verringern, da sein Puls jenseits der 120 war. »Deshalb hat die Lorenz auch als erste Amtshandlung die Mannschaften gekippt.«

»Und das strikte Zeitenprinzip eingeführt!«, ergänzte Torsten.

»Jetzt ist auch klar, was die Schuster und die anderen Ehemaligen vorhaben: Die wollen die Uhr zurückdrehen, wieder eine Mannschaft wie damals haben, das glorreiche alte Rechberg«, schnaubte Robert.

»Zumindest etliche. Der Dünker war in der Mannschaft, die Schuster, der mit dem Fernsehsender an der Hand und so weiter. Nur mein Vater nicht, daher kommt der auch so gut mit der Lorenz klar!«

»Und Coach Walther kocht seine eigene Suppe«, ergänzte Robert. »Früher war er ein erfolgloser Mannschaftstrainer. Als ihm die weggenommen wurde, ist er voll in das Leistungs- und Zeitending der Lorenz eingestiegen. Mit Erfolg, daher kann sie ihm nichts. Und mit uns hat er jetzt alles. Eine Mannschaft, den Rückhalt der Ehemaligen und Fahrer, die sich ganz brav seinen Trainingsmethoden unterwerfen. Du und ich, wir wissen beide bestens, worauf sein Training hinausläuft.«

»Das Mieseste ist, die anderen im Team finden das auch noch richtig so.« Torsten keuchte, die inzwischen wieder nachgewachsenen roten Locken waren nass geschwitzt. »Die kapieren das alles gar nicht.«

»Also habe ich in jeder Hinsicht verloren«, seufzte Robert. »Aber was soll es, den Versuch war es wert.«

»Du gibst auf?«, fragte Torsten ehrlich entrüstet.

»Habe ich noch eine Wahl?«

»Arschloch!« Torsten bremste und stieg von seinem fest verschraubten Fahrrad. »Ich fass es nicht! Etwas Gegenwind und du wendest und fährst zurück. Echt, Rob, jetzt enttäuschst du mich mehr als je zuvor. Glaubst du ernsthaft, mit so jemanden fahre ich durch Südafrika!«

Bevor Robert die letzten Worte richtig kapiert hatte, war Torsten schon aus der Halle und nicht mehr aufzufinden.

Auch beim Frühstück suchte Robert seinen Frischling vergeblich unter den anderen Schülern. Torsten war verschwunden.

Als sein Frischling nach dem Unterricht zum Mittagessen immer noch nicht wieder aufgetaucht war, begann Robert sich ernsthaft Sorgen zu machen. Er durchsuchte systematisch erst das Schulgebäude, dann das gesamte Gelände.

Im Fahrradkeller, im hinteren Teil der Fahrradwerkstatt, fand er Torsten schließlich zusammengekauert zwischen den Eigenbauten auf dem Boden sitzend.

»Lass mich!«, fauchte Torsten ihn zur Begrüßung an.

»Ich muss wissen, wie du das gemeint hast!«, sagte Robert leise.

»So wie ich es gesagt habe. Ich will mit dem anderen Robert durch Südafrika fahren«, gab Torsten trotzig zur Antwort.

»Wie kommst du darauf?« Robert hatte sich neben Torsten auf den kalten Steinboden gesetzt. »Ich meine, auf das mit Südafrika.«

»Das hast du mir doch versprochen!«

»Das habe ich dir in der Nacht im Krankenhaus gesagt.« Robert versuchte Torsten den Arm um die Schultern zu legen, Torsten rückte jedoch von ihm weg. »Erinnerst du dich noch an mehr?«

»Weiß nicht!« Torstens Mundwinkel zuckten.

»Soll ich es dir noch mal sagen?«, fragte Robert und spürte, wie all die Angst, die Hilflosigkeit von damals zurückkehrte.

»Nein, ich weiß es!« Torsten zwang sich zu einem Lächeln.

»Das ist gut«, antwortete Robert und versuchte wieder den Jüngeren zu umarmen. Diesmal ließ Torsten es zu.

»Willst du immer noch kneifen?«, hörte Robert ihn leise an seinem rechten Ohr.

»Keinesfalls«, flüsterte er. »Ich weiß nur noch nicht, wie wir es machen, aber wir werden denen einen dicken Knüppel in die Speichen werfen.«

»Klingt gut!«

»Finde ich auch.« Robert hatte neuen Mut gefasst. »Jedenfalls besser als zu sagen: Ich habe verloren.«

»Dann kann ich endlich aus diesem Keller hier raus?« Torsten grinste.

»Warum bist du ausgerechnet hierher gegangen?«, fragte Robert zurück.

»Weil ich wusste, dass du hier zuletzt nachsehen würdest. Mit diesem Kapitel hast du abgeschlossen!« Torsten war aufgestanden. »Da hinten steht Pegasus, wann bist du das letzte Mal darauf gefahren?«

»Weiß nicht«, musste Robert einräumen. »Ist sicher eine Weile her.«

Am Dienstagmorgen suchte sich Robert die Rolle neben Lara und Torsten setzte sich neben den kleinen Nils. Sie wollten eine neue Taktik ausprobieren, um das Team von Coach Walthers Weg abzubringen.

Lara ließ Robert gar nicht ausreden. »Rob, du verrennst dich da. Das Ding ist gelaufen und ehrlich gesagt, so richtig habe ich nie was mit deiner Idee von wegen Mannschaft und so anfangen können. Ist mir zu idealistisch. Und dass wir den Kreisel nicht hinbekommen, da kann Coach Walther wirklich nichts dafür und so wie das jetzt läuft mit der Mannschaft ... Damit bin ich auch nicht glücklich, aber da müssen wir durch. Diese Scheiße, die haben wir den anderen eingebrockt. Und deshalb müssen wir jetzt dranbleiben. Wenn eine winzige Chance besteht, dass Nils auf der Schule bleiben kann, dann tue ich fast alles dafür. Geht dir das mit Torsten nicht auch so?«

Robert nickte. »Klar. Nur mit dem Unterschied, dass Torsten sagt, wenn sich hier nichts ändert, was will er dann hier.«

»Klingt gut!« Lara verlangsamte ihre Trittfrequenz. »Ist aber nun mal so. Ich wünschte heute, ich hätte damals auch schon so gedacht. Aber mir hat es all die Jahre mit den anderen Straßenfahrern gefallen, wir waren ein netter Haufen. Nichts Besonderes, aber okay.«

»Ihr wart mehr als okay.« Robert passte sich Laras Tempo an. »Und deshalb nöle ich ja so rum. Ihr habt mir eine völlig andere, schönere Radwelt gezeigt, als ich sie bis dahin kannte. Für mich wart ihr meine Familie!«

»Stimmt. Wir waren eine Familie.«

»Und deshalb kann das doch nicht einfach alles umsonst gewesen sein.« Robert beschleunigte wieder. »Ich hab die Schnauze voll! Warum dürfen wir nicht das haben, was wir wollen? Ist das denn zu viel verlangt!«

»Was willst du denn?«, fragte Lara, die Mühe hatte bei Roberts Spurt auf der Rolle mitzuhalten.

»Was wohl? Freunde, Sportsgeist, Kameradschaft und natürlich die Möglichkeit, Rad zu fahren!«, rief Robert in einer Lautstärke, dass die anderen zu den beiden herübersahen.

»Ist 'ne ganze Menge«, beschied ihn Lara und nahm den Druck aus ihrem Tritt.

Robert dagegen beschleunigte weiter. »Das ist nicht viel! Ich weiß, das gibt es, denn ich hab ... alles davon ... schon erlebt ... und ich sorge ... dafür ... dass diese Arschlöcher ...«

»Robert, steig aus!«, brüllte Lara. Erst als sie ihm in die Bremsen griff, konnte sie ihn stoppen. »Wenn du das auf der Straße machst, dann möchte ich nicht in deiner Nähe sein«, keuchte Lara.

»Dann sei froh, dass du mich nie auf der Bahn erlebt hast«, gab Robert zur Antwort, drehte seine Schuhe aus den Pedalbefestigungen und verließ die Trainingshalle, um zu duschen.

Torsten war es mit Nils auch nicht viel besser ergangen.

Der hatte in erster Linie Angst, von der Schule zu fliegen, und wollte sein Möglichstes tun, um das zu verhindern.

»Dann stehen wir immer noch vor demselben Problem«, sagte Robert, während er sich abtrocknete. »Das erinnert mich alles verflucht an zu Hause. Dieselben Geschichten, ein ewiges Auf-der-Stelle-Treten, dabei muss nur mal jemand vorbeikommen, alles durcheinander wirbeln und schon geht es weiter.«

Robert schlüpfte in den dunkelblauen Sweater. »Es ist doch so, im Grunde würde doch fast jeder hier gerne im Team fahren. Das hier sind nicht alles geborene Einzelkämpfer! Wenn wir nur etwas finden würden, wofür sie sich begeistern könnten.«

»So weit waren wir schon: der Kreisel!«, warf Torsten ein.

»Natürlich, der haut jeden Radfahrer um. Und in Rechberg hat er noch eine zusätzliche Bedeutung.« Robert saß inzwischen auf der Bank und band sich die Schuhe zu. »Ist verrückt. Der Kreisel könnte was bewirken, aber genau dazu fehlt uns das Vertrauen, sind wir alle viel zu sehr Einzelfahrer. Also klappt er nicht und kann uns damit auch nicht ... Das ist wirklich ein Kreisel, nur leider gegen uns.«

»Dir fällt schon noch was ein«, versuchte der Jüngere den Älteren zu trösten. Scherzhaft drohte er: »Du weißt, sonst kannst du Südafrika vergessen!«

»Darüber müssen wir eh mal reden.«

»Später!«, rief Torsten und rannte aus dem Umkleideraum.

Robert wollte ihm folgen, da hielt ihn ein halblautes »Warte mal!« zurück. Jannis stand vor ihm und sagte: »Hast du einen Moment Zeit?«

Robert sah auf die Uhr und nickte, noch waren es ein paar Minuten bis zum Frühstück.

»Ich hab gerade mitgehört, worüber du und Torsten gesprochen habt.« Jannis hob entschuldigend die Hände. »Ich wollte nicht lauschen! Ehrlich!«

»Und?«, fragte Robert ungeduldig.

»Mein Bike, erinnerst du dich an mein Bike?«, fragte Jannis haspelnd. »Das mit dem Zweiradantrieb!«

»Ja. Was ist damit?« Robert hatte keine Ahnung, was sein Banknachbar von ihm wollte.

»Damit könnten wir vielleicht trainieren.«

»Wie trainieren?«

»Mannschaftsfahren, das Vertrauen, von dem Coach Walther und du immer ...«

»Warte mal ...« Robert verstand langsam, was Jannis zu sagen versuchte. »Der unten sieht nichts und tritt, der oben lenkt, ist wie blind am Hinterrad des Vordermanns zu fahren ...«

»... und man könnte das doch mal versuchen, jeweils der Vordermann fährt oben und der Hintermann unten.« Jannis' Wangen wurden vor Eifer ganz rot.

»Und zwar so lange, bis jeder den Vordermann als Lenker voll akzeptiert hat ...« Robert überlegte.

»Und wollen wir es nicht wenigstens mal ausprobieren? Was hältst du von nächsten Sonntag?« Jannis ließ nicht locker. »Bei der REKOM!«

»Tolle REKOM, ausspannen mit dem Knochenbrecher ... Los, gehen wir!«

Robert legte Jannis den Arm um die Schultern und sie machten sich gemeinsam auf zum Frühstück im Kasino.

20.

Was seid ihr für Schlappschwänze!«, stauchte Coach Walther die Mannschaft nach dem letzten Training in dieser Woche zusammen. »Ich frage mich wirklich, warum ich mich mit euch überhaupt abplage. Euch fehlt jeder Biss! So wird das nichts. Wir haben nicht mal mehr zwei Wochen! Wir werden uns vor der ganzen Welt lächerlich machen.«

»Mehr geht nicht!«, schnaufte Lara.

»Schnauze!«, fuhr ihr der Trainer über den Mund. »Mehr geht nicht, gibt es nicht! Ihr müsst euch einfach mehr reinhängen.« Coach Walther schüttelte wütend den Kopf.

»Morgen REKOM, wir sehen uns am Montag wieder. Dann beginnt der Count-down. Noch zwölf Tage.«

Frustrierter konnte selbst eine Fußballmannschaft, die zehn zu null verloren hat, nicht vom Platz schleichen. Kein Wort wurde gesprochen und niemand sah den anderen an, als sie zu den Kabinen gingen. Vor den Duschen warf Lara Robert plötzlich einen kurzen, fragenden Blick zu. Der verstand und verkündete: »Also, in einer Stunde Krisengipfel bei mir!«

Geduscht und in frischen Klamotten, aber ziemlich niedergeschlagen fanden sich alle aus dem Team eine Stunde später in Roberts Zimmer ein.

Bevor Robert die kleine Ansprache, die er vorbereitet hatte, halten konnte, platzte Jannis schon heraus: »Noch einmal lasse ich Benita nicht stehen! Ich bin zu euch gekommen, weil ich in einer Mannschaft fahren wollte, das andere kenne ich zur Genüge. Das ist alles, was ich zu sagen habe.«

Benita saß neben ihm und drückte seine Hand.

Alex stand auf und räusperte sich. »Geht mir ähnlich. Und egal was der Coach sagt, ihr merkt es doch auch: Wir sind keine Einzelfahrer!«

»Wie meinst du das?«, fragte der kleine Nils.

»Ist doch klar«, sagte Lara müde, bevor Alex weiterreden konnte. »Robert, Svenja und Jannis haben damit Erfahrung, gegen andere zu fahren. Wir nicht. Wir haben jahrelang geübt zusammen schnell voranzukommen. Eben Gruppenfahren. Als Feld losfahren und als Feld ankommen. Und Coach Walther möchte jetzt aus uns eine Mannschaft machen, die im Grunde keine Mannschaft ist.«

»Ich denke«, warf Robert ein, »Walther ist ein verdammt guter Bahncoach. Und dort heißt es immer jeder gegen jeden, sich jagen, die anderen versägen, sie stehen lassen – alle Tricks erlaubt. Jetzt, wo wir nicht die gewünschte Leistung bringen, greift er eben auf seine Bahnmethoden zurück. Nach dem Motto: Elf Einzelfahrer sind auch zusammen schnell.«

»Und noch eins ist wichtig!« Torsten meldete sich leise aus seiner Ecke auf Roberts Bett. »Er hängt mindestens so in der Schlinge wie wir. Wenn wir nicht gewinnen, dann muss er wahrscheinlich seine Koffer packen.«

»Stimmt!«, rief Alex. »Daran habe ich überhaupt

noch nicht gedacht. Du meinst, die Lorenz feuert ihn auch?«

»Wahrscheinlich!« Lara zuckte mit den Schultern.

»Schön, das ist ja alles vielleicht richtig«, meldete sich Dirk zu Wort. »Aber was sollen wir jetzt konkret machen?«

Schweigen im Raum war die Antwort und Robert überkam eine grenzenlose Sehnsucht. Die letzten Sonnenstrahlen fielen durch das Fenster auf die gegenüberliegende Wand und für einen Moment glaubte sich Robert an den Nachmittag im Dezember zurückversetzt – den Tag, an dem Lara ihre Afrika-Dias gezeigt hatte.

»Jetzt erst recht!« begann er leise. »Und ich kann verstehen, wenn ihr mich für verrückt haltet. Aber ich weiß, dass ich Recht habe. Wir haben diese Mannschaft gemacht, weil wir gemeinsam Rad fahren wollten, nicht mehr und nicht weniger. Nicht unbedingt siegen, sondern eben endlich in einer echten Gemeinschaft fahren. Nicht länger jeder für sich allein. Alle reden hier davon, dass wir die Besten sind. Dass Rechberg um jeden Preis erhalten werden muss, dafür kämpft die Lorenz, der Verein der Ehemaligen, und das wollen auch wir. Aber was ist denn aus Rechberg geworden? Harte Einzelkämpfer werden hier geschliffen, so genannte Leistungsträger, die Druck aushalten können. Und wo bleibt der Spaß?«

Zu Roberts Überraschung nickten die meisten, daher fuhr er fort. »Wir sind die Elite, aber was ist das denn für eine Elite, die außer der Überzeugung, die Besten zu sein, nichts weiter zu bieten hat! Keine Verantwortung füreinander, keine Gemeinschaft, weder Sportskameraden noch Freunde. Das Problem, über das wir hier reden, spürt doch jeder hier in der Schule und auch in den Sportvereinen, überall wo profimäßig Rad gefahren wird. Das ist eine Entwicklung, mit der sich alle auseinander setzen müssen, garantiert nicht nur wir hier in Rechberg. Aber wir Rechberger müssen anfangen mit der Selbstveränderung, wir standen immer an der Spitze und noch schaut alles auf uns, diesmal sogar der Sportkanal. Das Sportfest ist eine einmalige Chance der Welt zu zeigen, wer wir sind, wie wir sind und wofür wir fahren. Wie der Trainer sagte: Wir sind eine Mannschaft, weil wir eine sein wollen. So einfach ist das.«

»Aber wäre es nicht wesentlich einfacher, diesen ganzen Mist hier einfach sausen zu lassen und später in irgendeinem Team oder Verein was Neues aufzubauen?«, hielt Götz dagegen. »Lohnt das denn?«

»Einfacher wäre es sicher«, antwortete Robert, ohne groß nachzudenken. »Aber weit weniger wirkungsvoll. Denn Rechberg ist eine Schmiede, eine Prägeanstalt, wenn du so willst. Was hier gelehrt wird, das wird später in vielen Vereinen, Organisationen oder Fernsehsendern weitergegeben. Und zwar in Form der Leute, die hier in Rechberg ausgebildet wurden. Das kann bis hoch ins Olympische Komitee gehen. Wir sind die Radsportelite und unsere Art, unsere Vorstellungen von Sport, von Kameradschaft haben eine Breitenwirkung.«

»Große Worte!«, sagte Sonja, die noch skeptisch war. »Und was kommt danach?«

»Darüber reden wir morgen weiter!« Lara stand auf. »Ich denke, für heute ist genug gesagt. Und da es diesmal um alles geht, schlage ich vor, wir treffen uns am Sonntag, elf Uhr, noch mal. Bis dahin sollte jeder für sich entschieden haben, wie er weitermachen will. Lasst uns nach der REKOM abstimmen. Einverstanden?«

Die Schüler im Zimmer nickten und verließen langsam den Raum. Nur Torsten, Jannis und Benita blieben bei Robert zurück.

»Wollen wir morgen den Knochenbrecher einsetzen?«, fragte Jannis.

»Aber sicher, was haben wir jetzt noch zu verlieren?«, antwortete Robert. »Wie bringen wir ihn zur Autobahn?«

»Das machen Benita und ich.« Jannis grinste. »Wir kommen inzwischen recht gut damit klar.«

Jannis fasste dem Mädchen neben sich um die Taille, gab ihr einen Kuss auf die Wange und schob sie aus der Tür.

Nun waren Robert und Torsten allein.

»Mensch, Schweinepriester.« Torsten schüttelte ungläubig den Kopf. »Ich kam mir vor wie in der Kirche.«

»Na und?« Robert fühlte sich auf sonderbare Art und Weise befreit. »Es gibt Momente im Leben, da darf man auch mal große Worte benutzen.«

»Gut, aber was du da alles gesagt hast, ich weiß nicht.« Torsten wirkte skeptisch. »Das klingt plötzlich alles so ernst. Dabei geht es doch nur ums Fahrradfahren.«

»Ach ja?« Robert gab nicht nach. »Nur zufälligerweise ist für uns hier das Fahrrad die Welt und gerade du solltest mir zustimmen. Du wärst fast draufgegangen.«

»Das war ein Unfall!«, widersprach Torsten.

»Ein Unfall?«, echote Robert. »Torsten, du hast das nicht aus Versehen genommen, das war Absicht!«

»Ja, aber nicht mit dem Ziel, dabei draufzugehen.«

»Nein, dein Ziel war, schneller zu werden!«

Am nächsten Morgen traf sich das Team an der alten Buche, um zu der kurzen REKOM-Tour aufzubrechen. Bis auf Benita und Jannis waren alle erschienen.

»Wenn ihr damit einverstanden seid, würden wir gerne mit euch was auf der Autobahn ausprobieren!«, begrüßte Robert die anderen.

»Wer ist wir und was heißt ausprobieren?«, fragte Alex. »Bitte keine Kreiselkacke mehr!«

»Wir sind Jannis, Benita und ich und bitte, es dauert keine halbe Stunde. Wird spaßig, versprochen!«

»Alle einverstanden?« Lara blickte fragend in die Runde und da niemand widersprach, sagte sie: »Geht klar, und danach Abstimmung.«

Als sie eine Viertelstunde später bei der Autobahn ankamen, konnten sie gerade noch zusehen, wie Jannis und Benita auf dem Knochenbrecher herandonnerten. Benita saß oben und lenkte, Jannis lag unten. Gekonnt fuhren die beiden eine Kurve und kamen vor der übrigen Mannschaft zum Stehen.

»Was soll denn das?«, rief Dirk und betrachtete ungläubig die eigenwillige Fahrradkonstruktion.

»Das ist Jannis' Eigenbau und bevor ich anfange, euch das alles groß zu erklären, schlage ich vor, jeder dreht erst einmal eine Runde damit.« Robert half Jannis aus der Liegeschale.

»Niemals!«, rief Götz. »Ich kenne das Teil, damit fällt man nur auf die Schnauze!«

»Sind Benita und ich auf die Nase gefallen?«, fragte Jannis.

»Aber der Spitzname Knochenbrecher kommt ja nicht von ungefähr!«, rief Sonja.

»Torsten, willst du unten oder oben?« Robert ging gar nicht auf die spöttischen Bemerkungen der anderen ein.

»Unten!«, antwortete Torsten und Sekunden später lag er in der Schale.

Robert nahm auf dem Sattel Platz.

»Dann mal los!«

Die beiden traten gleichzeitig mit voller Kraft in die Pedale und das Tandem raste mit unglaublicher Geschwindigkeit die Autobahn entlang. Nach etwa einem Kilometer bremste Robert und die beiden tauschten die Positionen.

»Mach bitte keinen Mist!«, bat Robert, dann schloss er einfach die Augen.

»Los!«, rief Torsten und wieder schoss das Bike wie eine Rakete über die Autobahn.

»Macht echt Spaß«, schrie Torsten.

Robert, der unten lag, empfand das nicht so. Er war verkrampft und rechnete jeden Moment damit, wieder hinzufallen.

Dann zwang sich Robert die Augen zu öffnen und der begeisterte Gesichtsausdruck seines Frischlings über ihm riss ihn mit. Robert spürte, wie er sich entspannte. Die Aussicht war noch schöner als damals im Park. Über Torstens lachendem Gesicht leuchtete ein blauer Himmel und links und rechts in den Augenwinkeln war das Grün der Bäume zu sehen. Es war wie fliegen. Robert bedauerte es wirklich, als Torsten bei den anderen aus der Mannschaft das Bike zum Stehen brachte.

»Geil!«, war alles, was er sagen konnte.

»Wer will als Nächstes?« Jannis blickte in die Runde.

»Wollen wir zusammen?«, fragte der kleine Nils Lara. Die grinste und sagte: »Aber ich oben!«

»Ich bitte darum«, gab der Junge, sicher zwei Köpfe kleiner als die Achtzehnjährige, grinsend zur Antwort. »Die Dame führt!«

Während die beiden schwankend über die Autobahn rollten, fragte Alex: »Was soll das Ganze bitte?«

»Wir dachten uns, wir sollten vielleicht einfach mal wieder alle zusammen Spaß haben«, sagte Robert leichthin.

»Das ist alles?«

»Was sollte denn mehr sein?«, wich Robert der Nachfrage aus.

Es dauerte, bis das ungleiche Duo mit dem Tandem zurückkam. Diesmal war es Lara, die unten lag, und ihr erster Kommentar, als Nils bremste, war: »Was denn, sind wir schon da? Ich will noch mal!«

»Sorry, aber wir sind am Ende der Piste«, entschuldigte sich Nils. »Ist ja echt abgehoben, das Ding.«

»Was ist, Schätzchen?« Breit grinsend sah Götz Alex an. »Traust du dich mit mir?«

»Aber immer! Ich oben!«, antwortete der.

»Wie Nils sagte: Ladys first!«

Die beiden klemmten sich in das Tandem und wieder begann eine zunächst schaukelnde Fahrt über die Autobahn. Danach wagten auch Svenja und Dirk eine Probefahrt. Und alle hatten sie Spaß dabei.

»Du bist echt clever!« Lara sah inzwischen voller Anerkennung auf Robert. »Aus dir wird mal ein toller Trainer.«

»Das Kompliment geht an Jannis, es war seine Idee«, antwortete Robert.

»Bin mal gespannt, ob es Auswirkungen hat«, meinte Lara.

Nun wandte sich Robert Sonja zu.

»Du bist die Letzte, wollen wir?«

Sonja stand starr da, schüttelte dann den Kopf. »Keine zehn Pferde kriegen mich da drauf!«

Sie stieg auf ihr Fahrrad und schrie im Wegfahren: »Ich bin draußen, endgültig. Schluss!«

»Das stand schon länger an«, sagte Lara. »Sie ist nicht dumm und ich glaube, sie hat gleich kapiert, um was es hier geht.«

»Denke ich auch.« Robert zuckte mit den Schultern. »Ihre Entscheidung, trotzdem schade.«

Bis in den Nachmittag hinein waren sie mit dem Tandem auf der Autobahn zugange und als sie zusammen auf das Schulgelände zurückfuhren, war jeder mehrmals mit jedem anderen aus der Mannschaft gefahren, unten und oben. An der alten Buche angekommen fragte Lara: »Wollen wir noch abstimmen?«

»Wozu noch!«, sagte Svenja. »Ich denke, das ist inzwischen klar. Wir bleiben zusammen und fahren als echtes Team.«

Die anderen nickten.

»Gut, dann kann ich es Coach Walther sagen?«, fragte Lara weiter.

»Jeder hier macht sein Ding, ohne groß drüber zu reden. Machen wir es doch genauso!«, schlug Götz vor.

»Der Kerl hat Recht«, pflichtete ihm Alex bei. »Wir wissen, was wir wollen, aber wozu sich mit dem Trainer anlegen? Eine Mannschaft hat eben auch ihre Geheimnisse. Warten wir einfach bis zum Schulfest ab!«

»War jedenfalls eine echte REKOM!«, rief Dirk, während er sein Fahrrad abstellte und in die Umkleidekabine verschwand. »Ich freue mich auf morgen.«

Am Montag ging für die nun nur noch zehnköpfige Mannschaft das normale Trainingsprogramm weiter. Doch für Robert, und nicht nur für ihn, war diese Woche ganz anders als die vorhergehende. Das Radfahren machte ihm auf einmal wieder richtig Spaß.

Wer vorne fuhr oder wie das Feld sich anordnete, regelte sich von allein. Wer genug Kraft hatte, machte die Führungsarbeit und wenn jemand nicht mehr konnte, dann wartete auf ihn der Windschatten im Feld. Durch diese Fahrweise kamen sie zum ersten Mal relativ erholt auf der Autobahn an und konnten dort richtig Tempo machen. Und tatsächlich: Sie hatten das Gefühl, schneller am Ziel zu sein.

Endlich kam der nächste Samstag und der Trainer schickte sie wieder auf die Messung. Natürlich hatte er zuvor genau festgelegt, wer wann aussteigen soll.

Sie fuhren so wie die Woche über im Training auch, nur redeten sie nicht mehr dabei, sondern versuchten schnell zu treten. Entgegen der Anordnung ihres Trainers fuhren sie die ganze Wertung zusammen. Erst kurz vor der Schule verabschiedeten sich Nils, Torsten, Benita, Jannis und Götz aus dem Feld. Die verbliebenen fünf Fahrer spurteten in offener Formation durch den Park und auf die Bahn. Als sie über die Ziellinie donnerten, war Coach Walther völlig aus dem Häuschen. »Super! Super Zeit. Ihr seid gut, das sind fast sieben Minuten weniger! Sieben Minuten, Wahnsinn!«

Als dann die Fahrer, die auf der Strecke bleiben sollten, nach und nach eintrafen, überschüttete der Trainer auch sie mit Lob. »Geht doch! Und ihr habt euch so angestellt, das ist im Grunde auch eure Zeit. Das gehört eben dazu: sich der Mannschaft zuliebe zu unterwerfen, die Besten zu unterstützen.«

»Ich denke, ein paar Minuten sind noch drin!«, rief Alex. »Wir können am Berg und auf der Autobahn noch etwas Tempo machen.«

»Na wunderbar!« Coach Walther strahlte. »Das hört ein Trainer gerne. Habt ihr gut gemacht. Geht doch! Und jetzt ab unter die Duschen, morgen wieder REKOM und am Samstag lassen wir die Bombe platzen!«

»Da können Sie Gift drauf nehmen«, sagte Robert.

Coach Walther konnte sich gar nicht mehr beruhigen. Selbst im Weggehen brabbelte er: »Geht doch! Das war echt gut, wir haben zwar nur eine kleine Chance, aber immerhin ...«

Als er in seiner Baracke verschwunden war, äffte Lara ihn süffisant grinsend nach: »Geht doch!«

»Genau, geht doch«, antwortete der kleine Nils. »Oder geht's nicht?«

»Doch, geht doch!«

»Wie geht doch?«, fragte Alex. »Geht nicht?«

»Geht doch!«, prustete Svenja und als sie sich am Nachmittag in Roberts Zimmer trafen, fragten sie sich immer wieder gegenseitig: »Geht nicht?«, um dann mit einem »Geht doch!« zu antworten.

Am Sonntag trafen sich die zehn Fahrer wieder zum Funbiken auf der Autobahn. Sie hatten sich noch andere

Eigenbauten geliehen, aber das absolute Highlight war und blieb der Knochenbrecher.

»Du, Rob?«, fragte Lara, als sie von einer Tour mit einem Quindem, ein fünfsitziges Fahrrad, zurückkam. »Was meinst du, sollten wir das mit dem Kreisel nicht noch mal versuchen? Könnte doch auch noch Zeit bringen!«

»Darüber habe ich mir auch schon Gedanken gemacht.« Robert versuchte gerade auf ein einrädriges Hochrad zu kommen. »Aber lassen wir das lieber. Im Moment sind wir so gut drauf ...«

Lara musste schmunzeln, als sie bemerkte, wie Robert sich vergeblich mit dem Hochrad abmühte. »Geht nicht?«, fragte sie.

»Doch! Geht doch!« Robert stützte sich auf Laras linke Schulter und rutschte auf den schmalen Sattel des Einrades. Mit schnellem Vor- und Zurücktreten versuchte er das Gleichgewicht zu finden. »Ja, den Kreisel wollte ich letzten Sonntag noch. Aber jetzt ist er mir egal. Er war ein Symbol für die Mannschaft, jetzt sind wir eine, wozu noch ein Symbol? Hauptsache, wir kommen alle am Ziel an, egal in welcher Formation.«

»Aber meinst du nicht, wir könnten ihn jetzt hinbekommen?« Lara sah zu, wie Robert immer mehr ins Schwanken geriet und immer hektischer mit den Füßen herumstrampelte.

»Sicher, aber was ist, wenn es nicht klappt? Dann ist die Luft wieder draußen.« Robert sprang vom Sattel. »Ist so wie das Einradfahren, ich könnte es schaffen, ich könnte aber auch damit fürchterlich auf die Nase fallen. Muss ich das unbedingt eine Woche vor einem großen Wettkampf ausprobieren? Willst du mal?«

Robert reichte Lara das Hochrad, doch die schüttelte heftig den Kopf. »Zu gefährlich! Zahlt meine Versicherung nicht!«

Robert nickte. »Geht nicht?«

»Geht nicht!« Lara drehte sich um und rief: »Wer hat noch mal Lust auf Viererbett ohne Kuscheln?«

21.

Am Montag wurde es ernst. Das Schulfest stand unmittelbar bevor und alles drehte sich nur noch um die Wettkämpfe am Samstag. Normalen Schulalltag gab es in dieser Zeit nicht mehr. Der Park musste gesäubert werden, die Bahn überprüft, die Umkleideräume und die Gänge geputzt werden. Außerdem waren die Zimmer für die Besucher vorzubereiten, mussten die Speisekarten für das Festdinner im Kasino geschrieben werden. Eine scheinbar endlose Reihe an Aufgaben wartete auf die Schüler.

Ausgenommen von diesen Pflichten waren üblicherweise die Athleten, die bei den Wettkämpfen antreten durften. Doch auf ausdrückliche Anordnung von Frau Lorenz galt diese Regelung nicht für die Mannschaftszeitfahrer. Daher hatten Robert, Torsten und die anderen in dieser Woche doppelt zu tun. Morgens früh auf die Rollen, dann Arbeitsdienst und anschließend noch Training.

Am Donnerstag kamen die Leute vom Fernsehen, ihr Kommentar zur Strecke: Bissig! Dann, am Freitag, trafen auch die Sportler von auswärts ein, mit Bussen und Materialanhängern. Allmählich wurde es auf dem freien Gelände hinter der Bahn eng, vor allem als auch noch einige Firmen ihre Informationsstände aufstellten, ein Zelt eines Sportbekleidungsherstellers, die Deutsche Post.

Schließlich wurden noch ein paar Buden mit Süßwaren und Bier aufgebaut.

Wie man sich im Kasino erzählte, gab es darüber einen heftigen Krach zwischen der Direktorin und den Ehemaligen. Besonders der Bierstand war Frau Lorenz ein Dorn im Auge. Doch da dieses Mal noch der Verein das Sagen hatte, musste Frau Lorenz auch diese Kröte schlucken.

Viele Mütter und Väter nutzten das Schulfest, um ihre Kinder zu besuchen und sich von ihnen durch die Schule führen zu lassen. Auch Roberts Eltern waren am Freitag eingetroffen, doch ihr Sohn kam kaum dazu, sich um sie zu kümmern. Diesen Job nahm ihm Torstens Vater ab. Obwohl der im Festkomitee war und dort bestimmt einiges zu tun gehabt hätte, sah man ihn eigentlich nur in Begleitung von Roberts Eltern. Er zeigte ihnen alles, aber auch wirklich alles. Es machte fast den Eindruck, dass Herr Thaddäus sich davor drückte, mit seinen alten Mitschülern in Kontakt zu kommen.

»Stimmt wahrscheinlich«, antwortete Torsten, als Robert ihn darauf ansprach. »Ich habe ihm gesagt, was wir morgen vorhaben, und da hat er fast geheult vor Freude. Und er hat noch gesagt, dass er sich besser von den alten Faselköpfen fern halten sollte, denn sonst würde er das gleich ausplaudern, nur um denen eins reinzuwürgen.«

»Wieso, was hat dein Vater gegen die?«, fragte Robert.

»Immer noch nicht gecheckt?«, gab Torsten zur Antwort. »Dein Verein der Ehemaligen ist die Fortsetzung der Clique von damals. Da sind überwiegend Mannschaftsfahrer aktiv. Die Schuster, der Dünker und all die anderen. Das ist eine Seilschaft, die in Rechberg wieder das Sagen bekommen will. Mein Vater ist da nur drin, um sie zu ärgern! Als ehemaligen Rechberger können sie ihn da so wenig draußen halten wie mich von der Schule!«

»Mensch, das hört ja nie auf!«, stöhnte Robert. »Ich wollte, wir könnten einfach nur Rad fahren.«

»Machen wir doch!«

Am Freitagabend fand das große Dinner statt, das einzige Ereignis, das unter alleiniger Verantwortung der Schule stand.

»Liebe Gäste, liebe Eltern, liebe Schüler«, begann Frau Lorenz ihre Ansprache im Kasino. »Ich begrüße Sie aufs Allerherzlichste beim diesjährigen Sportfest des Gieseler-Gymnasiums in Rechberg. Ich freue mich, dass sie unserer Einladung gefolgt sind, und ich freue mich auf schöne, schnelle und faire Wettkämpfe – ich könnte auch einfach sagen: sportliche Wettkämpfe. Denn was uns alle eint, die wir hierher gefunden haben, ist das Radfahren, der Sport. Aber was bedeutet uns der Sport heute eigentlich? Vor über 100 Jahren war das einfach. Damals wurde die Olympiade wieder ins Leben gerufen und es ging um die Vorteile einer körperlichen Ertüchtigung, um Humanität, Völkerverständigung. Damals drehte sich noch nicht alles um Rekorde, Ranglisten und Medaillengewinne.«

Frau Lorenz musste kurz husten.

»Erlauben Sie mir einen kleinen Schlenker. Wir sind hier in einer Schule, einem normalen Internat, mit – gut, das ist vielleicht nicht normal – einer Radrennbahn.«

Robert beklatschte mit den anderen Gästen diesen kleinen Scherz, fragte sich jedoch, worauf Frau Lorenz hinsteuerte.

»Hier in Rechberg wird, und das ist einmalig in

Deutschland, Radsport unterrichtet. Ich kenne nur eine vergleichbare Schule, das ist die Dr.-Emanuel-Lasker-Schule in Ströbeck, dort wird Schach unterrichtet.«

Einige kicherten und es dauerte einen Moment, ehe die Direktorin weitersprach. »Musik, Deutsch, Mathematik … und eben auch Radfahren und Schach können Unterrichtsfächer sein. Ja, das geht, denn auch in diesen Fächern lässt sich den Schülern etwas beibringen, können wir Lehrer ihnen helfen, das Rüstzeug für ihr späteres Leben zu erwerben und, das ist auch die Aufgabe einer Schule, ihre Leistung messen und bewerten. Gerade Letzteres ist nicht so leicht, wie es klingt. Bewerten. Wann ist ein Sportler ein guter Sportler, jemand, der eine Eins verdient? Wenn er der Schnellste ist? Wenn er der Fairste ist? Fragt später nach der Schule jemand, wie eine Medaille gewonnen wurde? Also stellt sich im Grunde auch hier die Frage, was uns Sport bedeutet, was wir als sportlich, als erstrebenswert, als richtig erachten. Überspitzt formuliert: Rangliste oder Humanismus? Als Direktorin dieser Schule bereite ich zusammen mit den Lehrern und Trainern die Schüler und Schülerinnen auf den Leistungssport vor. Und das bedeutet, tagtäglich einen Spagat zwischen Leistung und Sportsgeist zu machen. Denn Sportsgeist ohne Leistung ist ähnlich leer wie Leistung ohne Sportsgeist. Dafür stehe ich, dafür steht das Gieseler-Gymnasium in Rechberg. Früher sagte man, ein echter Rechberger. Damit meinte man einen echten Sportler. Hoffen wir, dass die morgigen Wettkämpfe an diese Zeiten anknüpfen können. Noch einmal ein herzliches Willkommen an Sie alle, viel Erfolg und halten Sie sich bitte mit dem Essen nicht zurück. Was übrig bleibt, bekommen die

Schüler in der nächsten Woche, also greifen Sie zu. Ich danke Ihnen.«

Robert saß mit seinen Eltern, Torsten, dessen Vater, Lara und deren Mutter an einem Tisch.

»Klingt ja richtig nett«, sagte Laras Mutter nach der Ansprache.

»Da täuschst du dich«, antwortete Lara. »Die kann knallhart sein.«

»Hast du erzählt …« Laras Mutter nickte kurz, dann beugte sie sich über den Tisch zu Herrn Thaddäus. »Sind Sie stolz darauf, dass Ihr Sohn schon so jung in der Schulmannschaft mitfahren darf?«

»Natürlich!«, sagte Torstens Vater. »Das ist doch großartig.«

»Aber die in den anderen Mannschaften, die sind alle älter!«, meinte Laras Mutter kritisch. »Haben da die Rechberger überhaupt eine Chance?«

»Mama!« Lara wurde rot im Gesicht. »Das verstehst du nicht.«

»War ja nur eine Frage!«, gab diese eingeschnappt zurück.

Später am Büffet, als Robert hinter Torstens Vater in der Schlange stand, nutzte Robert die Gelegenheit, um Herrn Thaddäus etwas zu fragen: »Würden Sie mir einen Gefallen tun?«

»Gerne!«, antwortete Herr Thaddäus. »Worum geht es? Du hast bei mir eine Menge gut.«

»Es geht um Torsten!«

»Wie macht er sich denn?«

»Einen besseren Freund kann man nicht finden und er

wird ein großer Fahrer werden. Vor allem im Team traue ich ihm einiges zu. Aber das wird noch etwas dauern, wenn ich Sie daher um etwas bitten dürfte ...«

»Alles! Worum möchtest du mich bitten?«, bekam Robert von Torstens Vater zur Antwort.

»Lassen Sie Torsten diese Zeit!«, sagte Robert. »Wenn wir hier fliegen sollten, dann suchen Sie eine normale Schule für ihn, lassen Sie ihn im Verein fahren, aber nicht mehr. Es reicht, wenn er mit 15 oder 16 Jahren richtig einsteigt.«

»Ihr werdet nicht fliegen. Nicht, wenn ihr es nicht vergeigt! Ich kenne Lore besser als ihr!«

»Und was ist mit meiner Bitte?«, wiederholte Robert hartnäckig.

»Versprochen!«, antwortete Herr Thaddäus. »Aber ihr werdet nicht fliegen.«

»Abwarten.«

Nach dem Essen gab Frau Schuster das Programm für den nächsten Tag bekannt. Sie stand an der Stirnseite des Kasinos, schräg hinter der Schulleiterin, und las die Namen derer vor, die morgen bei den Wettkämpfen antreten würden.

Wessen Name fiel, musste aufstehen und es wurde applaudiert. Die Rechberger kannte Robert selbstverständlich alle. Aus dem Team der Rostocker waren ihm auch einige Gesichter vertraut, ebenso kannte er ein paar der italienischen Fahrer aus Rom, die polnischen Sportler waren ihm jedoch fremd.

Während die Athleten vorgestellt wurden, flammten plötzlich Scheinwerfer auf und das erste Kamerateam begann im Saal mit seinen Aufnahmen. Robert war das aus Rom her vertraut, auch dort waren am Vorabend vor den Wettkämpfen die Fernsehteams aufgetaucht und hatten gefilmt. Alle wurden sie damals interviewt, denn man konnte ja nie wissen, wer am nächsten Tag siegen würde.

»So weit die Übersicht über die Einzelwettkämpfe!«, sagte Frau Schuster. »Und jetzt ...« Sie machte eine kleine Pause, holte tief Luft und rief: »Das Mannschaftszeitfahren!«

Wenn sie dafür stürmischen Applaus erwartet hatte, so wurde sie enttäuscht. Die Kamera schwenkte erwartungsvoll auf den Saal. Nur einige Gäste klatschten, die Rechberger Schüler sahen betreten zu Boden und Frau Lorenz starrte in die Luft. Frau Schuster blickte verunsichert auf das Publikum und schob eilig nach: »Kommen wir zu den Mannschaften. Erstmals seit vielen Jahren wird es morgen wieder eine Mannschaftswertung geben. Genauer, ein Mannschaftszeitfahren. Denn endlich ...«, dabei warf sie einen vorwurfsvollen Blick auf Frau Lorenz, »endlich gibt es wieder eine Rechberger Schulmannschaft. Die Mannschaft ist für viele Sportler die Krone der sportlichen Schöpfung, der Olymp, eine Gemeinschaft fürs Leben nach dem Motto: Einer für alle, alle für einen!«

Frau Schuster ließ in ihrer Ansprache kein Mannschaftsklischee aus und endete mit den Worten: »... und ich weiß, wovon ich rede, denn ich habe die glücklichsten Jahre meines Lebens in der Rechberger Schulmannschaft verbracht und auch meinen Teil dazu beigetragen, dass es dieses Jahr in Rechberg wieder eine Schulmannschaft gibt. Wir ehemaligen Mannschaftsfahrer und -fahrerinnen drücken euch die Daumen und sind stolz auf unsere

Mannschaftstradition. Nehmt die Fackel auf, die wir in unserer Zeit getragen haben und die bedauerlicherweise so lange verloschen war. Auf dass ihr eine Mannschaft werdet, wie wir sie früher waren, wir stehen hinter euch! Die Rechberger Mannschaft lebe hoch, hoch ...«

Erst beim zweiten »Hoch« merkte Frau Schuster, dass niemand einstimmte, und mit rotem Kopf ging sie rasch dazu über, die Mannschaftsaufstellungen vorzulesen.

Dann war das Ehrendinner vorbei.

Auf dem Weg nach draußen tauchte plötzlich ein Reporter neben Robert auf. Sein Gesicht kam Robert nicht bekannt vor, aber an die Stimme erinnerte er sich. Es war Hinterberger, der Kommentator aus Rom.

»Einen Moment Zeit?« Er hielt Robert an der Schulter fest, machte mit der rechten Hand ein Zeichen und eine Kamera wurde auf sie gerichtet.

»Okay? Gut!« Der Reporter hielt ein Mikrofon zwischen sich und Robert. »Ich stehe neben Robert Berger, dem Jugend-Europameister und Goldmedaillengewinner von Rom. Sie erinnern sich? Robert hatte sich trotz schwerer Verletzung aufs Siegertreppchen gekämpft. Jetzt tritt er zur allgemeinen Überraschung aber in einer ganz anderen Disziplin an, nämlich beim Mannschaftswettkampf. Warum, wollen da sicher viele wissen. Zuvor aber die Frage, was macht die Hand?«

Robert nickte und vor Aufregung wusste er nicht, was er sagen sollte. »Nichts zurückgeblieben. Ich bin wieder fit.«

Um Robert und den Reporter hatte sich ein Kreis gebildet.

»Das freut unsere Zuschauer sicher genauso wie mich.«

Herr Hinterberger beugte sich vor. »Aber dann fragt man sich doch umso mehr, was bewegt einen amtierenden Europameister ... «

»Jugend-Europameister ... «, verbesserte Robert.

»... natürlich, was bewegt einen Jugend-Europameister einfach so sang- und klanglos die Disziplin zu wechseln?«

»Kann ich mir vorstellen, dass Sie das interessiert.« Robert warf einen Blick zu seinen Mannschaftskameraden hinüber. »Aber das lässt sich ganz leicht beantworten: Ich war und bin es leid alleine zu fahren. Das ist alles. Wenn man so viele Jahre alleine unterwegs war und was erreicht hat, dann möchte man einfach irgendwann was Neues machen. Und Mannschaft, das war für mich neu.«

»Kommen wir zum Trainer!« Der Reporter senkte die Stimme, um Spannung zu erzeugen. »Es gab einen Trainerwechsel bei den Straßenfahrern. Aus, ähem, gesundheitlichen Gründen wurde Ihre alte Trainerin, Frau Markesdorf, durch den legendären Mannschaftscoach Walther ersetzt. War das Ihr Wunsch, immerhin hat dieser Mann Sie auch nach Rom gebracht.«

»Nein.«

»Wie nein?«, bohrte der Reporter weiter.

»Nein, all das stimmt nicht!«, antwortete Robert entschieden, dem das Ganze zu viel wurde. Aber logisch, durchzuckte es ihn. War der Reporter nicht auch ein Ehemaliger? Robert wurde plötzlich klar, was der Mann mit dem Gespräch bezweckte. »Aber wenn Sie noch weitere Informationen brauchen, wenden Sie sich doch bitte an Frau Lorenz, unsere Direktorin. Sie hat letzten Endes die Verantwortung für unsere Mannschaft und wir werden versuchen uns ihr und Rechberg würdig zu erweisen. Danke.«

Robert drehte sich aus dem Scheinwerferlicht und dabei kreuzte sich sein Blick mit dem der Direktorin. Robert schien es fast, als würde er ein freundliches Funkeln in ihren Augen erkennen können.

Im Treppenhaus verabschiedete sich Robert von seinen Eltern.

»Du hast dich stark verändert!« Sein Vater klopfte ihm auf die Schultern. »Kompliment. Bin gespannt auf morgen.«

»Schlaf gut, Dad!«, antwortete Robert. Dann umarmte er seine Mutter.

»Sei vorsichtig und denk immer daran, dass es sich nicht lohnt, dafür alles zu riskieren«, flüsterte seine Mutter ihm ins Ohr.

»Keine Angst.« Robert drückte sie immer noch und entgegnete ihr: »Die Welt ist zwar ein Fahrrad, aber keine Sorge, ich lenke.«

»Dann ist ja alles okay!« Roberts Mutter hakte sich bei ihrem Mann ein, die beiden drehten sich um und gingen langsam die große Treppe hinunter. Nun war Robert allein – doch nicht lange, denn plötzlich stand Frau Lorenz hinter ihm, ohne dass er sie kommen gehört hatte.

»Hast du einen Moment Zeit für mich?«, fragte sie.

»Natürlich«, antwortete Robert.

»Dann komm mal mit.«

Zu Roberts Verblüffung gingen sie am Sekretariat vorbei zu Frau Lorenz' Privatwohnung. Sie öffnete die Tür, schaltete das Licht ein und bat Robert im Wohnzimmer Platz zu nehmen.

Zögernd betrat Robert den Raum. An den Wänden hingen Bücherregale und Bilder von Radsportlern. Ein großes Fenster ging in den nun dunklen Park hinaus.

»Bitte, mach es dir bequem!« Frau Lorenz stand mit zwei Gläsern Orangensaft im Türrahmen und zeigte mit einer einladenden Geste auf das Sofa. Robert setzte sich und fragte sich, weswegen seine Direktorin ihn hierher gebeten hatte.

»Magst du?« Die Schulleiterin streckte Robert ein Glas entgegen. Der nickte.

»Du fragst dich sicher, was ich von dir will, oder?«

Robert nickte wieder.

»Ehrlich gesagt, so ganz genau weiß ich das selbst nicht.« Die Direktorin lächelte. »Aber ich habe gehört, was du dem Reporter gesagt hast, und das hat mir gefallen. Vielleicht wird dich das verwundern, aber ich bin überhaupt mit dir sehr zufrieden. Das mit der Mannschaft nehme ich dir nicht übel, auch das solltest du wissen. Wenn ich gegen die Mannschaft bin, so hat dies nichts mit euch Schülern zu tun. Ich bin selbst in einer Mannschaft gefahren und es war das Beste in meinem Leben. Wogegen ich mich wehre, ist die Rolle, die der Verein der Ehemaligen in dieser Geschichte hat ... Dieser Verein ist, wie der Name sagt, nur der Interessenverband der *ehemaligen* Rechberger. Aber du und ich, wir sind hier und jetzt an dieser Schule. Ich kann es mir nicht leisten von den guten alten Zeiten zu schwärmen. Ich habe als Direktorin die Verantwortung für die Schule und die mir anvertrauten Schüler und Schülerinnen. Ich muss an deren Zukunft denken. Und das heißt, diese jungen Menschen mit gerechten, transparenten Forderungen auf die Zeit nach der Schule vorzubereiten. Sie womöglich auch vor ihren eigenen Fehlern zu schützen. Das klappt nicht immer, beispielsweise bei Torsten ... Aber ich muss es zumindest versuchen. Frau Schuster und die anderen Ehemaligen machen es sich leicht, ihre Zeit in Rechberg ist lange vorbei. Aber ich bin und bleibe hier die Schulleiterin. Daher überlege dir gut, für wen ihr morgen antreten wollt.«

»Wir fahren für uns!«, sagte Robert spontan. »Und für die Schule.«

»Gut pariert!« Frau Lorenz lächelte. »Aber was ist mit dem Verein der Ehemaligen, mit Frau Schuster?«

»Das könnte ich Sie auch fragen!«, gab Robert zur Antwort.

»Du hast Recht, vielleicht sollte ich dir das erklären ...« Frau Lorenz lehnte sich in ihrem Sessel zurück und schwieg einen Moment. »Frau Schuster und ich waren mal die dicksten Freundinnen, wir waren zusammen in der Mannschaft«, begann sie schließlich. »Über Jahre hinweg. Dann gab es einen Fahrer, in den wir uns beide verliebten, und darüber kam es zum Streit. Der Mann entschied sich für mich und Frau Schuster war ... Sagen wir so, meine Zeit in der Mannschaft war danach zu Ende, obwohl ich gute Leistungen erbrachte.«

»Warum erzählen Sie mir das?«, fragte Robert.

»Warum? Weil du und die anderen neun, weil ihr mir am Herzen liegt und ich dich bitten wollte ...« Die Direktorin stockte.

»Dass wir morgen nicht antreten?«

»Nein, ich will dich und die anderen bitten, dass ihr

morgen eure Sache gut macht und die Schule nicht blamiert.« Frau Lorenz lächelte, dann stand sie auf und sagte: »Du hast morgen einen Wettkampf, du willst sicher gehen. Und noch was: Es wäre schön, wenn dieses Gespräch unter uns bleiben würde.«

Robert nickte. »Versprochen. Und danke.«

»Ich habe zu danken.« Frau Lorenz begleitete ihn noch zur Tür.

Robert kam gar nicht dazu, sich über das, was er eben gehört hatte, Gedanken zu machen. Denn als er gerade das Treppenhaus erreichte, da sah er auch schon die Köpfe von Nils und Torsten hinter der Säule neben dem Treppenaufgang hervorspitzen.

»Wo bleibst du denn? Alle warten in deinem Zimmer!«

»Wie alle?«, rief Robert, während er den beiden hinterherrannte.

»Letztes Mannschaftsmeeting vor dem großen Tag.«

»Anstoßen mit Sekt und O-Saft!«, ergänzte Nils. »Hat Götz vom Büffet organisiert.«

Robert betrat sein Zimmer, sah die jetzt vollzählig versammelte Mannschaft, die eingegossenen Gläser und sagte: »Aber nur ein Glas, wir müssen morgen fahren!«

22.

Es war so weit. Der große Tag war da. Robert lag in seinem Bett und versuchte sich auszumalen, wie er werden würde. Er drehte sich auf die Seite und sah aus dem Fenster. Der Himmel war wunderschön. Strahlend blau ohne eine einzige Wolke – ein geniales Wettkampfwetter.

»Auch schon wach?« Durch die offen stehende Tür drang Torstens Stimme aus dem Nachbarzimmer.

»Klar«, antwortete Robert. »Guten Morgen!«

»Morgen!« Torsten tauchte im Türrahmen auf, schon komplett im Wettkampf-Outfit: Radlerhose, Trikot, Helm und Brille. Sogar die Handschuhe hatte er schon an.

»Was denn!« Robert, der noch immer im Bett lag, musste lachen. »Hast du sie noch alle?«

»Wieso?« Torsten kam mit vorsichtigen Schritten näher. Dabei klackten die Metallplättchen der Pedalverbindung unter der Sohle auf dem Holzfußboden. »Es geht bald los und ich habe Angst gehabt, ich vergesse irgendwas.«

»Es geht in ...« Robert sah auf die Uhr am Nachttisch. »... in über fünf Stunden los!«

»Na und?«

»Willst du so in den Speisesaal?«, fragte Robert, noch immer glucksend.

»Stimmt, Frühstück kommt ja auch noch!« Torsten

nahm Helm und Brille ab und fuhr sich mit der Hand durch seine roten Locken. »Aber wenn ich die Sachen jetzt irgendwo hinlege ...«

»Pass auf!« Robert schwang sich aus dem Bett. »Wir legen beide unsere komplette Ausrüstung auf einen Stapel und dann vergessen wir schon nichts. Denn so lasse ich dich nicht den ganzen Vormittag herumlaufen.«

»Schweinepriester!«

»Ferkel! – Und jetzt los, Frühstück! Heute wird ein harter Tag.«

Im Kasino war eine Ecke für die Wettkämpfer abgetrennt, für die Mannschaften waren eigene Tische gedeckt. Als Robert und Torsten, beide in der normalen dunkelblauen Schulkleidung, an ihren Tisch kamen, waren die anderen acht bereits da. Jeder aß sein Müsli, doch es sah nicht aus, als ob es ihnen schmecken würde. Robert musste grinsen. Vor einem Wettkampf war Müsli der Frühstücksstandard für Radfahrer. Müsli bis zum Abwinken, denn es enthielt wichtige Stoffe, die der Körper während eines Wettkampfs brauchte. Was das Wettkampfmüsli so besonders machte und leider auf Kosten des Geschmacks ging, war: Bereits am Vorabend wurden die Körner in Wasser eingeweicht, damit sie über Nacht aufquollen. Nur so war garantiert, dass die Nahrung leicht verwertet werden konnte und keine Energie unnötig an die Verdauung vergeudet wurde.

Robert schaufelte für Torsten und sich am Büffet jeweils eine große Schale mit diesem pampigen Körnerbrei voll und setzte sich dann zu seinen Teamkollegen.

»Schönes Wetter heute«, brach er nach ein paar Minuten Löffeln das Schweigen am Tisch. Keiner antwortete.

»Wirklich schönes Wetter heute«, wiederholte er fröhlich. Er kannte diese Stimmungstiefs am Wettkampfmorgen. Das war immer so.

»Letztes Jahr um diese Zeit hatten wir kein so schönes Wetter. Im Jahr davor, warte mal ...«

»Da hat es geregnet.« Lara sah kurz von ihrer Schale auf. »Und im Jahr davor war es tierisch heiß!«

»Na also, geht doch!«

»Geht doch?«, echote Lara.

»Was ist denn nur?«, rief Robert. »Gibt es was, was ich wissen sollte? Oder warum seid ihr denn so lasch?«

»Das liegt womöglich daran ...« Götz räusperte sich. »... dass wir gleich ein Rennen fahren müssen und wenn ich mir die Cracks an den Nachbartischen ansehe ...«

»... dann geht mir der Arsch auf Grundeis und ich würde am liebsten mein Rad packen und die Biege machen«, vollendete Alex den Satz seines Nachbarn.

»Also Schiss?«, fragte Robert mit der Absicht, Alex zu provozieren.

»Exakt«, antwortete der ruhig. »Und ich denke, wir haben allen Grund dazu, Schiss zu haben. Die sind gut!«

»Hey, ihr braucht doch keine Angst vor denen zu haben.« Robert versuchte seine Truppe aufzumuntern. »Die fahren auch nur Rad und ...«

»Schweinepriester«, unterbrach ihn Torsten. »Hör bitte auf, das glaubst du doch selbst nicht. Sieh sie dir doch mal an!«

Robert schwieg beleidigt und musterte die Mannschaften an den anderen Tischen. Als er anschließend seine Teamkollegen betrachtete, verstand er, was die anderen so einschüchterte. Gestern Abend war ihm das nicht aufgefallen, aber jetzt war es überdeutlich: Die Gruppe an seinem Tisch war im Vergleich zu den anderen Mannschaften der reinste Kindergarten, eine Laienspielgruppe. Die gegnerischen Fahrer waren schmale, durchtrainierte Kerle, keiner unter 17 Jahren. Muskeln und Sehnen, mehr nicht. Echte Radprofis, das sah man einfach. Der Gedanke, gegen diese Sportler antreten zu müssen, machte nicht gerade Mut.

»Trotzdem!« Robert hüstelte. »Wir sind auch nicht ohne. Und außerdem kennen wir die Strecke.«

»Rob«, Torsten sah ihn traurig an. »Lass es. Mach dir nichts vor. Wir werden mit Pauken und Trompeten untergehen. Das wissen du, ich, die anderen am Tisch, der Walther, die Lorenz – alle.«

»Vielleicht hast du Recht.« Robert nickte müde. »Ich sollte aufhören mir etwas vorzumachen.«

»Genau!« Torsten schüttelte den Kopf. »Aber weißt du was? Das ist mir egal!«

»Wie egal?«, fragte Robert und auch Götz, Alex, Lara, Svenja und die anderen sahen verwundert auf den Jüngsten in ihrem Team.

»Dass wir untergehen!« Torstens Stimme wurde nicht laut, aber bestimmt: »Klar, wir werden untergehen, gegen die können wir nicht gewinnen. Aber wieso auch? Uns geht es doch eigentlich gar nicht ums Gewinnen. Wir wollen nur endlich zeigen, was wir draufhaben. Deine Worte, Alex!«

Alexander nickte und Torsten rief: »Und das können wir heute. Wir sind eine Mannschaft, die Rechberger Schulmannschaft, das ist doch irre! Wir können heute zeigen, dass wir ein gutes Team sind. Klar, wir sind die Außenseiter, aber was soll's? Pinkeln wir denen ans Bein, zeigen wir's ihnen!«

»Schon peinlich«, Svenja klopfte mit dem Löffel auf ihre halb volle Müslischale. »Das muss ich mir von einem Frischling sagen lassen. Aber, verdammt, der Zwerg hat Recht!«

»Genau. Zeigen wir denen, was wir draufhaben«, sagte der kleine Nils, der sich bei dem Wort Zwerg ebenfalls angesprochen fühlte.

»Geht nicht?«, fragte Alex grinsend.

»Geht doch!«, brüllten die anderen neun am Tisch in einer Lautstärke, dass an den Nachbartischen einigen der Löffel aus der Hand fiel und sich alle Köpfe zu ihnen drehten.

Kurze Zeit später besuchte Coach Walther die zehn, deren Laune immer besser geworden war, an ihrem Tisch und stellte eine kleine Kiste vor ihnen ab.

»Hab ich für euch besorgt«, sagte er.

Lara öffnete den Pappkarton und zog sechs Dosen Sprühhaarfarbe hervor.

»Dunkelblau, wie unsere Schulfarben«, erklärte der Trainer. »Die Italiener sind grün gefärbt und das machen die jungen Leute doch heute. Alle gleiche Haarfarbe. Um das Mannschaftsgefühl zu stärken!«

Lara lächelte. »Danke, aber das ist nicht mehr nötig.«

»Wollt ihr nicht?«

»Wollen wir?«, fragte Lara die anderen am Tisch.

Die schüttelten die Köpfe.

»Sie sehen!«

»War ja nur ein Versuch, ich dachte, das wäre eine gute Idee«, meinte ihr Trainer und packte die Dosen wieder in den Karton.

»Es ist eine gute Idee!«, sagte Lara.

»Kann ich sonst noch was für euch tun?«, fragte der Trainer.

»Danke.« Robert grinste verlegen. »Hmm, wissen Sie wir, na ja, wir wären gerne für uns, nichts gegen Sie ...«

»Verstanden!« Coach Walther nickte. »Ich bin hier im Moment unerwünscht. Wir sehen uns dann um kurz vor zwölf in der Halle zum Warmfahren. Startzeit ist halb zwei. Wehe, ihr versetzt mich!«

Coach Walther klopfte zum Abschied mit der Faust auf den Tisch und verließ das Kasino.

»Ob er gekränkt ist?«, fragte der kleine Nils.

»Wieso sollte er?«, sagte Robert. »Er weiß, sein Job ist jetzt vorbei. Was jetzt kommt, ist nur noch unser Ding. Keine Angst, Nils, er ist lange genug Trainer, er kennt das.«

Nach dem Frühstück ging das Team hinunter zu den Fahrradwerkstätten und ein letztes Mal wurden die Rennmaschinen überprüft. Waren alle Schrauben fest? Saßen die Schnellspanner richtig? War der richtige Luftdruck auf den Reifen? Solche Details konnten wettkampfentscheidend sein.

Anschließend wurden die Fahrräder im Messzelt gewogen – das Gewicht jeder Rennmaschine durfte nicht unter neun Kilo liegen – und in einem Nebenraum der Trainingshalle eingeschlossen. Jede Manipulation sollte so unterbunden werden.

Während auf der Bahn bereits die ersten Vorläufe im Zeit- und Verfolgerfahren begannen, fand für die Mannschaften im Kasino die offizielle Streckenbesprechung statt. Die Auslosung am Vorabend hatte ergeben, dass das Rechberger Team als vorletzte Mannschaft ins Rennen gehen würde. Zuerst sollten die Polen, anschließend die Rostocker, dann die Rechberger und nach ihnen die italienische Mannschaft starten.

»Die Strecke ist genau 58 Kilometer lang.« Coach Walther stand neben einer Skizze der Strecke, die an die Wand projiziert war, und erläuterte den Rennverlauf. »Geschätzte Zeit etwa anderthalb Stunden. Start ist unten auf der Bahn, dann durch den Park rüber zum Wald, das ist öffentliche Landstraße, wird aber für das Rennen gesperrt. Dann kommen zwei kleinere Berge zum Warmwerden, dann durch die Senke rüber zu einem Berg der Dreier-Kategorie. Danach die Abfahrt und, als besonderes Bonbon, die Autobahn hoch und zurück. Dann Landstraße bis ins Ziel, das wieder auf der Bahn ist. Die Verpflegungsstationen sind auf dem zweiten Hügel, auf dem Berg und dann am Beginn der Autobahn. Noch Fragen?«

Aus der polnischen Mannschaft meldete sich ein großer, schmaler Junge. »Was ist mit Servicewagen?«, fragte er mit leichtem Akzent.

»Gute Frage. Herr Dünker, das ist Ihr Gebiet.«

Coach Walther verließ die kleine Bühne und ein etwa sechzig Jahre alter Mann, sicher zwei Meter groß mit breiten Schultern und kurzem grauem Haar, betrat das kleine Podest.

»Alles bestens geregelt!« Seine laute dunkle Stimme erfüllte das Kasino. »Mein Name ist Dünker und ich bin verantwortlich für die Rundfahrt. Dankenswerterweise hat ein Autohändler in Rechberg ein Herz fürs Radfahren und hat uns sechs Kleinbusse zur Verfügung gestellt. Hinter jedem Team wird daher ein Servicewagen fahren, für die Bestückung der Wagen sind die Trainer verantwortlich. Der fünfte Wagen ist für die Jury, für die Presse ist das sechste Auto eingeplant. Die Strecke ist für den öffentlichen Verkehr gesperrt, nennenswerte Gefahrenstellen sind nicht vorhanden und die Gemeinde Rechberg hat in den vorigen Wochen auch die letzten Schlaglöcher geschlossen. Weitere Fragen?«

Die Sportler musterten sich verstohlen, doch Fragen hatte niemand.

»Gut, dann kann ich nur noch viel Glück wünschen und freue mich auf ein spannendes Rennen.«

Herr Dünker verließ das Podest und setzte sich neben Robert auf einen Stuhl. »Macht mir keine Schande, ihr müsst gewinnen. Das seid ihr uns und der Schule schuldig«, flüsterte er beiläufig Robert zu. »Wir haben uns verdammt weit aus dem Fenster gelehnt wegen euch, also lasst uns nicht im Stich.«

»Wir sind eine Mannschaft, da lässt man sich nicht im Stich«, gab Robert zurück.

»Da höre ich einen wahren Rechberger!« Herr Dünker stand auf und verließ den Saal.

Da es erst kurz nach zehn war, sie also noch über drei Stunden bis zu ihrem Treffen warten musste, wollte sich die Rechberger Mannschaft bei den Bahnwettkämpfen die Zeit vertreiben. Es war gar nicht so leicht, noch freie Plätze zu finden. Vielleicht lag es an der Fernsehübertragung, aber so viele Zuschauer gab es noch nie bei einem Sportfest. Und entlang der Bahn herrschte eine überwältigende Stimmung. Die große Videowand trug ihren Teil dazu bei.

Von jedem Platz aus konnte man die Gesichter der Sportler in Großaufnahme sehen.

Unten auf der Bahn machten sich gerade zwei neue Fahrer startfertig, ein Schuss ertönte und die beiden Athleten rasten los. Es waren Erik und einer aus dem polnischen Team. Die erste Runde führte Erik und die Zuschauer johlten begeistert. Kurz vor der letzten Kurve jedoch griff der Pole an und der Rechberger hatte nicht den Hauch einer Chance. Nach dem Läuten der Schlussglocke wurde er regelrecht stehen gelassen. Mit über 20 Metern Vorsprung ging der Pole über die Ziellinie. Müder Beifall ertönte.

Die nächsten zwei Sportlerinnen machten sich fertig und wieder ertönte der Startschuss. So ging es Schlag auf Schlag. Ein Duell nach dem anderen wurde auf der Bahn ausgetragen. Wer gewonnen hatte, kam weiter, der Verlierer schied aus. Dennis, der Gewinner der Schulqualifikationen, trat bereits zu seinem dritten Start an. Aber diesmal half ihm selbst seine besondere Taktik nicht. Der Italiener war besser.

Als Dennis neben der Balustrade zum Stehen kam, übertrug die Kamera das Bild, wie er voller Wut seinen Helm auf die Bahn schmiss, in Großaufnahme auf die Videowand.

»Sind wir jetzt schon auf Sendung?«, fragte der kleine Nils.

Svenja schüttelte den Kopf. »Nein, das sind immer noch die Vorläufe. Nur die Finalläufe werden übertragen.«

Alex beugte sich rüber und meinte gereizt. »Na super. Wie es aussieht, ganz ohne Rechberger Beteiligung.«

Dass die Rechberger so schlecht abschnitten, drückte

die Stimmung rings um die Bahn. Immer wenn die Kamera auf die Tribüne zoomte, war dort die Schulleiterin mit einem sehr säuerlichen Lächeln zu sehen. Die wenig freundlichen Kommentare des Reporters aus den Lautsprechern taten ihr Übriges. Kein gutes Haar ließ Herr Hinterberger an den Rechberger Athleten. Je länger Robert ihm zuhörte, umso mehr bekam er den Eindruck, dass der Kommentator in Wahrheit nur Stimmung gegen Frau Lorenz machen wollte. Immer wieder sprach er von den großartigen Wurzeln der Schule und wetterte gegen die momentane Zeitströmung. Das schlechte Abschneiden der Rechberger Fahrer zeige, wie falsch es gewesen sei, die Schule so umzukrempeln. All das sagte der Reporter nur in Anspielungen, er ließ hier und dort eine kleine Bemerkung fallen oder tat so, als würde er nur laut überlegen.

Als die Uhr auf halb zwölf umsprang, verließen die zehn aus dem Team ihre Plätze. Sie gingen noch kurz zu ihren Familien und ließen sich Glück wünschen. Pünktlich um kurz vor eins trafen sie sich dann unten in der Trainingshalle an den Rollen. Auch für die anderen Mannschaften waren Standfahrräder aufgebaut, einige Sportler fuhren sich bereits warm.

»Seid ihr so weit?« Nach einer Dreiviertelstunde kam Coach Walther zu ihnen. »Alle ausreichend gegessen?«

Die Fahrer und Fahrerinnen nickten und strampelten schweigend weiter. Lust zu reden, hatte keiner. Jeder dachte das Gleiche: Nach dem Einbruch der Einzelfahrer würde gleich ihr Versagen im Fernsehen übertragen werden. Die Ära Rechberg war eindeutig zu Ende.

»Gut, jeder hat seine Position im Kopf?« Coach Walther versuchte, die Fahrer zu motivieren. »Das wird ein nettes

Rennen werden, ihr seid gut drauf. Und immer daran denken, wer nicht mehr kann, steigt aus, bevor, ich wiederhole, bevor er die anderen bremst! Ist das klar?«

»Ja, das haben wir alle kapiert«, sagte Lara halblaut. »Und vielleicht wäre es das Beste, wir steigen gleich alle aus.«

»Das habe ich nicht gehört!« Coach Walther packte Lara an den Schultern, zog sie von der Rolle und schüttelte sie. »Was seid ihr denn für Flaschen! Ein Rechberger gibt nie auf! Nie! Kapiert! Und wenn ich das nicht sofort von euch allen höre, dann gehe ich raus auf die Bahn, nehme dem erstbesten Fernsehfritzen das Mikro aus der Hand und erzähle der ganzen Welt, was ihr für Luschen seid!«

Der Trainer schubste die völlig überraschte Lara auf ihr Trainingsrad zurück. »Und ihr schlaft ja beim Treten ein. Los, gebt mir einen Spurt oder könnt ihr das nicht!«

Gekränkt erhöhten die zehn ihre Trittfrequenz etwas.

»Oh, das ist ja ein echter 40er-Tritt, da werden die anderen aber zittern«, spottete Coach Walther so laut, dass es in der ganzen Halle zu hören war.

So herausgefordert gingen Robert, Lara, Torsten und die anderen in einen echten Spurt über. Nach einer Weile, sie schnauften bereits, fragte ihr Trainer sie laut: »Gibt ein Rechberger auf?«

»Nein!«, antworten ein paar aus der Mannschaft keuchend.

»Was höre ich da?«, rief Coach Walther.

»Nein!«, kam es von den Rollen zurück, diesmal stimmten alle ein.

»Seid ihr Hinterradlutscher oder Sportler? Flaschen

oder Radfahrer? Seid ihr Waschlappen oder Rechberger?«, schrie der Trainer sie an.

»Wir sind Rechberger!«, riefen sie.

»Und was machen Rechberger nie?«

»Rechberger geben nie auf.«

»Was machen Rechberger nie?«, wiederholte Coach Walther seine Frage.

»Rechberger geben nie auf!«, donnerte es von der Mannschaft zurück.

»Gut, das wollte ich hören, ihr dürft jetzt absteigen. Mitkommen!«

Coach Walther drehte sich um und die Schüler beeilten sich ihm zu folgen.

Draußen vor der Halle wartete zu ihrer Überraschung Frau Lorenz auf sie. »Ihr seid Sportler und habt einen Wettkampf vor euch«, begrüßte sie die Direktorin. »Dafür wünsche ich euch alles Gute, viel Erfolg und macht dieser Schule nicht noch mehr Schande!«

Robert fand, sie sah müde aus, so alt, wie er sie noch nie erlebt hatte.

»Fahrt ein gutes Rennen, erweist euch als faire Sportler, Rechberg hätte es nötig, dass … Viel Glück!« Die Schulleiterin ging zurück in Richtung Tribüne. Gleich hinter der Absperrung zum Publikumsbereich stürzte ein Kamerateam auf sie zu, Robert sah einen Scheinwerfer aufflammen.

23.

Neben der Balustrade zur Bahn standen ihre Fahrräder bereit. Auch die anderen drei Mannschaften hatten sich neben dem Eingang zur Bahn versammelt.

Robert kam es vor, als dauerte es eine Ewigkeit, bis es endlich losging. Er fühlte sich wie sein eigener Zuschauer. Ringsumher passierte irrsinnig viel, ständig wurden er und die anderen kreuz und quer, hierhin oder dahin dirigiert. Völlig ohne jeden eigenen Willen war er der Wettkampfmaschinerie ausgeliefert. Wie aus großer Ferne nahm er wahr, dass jemand eine Ansprache auf der Bahn hielt. Robert sah die vielen Menschen auf den Rängen und die Videowand, die ihn in Überlebensgröße zeigte.

Ein Startschuss ertönte, die Polen donnerten die Bahn entlang und verschwanden in den Park. Robert und die anderen Rechberger rückten an der Balustrade einen Platz auf. Ein zweiter Startschuss ertönte und die Rostocker gingen aus den Sätteln. Robert spürte, wie er auf die Bahn geschoben wurde, hinter ihm stand ein Mann und hielt seinen Sattel fest. Robert sah nach links, neben ihm wartete Torsten. Er war bleich im Gesicht und kaute auf der Unterlippe herum. Rechts neben Robert stand Svenja, sie lächelte bitter.

»Geht doch?«, rief Robert.

Da niemand seiner Kameraden reagierte und es von den Rängen Zurufe und Beifall gab, sodass man hier unten kaum sein eigenes Wort verstand, wiederholte er seine Frage. Nur diesmal schrie er.

»Geht doch!«, kam es zurück und dann endlich knallte es hinter ihnen. Sein Sattel wurde losgelassen, Robert zog und drückte die Pedale mit aller Kraft und spürte, wie er immer schneller wurde. Vorangetrieben durch eine Applauswelle donnerte er die Bahn entlang. Neben ihm tauchte der blaue Helm von Götz auf. Noch ein letzter Blick zurück, ob alle gut weggekommen waren, dann ging es in den Park. Schlagartig wurde es ruhig um sie herum, der Beifall aus dem Bahnoval wurde von den Blättern der Bäume geschluckt und wie bei ihren normalen Ausfahrten fuhren sie in Richtung Landstraße, nur konzentrierter, schneller.

Doch als sie auf die Landstraße einschwenkten, war es auch schon wieder mit der Ruhe vorbei. Denn zu Roberts Überraschung standen rechts und links der Fahrbahn Zuschauer und sie klatschten und johlten. Der Asphalt war mit Farbe beschrieben, das kannte Robert bisher nur vom Fernsehen, von echten Straßenrennen. Was dort stand, konnte er nicht lesen, aber das war ihm eigenlich auch egal. Er fand es einfach beeindruckend, dass dort überhaupt etwas stand.

»Ist geil, oder?«, rief er Götz zu, der die zweite Reihe anführte.

»Wahnsinn«, antwortete der. In diesem Moment zog ein Motorrad neben die beiden und Roberts Glücksgefühl wanderte noch ein paar Etagen höher. Er sah aus den Augenwinkeln eine Kamera und ein rot leuchtendes Licht, über ihnen knatterte ein Hubschrauber. Sie waren live auf Sendung.

Wie abgesprochen gaben Robert und Götz die ersten Kilometer das Tempo vor, unterstützt von Dirk und Alex. Am ersten Hügel, sie fuhren inzwischen Einerreihe und Lara führte, zog der Kleinbus, der bisher immer hinter ihnen hergefahren war, neben sie. Coach Walther saß an der offenen Schiebetür und schrie: »Ihr seid gut, die Italiener haben erst zwanzig Sekunden auf euch aufgeholt. Weiter so!«

Lara nickte, ging aus dem Sattel und erhöhte das Tempo. Jannis, mit Benita im Schlepptau, versuchte sie auf der Hälfte des Hügels in der Führung abzulösen, aber Lara weigerte sich nach hinten zu gehen. »Ich bin topfit, ich kann noch!«, war ihr Kommentar. »Die 20 Sekunden machen wir wieder gut.«

Sie behielt Recht, am zweiten Hügel rief ihnen der Trainer begeistert zu: »Super! Geht doch! Ihr habt Vorsprung!«

»Wie viel?«, fragte Lara zurück.

»Knappe zehn Sekunden auf die Rostocker, fünf auf die Italiener«, antwortete Coach Walther. »Weiter so, immer weiter so. Geht doch!«

Lara nickte, ging erneut aus dem Sattel und begann, obwohl sie bergauf fuhren, Tempo zuzulegen.

»Wir sind zu schnell!«, rief Robert, der sich inzwischen an Laras Hinterrad herangearbeitet hatte. »Das Tempo halten wir nicht durch.«

»Logisch, das stehen wir durch.« Lara drehte sich kurz zum Feld um. »Nur noch den einen Berg hier, dann könnt ihr, aber das ist so gut ...« Lara blickte wieder nach vorne und winkte kurz in die Kamera.

»Was ist denn mit Lara?« Torsten schob sich neben Robert. »Das ist ein 100er-Tritt, den sie fährt, das ist viel zu schnell!«

»Ich weiß!« Robert musste aus dem Sattel gehen, um den Anschluss an Lara zu halten. »Lara, warte!«

Aber entweder sie wollte oder sie konnte ihn nicht hören, denn sie behielt ihr Tempo bei und die Zuschauer entlang der Strecke und vor der Videoleinwand mussten mit ansehen, wie das Rechberger Feld auseinander riss.

Erst auf der Talfahrt konnten die anderen neun wieder zu Lara aufschließen.

»Rennen sind total abgefahren!«, rief Lara Alex zu. »Das ist ja hammerhart, die Leute, die Kamera und das sieht jetzt die ganze Welt live!«

»Komm runter!«, schrie Alex.

»Mach ich ja! Und zwar schnell!«

Unten in der Senke schob sich wieder der Kleinbus neben sie.

»Super! Ihr seid immer noch schneller als die Rostocker!«

»Und die Polen?«, fragte Dirk von hinten.

»Die sind nicht eure Liga!«, bekam er zur Antwort. »Und denkt daran, aussteigen, bevor ihr dem Feld zur Last werdet!«

Durch die Ebene hinüber bis zum Einstieg in den richtigen Berg fuhren sie wieder in Zweierreihe. Benita und Götz, unterstützt von Svenja und Jannis wechselten sich an den Spitzen ab, die anderen sollten etwas auftanken und dann am Berg die Führung übernehmen.

»Ich versteh nicht, wie ihr jetzt essen könnt«, warf Lara

Torsten und Nils vor, die sich jeweils bereits die zweite Banane in den Mund schoben.

»Du hast nichts gegessen?«, fragte Alex. »Ich dachte, du hättest während der Abfahrt …«

»Keinen Bock, ich hab gefrühstückt, das reicht. Sonst esse ich doch nie was unterwegs. Außerdem, das hätte nur Zeit gekostet!«

»Hier, mein Müsliriegel!« Robert streckte Lara einen Schokoriegel entgegen. »Nimm!«

»Keinen Bock!«

»Nimm und iss, oder soll ich ihn dir reinstopfen?«, schrie Robert.

»Ist ja gut!« Lara nahm genervt den Müsliriegel, biss zweimal ab und fragte: »Zufrieden?«

Dann warf sie den Rest des Riegels die Böschung neben der Straße hinab.

Robert ließ sich ans Ende des Feldes zurückfallen, Torsten machte es ihm nach.

»Läuft doch ganz gut«, sagte Torsten. »Immerhin sind wir noch nicht Letzter.«

»Abwarten«, antwortete Robert. »Das Rennen hat noch nicht einmal richtig angefangen!«

»Seit wann bist du so ein Schwarzseher?«, rief Torsten vergnügt. »Ich find's klasse!«

»Und ich hab ein saumieses Gefühl«, sagte Robert, ging aus dem Sattel und spurtete an der Gruppe vorbei an die Spitze.

Nur noch vereinzelt sah man Felder, die in der Ebene das Landschaftsbild beherrscht hatten. Allmählich ging es in den Wald über. Links und rechts der Straße standen nun auch wieder Zuschauer und die Fahrbahn war beschrieben. Da es nun bergauf ging und sie langsamer fuhren, konnte Robert entziffern: »Rechberg forever!«, »Ihr schafft es!« und »Quäl dich, du Sau!«.

Robert konnte sich ein Grinsen nicht verkneifen. Er drehte sich zu seinem Hintermann um und rief: »Hast du das gelesen?«

»Klar«, schnaufte Dirk.

»Wo bleibt Nils, das hier ist sein Stück!«, rief Robert.

»Es gibt hinten Schwierigkeiten!«

Robert verringerte sein Tempo und ließ Dirk, Götz, Svenja und Jannis an sich vorbeiziehen. Dann sah er, was das Problem war: Lara.

Sie war kreidebleich, Schweißperlen standen auf ihrer Stirn und ihre Hände zitterten. Nur noch langsam bewegten sich ihre Beine.

»Weiß auch nicht, was los ist«, sagte sie schwach. »Mir ist schlecht und ich friere.«

»Hungerrast!«, diagnostizierte Robert knapp und sprach damit aus, was die anderen auch schon vermutet hatten. Die Kohlenhydrate im Körper waren verbraucht, der Blutzuckerspiegel abgesackt und daher fand keine Fettverbrennung mehr statt. Jeder wusste, was das bedeutete – das Aus für jeden Sportler im Wettkampf.

»Wie lange schon?«, fragte Robert.

»Ein bis zwei Minuten«, flüsterte Lara, der offensichtlich selbst das Schneckentempo riesige Probleme bereitete. »Höchstens.«

»Tempo raus!«, schrie Robert nach vorne, denn zwischen ihrer Gruppe und der Spitze des Feldes lagen bereits etliche Meter.

»Wer hat noch was zu essen?«, brüllte Alex.

»Eine Banane!« Benita war mit einer Hand und dem Mund bereits dabei die Banane zu schälen.

»Sie braucht Zucker!« Robert brach in Panik aus. Warum ausgerechnet jetzt, mitten am Berg?, fragte er sich. »Eine Banane, das reicht nicht! Traubenzucker, egal was …«

»Was ist denn?«, kam es von Coach Walther aus dem Betreuungswagen, der wieder neben der Mannschaft herfuhr. Und er war lange genug Trainer, um gleich zu wissen, was er zu tun hatte. »Lara, du bist draußen«, befahl er.

Fast erleichtert nickte sie und scherte nach rechts aus. Ehe Robert überhaupt noch überlegen konnte, waren sie nur noch zu neunt unterwegs.

»Ihr liegt immer noch gut in der Zeit«, rief der Trainer. »Weiter so. Jetzt aufschließen, nicht zurücksehen. Vorne spielt die Musik!«

Der Kleinbus überholte sie und machte sich auf zur Spitze der Rechberger Gruppe.

Roberts Kopf war leer, es war vorbei, sie würden nicht zusammen ankommen. Egal wie sie jetzt fahren würden, egal welche Zeit, welchen Platz sie belegen würden, ihr Ziel hatten sie trotzdem verpasst. Alles war umsonst gewesen.

»War es das jetzt?«, fragte Torsten Robert von hinten.

»Scheint so!«

»Und das nimmst du hin?«

»Was soll ich denn machen?«, rief Robert.

»Was wohl!« Torstens Antwort kam wie aus der Pistole geschossen. »Lara helfen!«

»Stimmt!«, murmelte Robert halblaut, um anschließend mit voller Lautstärke nach vorne zu brüllen: »Einen Gang zurück, wir warten auf Lara!«

»Warten bringt nichts, das schafft sie nicht allein. Nicht mal bis hier!«, bemerkte Torsten.

»Du nervst.« Robert hatte ein schiefes Grinsen um die Mundwinkel, als er das sagte. »Ich hole sie, wir treffen uns auf der Autobahn«, rief er und wendete unter dem Aufschrei der Zuschauer sein Rad und stieß den Berg wieder hinab. Schon nach wenigen Sekunden bremste er neben Lara, die inzwischen fahrig und bleich auf ihre Rennmaschine gelehnt am Fahrbahnrand stand.

»Was wollt ihr denn?«, sagte sie matt.

Wieso ihr?, fragte sich Robert und im selben Moment kam mit quietschenden Reifen Torsten neben ihm zum Stehen. »Du sollst bei mir bleiben, Anordnung der Lorenz. Da kannst du mich doch nicht einfach allein lassen.«

»Ferkel!«

»Schweinepriester!«

Robert schüttelte den Kopf. »Das klären wir später!«

Dann rief er in Richtung der Zuschauer: »Cola, wer hat Cola? Wir brauchen Cola!«

Eine dicker Mann mit einem großen Pappbecher schob sich zu ihnen durch. »Hier, ist aber schon warm.«

»Wunderbar! Lara, runter damit!«

»Ist ja gut.« Lara nahm den Becher und trank ein paar Schlucke. »Fahrt doch, ich bin draußen.«

»Bei uns steigt niemand aus, deine Rede«, gab Robert zurück. »Erst recht nicht heute.«

»Was ist denn hier …« Aus dem Kleintransporter sprang Coach Walther mit rotem Gesicht. Auch das Kameramotorrad stoppte neben den dreien.

»Traubenzucker, haben sie in Ihrem beschissenen Bus Traubenzucker!«, schrie Robert. »Und wir brauchen ein paar Müsliriegel!«

»Seid ihr jetzt alle drei draußen, oder was?«, fragte der Trainer, der nicht wusste, was er von dem Ganzen halten sollte.

»Nein, Lara ist immer noch drin, die anderen warten!«

»Warten?« Die Stimme des älteren Mannes überschlug sich fast. »Das ist ein Zeitfahren!«

»Ein Mannschaftszeitfahren, Sie sagen es, und je länger Sie herumbrüllen, umso mehr Zeit verliert die Mannschaft!« Robert interessierte es nicht, was der Trainer dachte und wollte.

»Geht der Ton auch rüber?«, fragte er den Kameramann. Der nickte und Robert lächelte entschuldigend in die Kameralinse. »Tut mir Leid, kleines Problem zwischen Mannschaft und Trainer. Aber wir sollen immer zusammen in die Schule zurückkommen. Anordnung der Direktorin. Ist gefährlich so alleine unterwegs.«

»Armleuchter!« Coach Walther kletterte ohne ein weiteres Wort in seinen Kleinbus zurück. Kaum war der in Richtung Gipfel losgefahren, kamen von unten die italienischen Fahrer den Berg herauf. Als sie mit verwundertem Gesichtsausdruck an Robert, Torsten und Lara vorbeizogen, machte Robert ihnen ein Zeichen, das bedeuten sollte, dass sie etwas zum Essen bräuchten. Sofort flogen zwei Schokoriegel in seine Richtung und ohne eine weitere Verzögerung raste das Feld der Italiener den Berg hoch.

»Die isst du beim Hochfahren!«, verordnete Robert Lara, während er ihr die Riegel in die Trikottasche stopfte. »Und los geht's.«

»Ich kann nicht!« Lara zitterte immer noch.

»Du musst, das geht gleich vorbei.«

»Wenn wir jetzt in Südafrika unterwegs wären, dann müsstest du auch«, rief Torsten.

»Genau! Oder glaubst du, wir würden dich den Tigern überlassen?«, ergänzte Robert.

»In Afrika gibt es keine Tiger!«

»Ach wirklich?« Robert war erleichtert. Wenn Lara sich schon wieder mit Worten wehren konnte, dann würde sie es auch den Berg hochschaffen. »Geht doch, Lara!«

»Geht nicht!« Lara bestieg ihr Fahrrad.

»Geht doch!«, riefen Robert und Torsten wie aus einem Mund und die drei setzten sich in Bewegung. Das Kameramotorrad wich die ganze Zeit nicht von ihrer Seite.

Der Berg war eine Qual und das nicht nur für Lara. Auch für Robert und Torsten, denn sie konnten Lara nur indirekt helfen, sie anzuschieben oder den Berg hochzuziehen war verboten. Torsten führte das Trio an und gab genau das Tempo vor, sodass Lara nicht nur den Anstieg bewältigte, sondern auch wieder zu Kräften kam. Obwohl es immer steiler wurde, legten sie langsam wieder an Geschwindigkeit zu. Robert fuhr hinter Lara, so nah, dass man glauben konnte, er würde sie berühren. Aber diese Nähe, seine körperliche Präsenz trieb Lara voran, sein Wille schob sie an.

Endlich waren sie oben. Lara ließ sich eine Stoffumhängetasche mit Bananen, Müsliriegeln und Getränken geben und dann schossen die drei die Abfahrt hinab. Nun fuhr Robert an der Spitze und er machte Tempo. Robert nahm die Kurven mit Lara und Torsten im Schlepptau so schnell, dass das Motorrad mit dem Kameramann nicht mehr folgen konnte. Erst unten auf der Landstraße schloss es wieder auf und konnte so den Moment, in dem die Rechberger Mannschaft sich wieder zusammenfand, live übertragen.

»Geht doch?«, begrüßte Alex die drei Nachzügler.

»Geht doch!«, antworteten die drei erleichtert.

»Alles wieder okay?«, fragte der kleine Nils Lara.

»Die Knie sind noch weich, aber gut. War knapp.«

»Dann los, Leute! Wir sind in einem Rennen, wenn ich daran erinnern darf«, rief Alex. »Jetzt wird hier bitte ein Zahn zugelegt!«

»Genau! Da sind Italiener vor uns, denen würde ich gerne ciao sagen!«, rief Jannis und ging aus dem Sattel.

Wieder in der Zweierreihenformation, rasten sie die Landstraße entlang. Alle paar Meter wechselte die Führung. Sie fuhren schnell und wurden immer schneller.

Am Ende der Landstraße, sie hatten bereits zwei ausgeschiedene Italiener überholt, ging es auf die Autobahn. Götz und Robert setzten sich an die Spitze, um zu sprinten. Robert führte die rechte Reihe an, Götz die linke. Robert gewann den Spurt und lachend setzte er sich vor Götz, ließ Dirk und Svenja rechts an sich vorbeiziehen. Nachdem die ihren Spurt durchgezogen hatten, schoben sich Alex und Jannis an die Spitzen und dann geschah es: Als Jannis sich nach links absetzte, ging Benita, die bisher hinter ihm gefahren war, an ihm vorbei. Nils, der eng an Benitas Hinterrad gehangen hatte, machte es ihr nach und überholte sie. Die rechte Reihe war plötzlich schneller geworden, zog an der anderen Reihe vorbei. Die Kamera aus dem Hubschrauber fing den Moment ein, erst lang gestreckt, dann immer enger werdend zeichnete sich eine

Kreiselbewegung in den beiden Reihen der Rechberger Mannschaft ab. Die Abstände zwischen den Fahrern schrumpften, schließlich fuhren sie so eng beieinander, dass sich die Räder überlappten. Die Führung wechselte immer schneller. Mit gesenkten Köpfen, die Schultern tief über den Lenkern gaben sie einander perfekt Windschatten und rasten über die Autobahn. Was vorher nie funktioniert hatte, nun klappte es wie von selbst: Sie fuhren den Belgischen Kreisel.

Noch bevor die Autobahn endete, waren die Rechberger an der italienischen Mannschaft vorbeigezogen. Das gab ihnen zusätzlichen Ansporn und sie legten noch weiter an Tempo zu.

Die Kreiselformation löste sich bei der Einfahrt zum Park kurz auf und sie fuhren lose im Feld. Dann ging es auf die Bahn. Beifall, Johlen und Pfiffe brandeten auf und steigerten sich noch, als sie wieder in den Belgischen Kreisel wechselten. Während sie rotierend in die Steilkurve fuhren, hörte man die Stimme des Kommentators: »Ein großer Moment, Sie erleben die Geburt einer Mannschaft! Das ist Radsport, das ist Rechberg, zum Ruhme des Sportes. Wie sagte doch der Begründer der neuzeitlichen Olympischen Spiele, Baron Pierre de Coubertin: Sinn Olympischer Spiele ist nicht Sieg, sondern Teilnahme, Ziel nicht Kampf, sondern Ritterlichkeit.«

Robert blickte nach links und sah dort Jannis, vor ihm fuhr der kleine Nils und an seinem Hinterrad Torsten – und er war glücklich. Dann hörte er eine Zielpistole knallen und ihm wurde klar, sie hatten es geschafft. Sie waren alle angekommen.

Unter dem Jubel der Zuschauer wollten sie die Bahn

verlassen, doch die Lücke in der Balustrade war wieder geschlossen. Da das Publikum laut »Rechberg – Rechberg« skandierte, gingen sie langsam, noch immer rotierend in eine Ehrenrunde.

»Wahnsinn!«, schrie Alex. »Das ist total abgefahren!«

Und Lara fragte, wobei sie brüllen musste, um von den anderen verstanden zu werden: »Geht doch?«

»Geht doch«, schrien die anderen neun und zu ihrer Riesenüberraschung erscholl es auch aus den Zuschauerreihen: »Geht doch! Geht doch!«

Das Fernsehbild auf der Videowand wechselte von der Mannschaft auf die Tribüne. Frau Lorenz war zu sehen. Auch sie stand, klatschte begeistert und strahlte über das ganze Gesicht.

Die zehn Rechberger Fahrer stiegen von ihren Rädern und umarmten sich gegenseitig. Robert hatte Torsten im Arm und drückte ihn so fest, als wolle er ihn nie wieder loslassen. Die Fahrer auf der Bahn hatten Tränen in den Augen und mitten in diesen Gefühlsausbruch hinein hörte Robert den kleinen Nils fragen: »Und wer hat eigentlich gewonnen?«

Robert ließ Torsten los und gemeinsam stürzten sie sich, während die Zuschauer das sandhelle Oval der Bahn enterten, auf den Rufer.

Epilog

Die Zielrichter mussten später die Fernsehaufnahmen zu Hilfe nehmen, um festzustellen, wer aus dem Rechberger Team als Fünfter über die Ziellinie gefahren war. Denn nur dessen Zeit war für das Messergebnis entscheidend.

Coach Walther verließ unmittelbar nach dem Wettkampf die Schule. An seine Stelle trat ein junger Trainer, Robert kannte ihn bereits aus Mallorca.

Das sportliche Verhalten der Rechberger Mannschaft war Frau Lorenz Grund genug, sie alle auf der Schule zu behalten. Nur Lara und Svenja verließen am Semesterende das Gieseler-Gymnasium. Sie hatten ihr letztes Jahr erfolgreich hinter sich gebracht und ihren Abschluss gemacht.

Robert und Torsten sind im Moment mit der Planung einer etwas längeren Wertung beschäftigt. Kapstadt und die Gardenroute sollen dabei eine Rolle spielen ...

Von Thomas Fuchs
bei Thienemann u. a. erschienen:

Post aus der Zukunft

Die Deutsche Bibliothek – CIP-Einheitsaufnahme
Ein Titeldatensatz für diese Publikation
ist bei Der Deutschen Bibliothek erhältlich

Fuchs, Thomas:
Die Welt ist ein Fahrrad
ISBN 3 522 17520 4

Die Arbeit an diesem Buch wurde mit einem
Autorenstipendium für Kinder- und Jugendliteratur
der Stiftung Preußische Seehandlung unterstützt.

Umschlaggestaltung: Constanze Spengler
Umschlagtypografie: Michael Kimmerle
Schrift: Meridien
Satz: KCS GmbH in Buchholz/Hamburg
Reproduktion: Die Repro in Tamm
Druck und Bindung: Friedrich Pustet in Regensburg

5 4 3 2 1* 02 03 04 05

Thienemann im Internet: www.thienemann.de